全国法院优秀知识产权审判案例（2017）

孔祥俊 主编

中国知识产权杂志 组织编写

知识产权出版社
全国百佳图书出版单位

图书在版编目（CIP）数据

全国法院优秀知识产权审判案例 . 2017 ／ 孔祥俊主编 . ―― 北京：知识产权出版社，2019.5

ISBN 978－7－5130－6188－9

Ⅰ. ①全… Ⅱ. ①孔… Ⅲ. ①知识产权—审判—案例—中国 Ⅳ. ①D923.405

中国版本图书馆 CIP 数据核字（2019）第 063085 号

责任编辑：齐梓伊　叶　雪　　　　　　责任校对：谷　洋
封面设计：韩建文　　　　　　　　　　责任印制：刘译文

全国法院优秀知识产权审判案例（2017）

孔祥俊　主编

中国知识产权杂志　组织编写

出版发行：知识产权出版社有限责任公司	网　　址：http://www.ipph.cn
社　　址：北京市海淀区气象路 50 号院	邮　　编：100081
责编电话：010－82000860 转 8176	责编邮箱：qiziyi2004@qq.com
发行电话：010－82000860 转 8101/8102	发行传真：010－82000893/82005070/82000270
印　　刷：北京嘉恒彩色印刷有限责任公司	经　　销：各大网上书店、新华书店及相关专业书店
开　　本：720mm×1000mm　1/16	印　　张：22.5
版　　次：2019 年 5 月第 1 版	印　　次：2019 年 5 月第 1 次印刷
字　　数：320 千字	定　　价：88.00 元
ISBN 978－7－5130－6188－9	

出版权专有　侵权必究

如有印装质量问题，本社负责调换。

《全国法院优秀知识产权审判案例（2017）》编辑委员会

主　　编　孔祥俊
主　　审　张继哲
执行主编　李　雪
编　　委　张继哲　李　雪　廖风华
　　　　　张翼翔　李　瑶　张羽佳

序　言

伴随着社会经济的快速发展，近年来，中国的知识产权事业走上了发展的快车道。2017 年，中国发明专利申请量达 138.2 万件，连续 7 年居世界首位，商标注册申请量也达 574.8 万件。耀眼的数字，是行政、司法、学术领域与行业自身数十年间勤于奋斗、勇于探索、乐于协作，共同建设中国知识产权事业的光辉历程的缩影。如今，知识产权不仅在国民经济中扮演着重要角色，更真真切切地走进了广大国民的生活。对于普罗大众而言，"知识产权"正成为一个耳熟能详、与日常生产生活息息相关的名词。当然，中国知识产权的道路绝非一片坦途。在中国知识产权事业快速发展的过程中，不断有新的现实障碍与疑难问题产生。标准必要专利与FRAND 原则、商标恶意抢注、影视游戏产业的发展与知识产权保护，以及人工智能、"互联网+"等前沿技术与应用对知识产权的影响等，都是近年来备受关注的知识产权热点问题。这些问题都考验着中国知识产权事业相关各方继续前进的决心与智慧，其中知识产权司法更是发挥着指引方向、提供遵循、激励创新、惩戒侵权的关键作用。

2017 年，全国各级人民法院新收一审、二审、申请再审等各类知识产权案件 237 242 件，审结 225 678 件（含旧存），较 2016 年分别上升33.50% 和 31.43%；在知识产权民事一审案件中，著作权、商标和专利案件分别为 137 267 件、37 946 件和 16 010 件，同比上升分别为 57.80%、39.58% 和 29.56%。在"倡导创新文化，强化知识产权创造、保护、运用"的政策大背景下，遵循着中国知识产权法律制度的总体精神与具体规定，全国各地各级法院在知识产权类案件中积极发挥主动性、创造性，在具体个案中对知识产权前沿、热点法律问题进行仔细分析、全面探讨，保障了裁判公平与司法正义的实现，形成了一批具有代表性的典型案例。这些典型案例是中国知识产权司法领域宝贵的思考与经验总结，对于指引知识产权司法未来发展、构建知识产权大保护格局、建设良好的市场秩序与营商环境均有着重要意义。有鉴于此，自2013年起，《中国知识产权》杂志每年都会向全国各地法院征集一批知识产权典型审判案例，并于"4·26世界知识产权日"活动期间登载。2018年，《中国知识产权》杂志再次向全国各地法院征集了一批2017年优秀知识产权审判案例，并整理汇编成本书，以飨读者。

根据案例所涉知识产权权利类型及法律行为类型的不同，本书共分六大部分（专利篇、商标篇、著作权篇、不正当竞争篇、商业秘密篇、其他篇），每一部分均包含若干案例。为更加全面、深入、有条理地进行分析，每个案例文本均由五个部分组成，分别为：

（一）标题：分为主标题与副标题，主标题点明诉争标的与纠纷类型，副标题点明案例涉及的重难点法律问题。

（二）裁判要旨：简要阐述案例裁判的主要思路、遵循原则及法律依据，指明法院在裁判过程中的主要考量因素。

（三）案情介绍：介绍具体案情及法院裁判过程，讲明诉争权利归属、诉争焦点问题及相应的法院裁判结果。（受截稿时间、案件情况的特殊性以及案件拟重点体现的法律问题所限，本书所选部分案件没有全部体现最终裁判结果；案情介绍中与案件所涉重难点法律问题关联不紧密的信息亦有减略。）

（四）法理分析：结合相关法律条文与立法精神，对具体案例所涉及的法律问题进行详细分析，释明各审法院作出相应裁判的法律依据。

（五）法官/专家点评：分析具体案例及其裁判结果的典型性、代表

序　言

性和重要意义，并引申概括同类型案件的审理原则与注意事项，对未来同类型案件的审判实践提出意见与建议。

为便于读者进一步了解书中的各个案例，我们在每个案例的标题脚注中均注明了案件各审案号，感兴趣的读者可据以进一步检索、阅读相应的裁判文书。

本书的案例征集工作，得到了北京市高级人民法院、上海市高级人民法院、广东省高级人民法院、浙江省高级人民法院、四川省高级人民法院、江苏省高级人民法院、北京知识产权法院、上海知识产权法院、广州知识产权法院、天津市第二中级人民法院、西安市中级人民法院、长沙市中级人民法院、温州市中级人民法院、台州市中级人民法院、上海市浦东新区人民法院、上海市杨浦区人民法院、杭州市西湖区人民法院、杭州市余杭区人民法院、南京知识产权法庭、成都知识产权审判庭、杭州互联网法院20家全国各级法院的大力支持。在此，我们向上述法院及全国的知识产权司法工作者致以真诚的感谢！

经历一番筚路蓝缕的开拓，改革开放40年来，中国司法已经在世界知识产权舞台上赢得了广泛尊重与赞许。我们希望本书的出版能够助力进一步推动强化中国知识产权司法保护，也衷心祝愿中国知识产权事业蒸蒸日上，再创辉煌！

《全国法院优秀知识产权审判案例（2017）》编委会
2019年4月22日

目 录
Contents

专 利 篇

"放料装置"发明专利侵权纠纷案 …………………………………… 3
　　——刑事与民事案件交叉背景下证据的比较与使用

"D-001专有技术"发明专利侵权纠纷案 …………………………… 7
　　——专利侵权案件中与赔偿数额有关的举证规则的适用

"非机动车停/租/取/还车管理系统"专利侵权纠纷案 …………… 11
　　——对专利名称中符号含义的理解

"充电器（F390C）"外观设计专利侵权纠纷案 …………………… 15
　　——侵害外观设计专利权产品后遮盖制造者商标并销售是否
　　　　属于制造侵权产品

"隐藏式门铰链"发明专利侵权纠纷案 ……………………………… 19
　　——对权利要求书中记载的技术特征的解释是判断是否侵权的
　　　　关键问题

"吊灯（天鹅湖系列）"外观设计专利侵权纠纷案 ………………… 23
　　——手机中照片作为证据的证明力问题

"糖果玩具及其生产方法"发明专利侵权纠纷案 …………………… 27
　　——对权利要求中"非发明点"技术特征的解释方法

"保温水瓶（希悦-8P）"外观设计专利侵权纠纷案 ……………… 31
　　——侵权判断时授权外观设计相对于在先设计的区别设计特征及
　　　　非区别设计特征均应予以考虑

· 1 ·

专利转让合同被撤销后专利"追溯性"侵权行为纠纷案……………… 35
　　——专利权受让人实施专利不因转让合同的撤销而当然构成侵权

"电磁阀"发明专利侵权纠纷案……………………………………… 39
　　——涉"功能性特征"的认定

涉及职务发明认定的专利权权属纠纷案…………………………… 44
　　——通过证据审核认定发明人身份和职务发明

"一种可应用于终端组件显示的处理方法和用户设备"发明专利侵权纠纷案…… 48
　　——专利侵权案件中侵权主体的认定和赔偿数额的确定

"胃肠基质肿瘤的治疗"发明专利无效行政纠纷案………………… 52
　　——"瑞士型权利要求"的解释规则及医药用途专利创造性评价标准

"作为抗肿瘤剂的5-取代的喹唑酮衍生物"专利驳回复审行政纠纷案…… 55
　　——补充实验数据能否证明相应待证事实的审查与判断

"具有与晶体管作用区重叠的接地母线的喷墨打印头"
专利无效行政纠纷案……………………………………………… 59
　　——正确解释专利权的自创术语

"AllmaCC4"专利无效行政纠纷案………………………………… 63
　　——域外展会证据中证人证言的认定

发明专利权被宣告无效后撤销行政处理决定纠纷案……………… 67
　　——专利保护的行政执法程序与民事司法程序的有效衔接

"滚筒洗衣机平衡块模具"专利侵权纠纷行政处理决定纠纷案…… 71
　　——如何判定专利无效宣告决定对行政处理决定的影响

商　标　篇

擅自使用知名商品特有名称、包装、装潢纠纷案…………………… 77
　　——商标侵权及不正当竞争纠纷案件中侵权行为与损害赔偿
　　　　数额之间的因果关系考量

销售非法制造的"Zespri"等注册商标标识罪 …………………… 82
　　——知识产权刑事案件中"相同商标"的司法认定

"BURBERRY"定牌加工商标侵权纠纷案 ………………………… 88
　　——定牌加工商标侵权的司法审查

"LAFITE"商标侵权纠纷案 ………………………………………… 92
　　——对恶意使用未注册驰名商标行为的认定

"PEAK"商标侵权纠纷案 …………………………………………… 96
　　——有别于典型的涉外定牌加工案件中侵权判定需考量的因素

"大别山"商标侵权纠纷案 ………………………………………… 100
　　——双重含义商标的保护问题

"TORCH"商标侵权纠纷案 ………………………………………… 104
　　——出口商品的商标在先使用判定

"坦克"商标确认不侵权纠纷案 …………………………………… 108
　　——催告程序在确认不侵权之诉中的判断

"大润发"商标侵权纠纷案 ………………………………………… 112
　　——注册商标和企业名称之间冲突问题的解决

"LIFO"商标侵权纠纷案 …………………………………………… 117
　　——注册商标中通用元素作为商标标识的正当使用的举证要求

"BEKO"商标侵权及不正当竞争纠纷案 ………………………… 122
　　——驰名商标的认定规则及酌赔数额的合理性

"UGG"商标侵权纠纷案 …………………………………………… 126
　　——跨境电商代购中的商标侵权问题

"爱情马拉松"商标侵权纠纷案 …………………………………… 130
　　——对商品或服务本身进行描述的使用行为属于正当使用

涉"太太乐"等知名调味品假冒注册商标罪案 ………………… 134
　　——专业分工明确的侵犯商标权犯罪

· 3 ·

"海螺（CONCH）水泥"涉外定牌加工商标侵权行政诉讼案 …………… 138
　　——涉外定牌加工商标侵权判断问题

擅自使用知名商品"特种兵生榨椰子汁"特有包装、装潢纠纷案 ……… 142
　　——对知名商品包装、装潢的"特有性"的认定

"华润"楼盘名称商标侵权及不正当竞争纠纷案 …………………………… 146
　　——涉楼盘名称商标侵权责任的认定

销售假冒注册商标"NEW BALANCE"商品案 ……………………………… 149
　　——销售假冒注册商标商品案中尚未销售的商品货值金额认定

"君山"商标侵权纠纷案 ……………………………………………………… 153
　　——"推销（替他人）"服务保护范围的认定

"秦巴"商标侵权纠纷案 ……………………………………………………… 156
　　——使用与注册商标相同文字的商标侵权认定

涉"优步"商标侵权及不正当竞争纠纷案 …………………………………… 160
　　——虚构关联关系并盗用官网信息推广推荐码致使相关
　　　　公众误解的构成虚假宣传

"卡骆驰"知名商品侵权纠纷案 ……………………………………………… 164
　　——反不正当竞争法保护的特有装潢的认定标准

"NTN"域名及商标侵权纠纷案 ……………………………………………… 168
　　——非合理使用商标情形下综合认定侵权行为的具体性质

"好奇"商标侵权及不正当竞争纠纷案 ……………………………………… 172
　　——域外登记注册的企业名称在中国使用受中国法律约束

"优普"等商标侵权及不正当竞争纠纷案 …………………………………… 176
　　——通用型号和名称与商标的关系

"BORDEAVX 波尔多"地理标志集体商标侵权及不正当竞争纠纷案 …… 181
　　——侵权商品生产行为的认定及多项不正当竞争行为的评判

"山特"商标侵权与不正当竞争纠纷案 ········· 185
　　——商标侵权公司与股东承担连带责任的裁判规则

"八达"知名商号权行政纠纷案 ················· 189
　　——使用知名商号的权利冲突问题

"太太乐"商标侵权行政处罚撤销纠纷案 ······· 194
　　——委托加工关系下商标侵权的认定

著作权篇

华盖创意图片作品著作权权属纠纷案 ············ 201
　　——权利声明和水印能否作为证明著作权属的初步证据

"版式设计"信息网络传播权纠纷案 ············· 206
　　——版式设计权的权利范围及保护

"易查网"侵犯著作权罪案 ······················· 210
　　——对作品"转码"后的存储与提供构成著作权侵权

"奇迹MU"网络游戏著作权侵权纠纷案 ········ 214
　　——角色扮演类网络游戏整体画面认定"类电影作品"的路径

"酷狗音乐"侵害表演者权纠纷案 ················ 219
　　——著作权集体管理活动及侵权对比的认定

"金刚1024电脑灯控制台主程序V2.0"计算机软件著作权侵权纠纷案 ······ 223
　　——对计算机程序和计算机文档是否具有独立保护地位的认定

《芈月传》作品署名权纠纷案 ···················· 227
　　——影视作品中编剧的特定称谓及其作用

辩护词著作权侵权纠纷案 ························ 231
　　——辩护词能否构成作品的认定

有声读物侵害文字作品信息网络传播权纠纷案 ······ 235
　　——制作及非法授权制作有声读物的著作权法定性

"宝高"玩具著作权侵权纠纷案 ………………………………… 240
　　——作为实用艺术作品的积木拼装玩具受著作权法保护

"茅盾手稿"著作权权属及侵权纠纷案 …………………………… 243
　　——美术作品原件的所有权与著作权冲突的解决

"汽车人总动员"著作权侵权及不正当竞争纠纷案 ……………… 247
　　——著作权侵权认定中的实质性相似的判断

互联网转播节目著作权侵权及不正当竞争纠纷案 ……………… 251
　　——硬件生产商承担共同侵权责任的司法认定

不正当竞争篇

乐视浏览器更改 UA 设置不正当竞争纠纷案 …………………… 259
　　——互联网领域新形式不正当竞争行为的认定

会展名称"设计上海"不正当竞争纠纷案 ………………………… 264
　　——展会名称作为知名服务保护路径

捷豹路虎"中央电子差速锁"虚假宣传纠纷案 …………………… 269
　　——使用非标准技术术语引人误解的行为构成虚假宣传

大众点评数据信息不正当竞争纠纷案 …………………………… 273
　　——擅自使用他人收集信息的行为是否构成不正当竞争

"帮 5 淘"购物助手不正当竞争纠纷案 …………………………… 277
　　——互联网环境下对"用户黏性"的恶意破坏构成不正当竞争

"上海故事"知名商品特有名称纠纷案 …………………………… 282
　　——商标临时保护期内权利人可以选择不正当竞争法获得救济

老字号"吴良材"不正当竞争纠纷案 ……………………………… 286
　　——特殊渊源老字号的使用应谨守合理边界

"组织炒信行为"不正当竞争纠纷案 ……………………………… 290
　　——竞争关系的认定

"恶意投诉电商平台商家"不正当竞争纠纷案 …………………… 294
　　——恶意投诉导致不正当竞争的认定

"米其儿"早教品牌授权特许经营合同纠纷案 ………………… 298
　　——《商业特许经营管理条例》在特许经营合同纠纷案中的适用

"53客服"商业诋毁不正当竞争纠纷案 ………………………… 303
　　——对比广告是否构成商业诋毁的认定

"一食三客"特许经营合同纠纷案 ……………………………… 307
　　——商业特许经营中合同解除权的认定

企业简称被用于竞价排名引发的不正当竞争纠纷案 …………… 311
　　——将竞品词设置为搜索关键词的侵权问题认定

"SK"润滑油商业诋毁纠纷案 …………………………………… 316
　　——恶意投诉电商平台商家构成不正当竞争

商业秘密篇

侵犯商业秘密行政处罚决定纠纷案 ……………………………… 323
　　——对计算机软件商业秘密的法律保护

单一客户名单构成商业秘密侵权纠纷案 ………………………… 328
　　——仅包含一个特定客户的客户名单是否构成商业秘密的认定

其　他　篇

因恶意提起知识产权诉讼损害责任纠纷案 ……………………… 335
　　——恶意提起知识产权诉讼行为的认定标准

植物新品种追偿权纠纷案 ………………………………………… 339
　　——临时保护期植物新品种权人的权益保护

全国法院优秀知识产权审判案例(2017)

专 利 篇

"放料装置"发明专利侵权纠纷案[*]

——刑事与民事案件交叉背景下证据的比较与使用

【裁判要旨】

专利侵权案件与商业秘密刑事和民事案件都有关联时,应当结合关联的商业秘密刑事和民事案件中查明的事实,对专利侵权案件中的原告和被告双方提供的证据进行更加全面的比较,从而作出更加客观的裁定。

【案情介绍】

原告:天津联力化工有限公司(下称联力公司)

被告:浙江福瑞德化工有限公司(下称福瑞德公司)

联力公司系专利号为 ZL201010179572.2,名称为"放料装置"的发明专利的专利权人。该专利的申请日为 2010 年 5 月 21 日,授权公告日为 2011 年 11 月 30 日。2016 年 6 月 27 日,福瑞德公司针对涉案专利向国家知识产权局专利复审委员会(下称专利复审委员会)提出无效宣告请求,专利复审委员会于 2016 年 11 月 8 日作出第 30490 号无效宣告请求审查决定书,决定维持涉案专利有效。该专利现尚处有效期内。

福瑞德公司使用的被控侵权产品包含了涉案专利权利要求 1-3 的全部技术特征,落入涉案专利的保护范围。福瑞德公司未经原告许可,为生产经营目的使用被控侵权产品,销售、许诺销售使用被控侵权产品生产的三乙基铝,构成对涉案专利的侵害。据此,联力公司向北京知识产权法院起诉,要求福瑞德公司停止侵权并赔偿其经济损失。

关于被控侵权行为的载体,本案中存在两个不同的技术方案,一是北京紫图知识产权司法鉴定中心出具【2014】知鉴字第 102 号《鉴定意见书》

---

[*] 案号:(2015)京知民初字第 1848 号。

时，福瑞德公司提供的材料中包括其提供给浙江省天正设计工程有限公司（下称天正公司）的固体铝粉加料装置、标题栏为无锡蓝星石油化工工程设计公司（下称蓝星公司）的三乙基铝装置项目下粉罐（总装配图）、福瑞德公司三乙基铝岗位操作法等，其中下粉罐设计图所呈现的技术方案为技术方案A；二是一审法院前往福瑞德公司进行现场勘验时现场使用的放料装置为技术方案B。对此，一审法院认为本案的立案时间与组织勘验的时间相距半年之多，福瑞德公司具备充分的时间对其实际使用的设备进行适应性的修改以规避涉案专利权；此外，福瑞德公司提出基于技术的原因，其需要事先对放料装置及反应釜进行排空等技术处理后方可进行现场勘验，故现场勘验的时间推迟，在此期间，福瑞德公司亦有动机且具备充分的时间对其实际使用的设备进行适应性的修改以规避涉案专利权，而福瑞德公司并未对其进行排空等技术处理前后设备具备一致性提供任何的证据。在此基础上，考虑到根据法院组织各方当事人勘验的结果为技术方案B并未落入涉案专利权利要求1-3的保护范围，故法院有理由怀疑技术方案B为福瑞德公司经过改动后而形成的技术方案。同时，根据法院查明的事实可知，虽然福瑞德公司主张其并未按照技术方案A实际建造相应的设备，但福瑞德公司并未提交按照有别于技术方案A建造涉案侵权设备所需的前期设计、图纸、委托制造、委托安装等诸多准备工作的相关证据；且技术方案A的载体为福瑞德公司提交给鉴定机构用以鉴定的文件，上述文件来源于天正公司；加之福瑞德公司主张先用权抗辩的《供货合同》的附图上亦标注有天正公司的字样，故依据技术方案A作为福瑞德公司实际使用的技术方案的载体，据以判断福瑞德公司的行为是否落入涉案专利权利要求1-3的保护范围更具客观性。根据上述理由，本案中应当以技术方案A作为福瑞德公司被控侵权行为的载体。

综上，北京知识产权法院判决福瑞德公司应立即销毁三乙基铝装置项目下粉罐，并且赔偿原告经济损失880万元。北京市高级人民法院二审维持了一审判决。

【法理分析】

本案与商业秘密刑事和民事案件均有关联，证据繁多、案情复杂，如何梳理并使用证据是本案的难点，下面就从法理角度对本案中证据的认定和使用做简单分析。

第一，商业秘密刑事案件中没有作为定案证据使用的证据为何在民事案件中用作判定赔偿的依据？

在本案相关的刑事案件判决中，法院认为北京华德恒资产评估公司出具的《评估报告》不能作为定案根据使用，但是在本案中法院却将这一证据作为计算赔偿额的依据，这是由于刑事案件证据和民事案件证据之间存在本质上的不同，《最高人民法院关于民事诉讼证据的若干规定》第 73 条第 1 款规定："双方当事人对同一事实分别举出相反的证据，但都没有足够的依据否定对方证据的，人民法院应当结合案件情况，判断一方提供证据的证明力是否明显大于另一方提供证据的证明力，并对证明力较大的证据予以确认。"《中华人民共和国刑事诉讼法》中关于证据的规定是第 48 条："可以用于证明案件事实的材料，都是证据……证据必须经过查证属实，才能作为定案的根据。"《最高人民法院关于适用〈中华人民共和国刑事诉讼法〉的解释》第 104 条第 3 款规定："证据之间具有内在联系，共同指向同一待证事实，不存在无法排除的矛盾和无法解释的疑问的，才能作为定案的根据。"第 105 条第 4 项规定："没有直接证据，但间接证据同时符合下列条件的，可以认定被告人有罪……（四）根据证据认定案件事实足以排除合理怀疑，结论具有唯一性。"可见民事证据所要证明其是法律意义上的事实；而刑事证据更注重证明其是不是原始事实；民事案件是在原告与被告提供的证据中根据证明力来选择其中的优势证据，而刑事案件中可以对双方证据都不使用，民事和刑事诉讼程序中对于证据的规定存在本质差异，因此在实际的司法实践中就会出现刑事案件中没有用于定案的证据在民事案件中却被确认并使用的情况。本案中《评估报告》与其他证据相互配合形成了比较完整的证据链，并且福瑞德公司也未能提供有力的相反证据，因此在最终判决中使用这一证据作为判决依据是符合民事诉讼中证据使用原则的。

第二，间接证据的证明力为何会大于直接证据？

本案中另一个关于证据使用的争议点在于法院最终认定间接证据的证明力大于直接证据，并且直接证据还是法院的现场勘验结果，这与民事案件中判断证据证明力的普遍情况有所不同。通过对证据的分析我们可以看到，这是法院在对证据链整体进行分析而不是基于某两个证据的证明力大小作出的认定。本案中，被控侵权技术方案 A 被最终认定为侵权行为载体是因为其与其他证据相互佐证形成的证据链更加完整充实，而技术方案 B 在与其他证据，尤其是被告自己提供的证据结合时却存在不符合行业特点和常理的地方，如化工行业由于其技术比较复杂、生产条件要求高，工厂项目实际投产通常需要经过较长时间的前期设计、技术论证等，然而本案中福瑞德公司却无法出具相应证据，其辩称自己未使用联力公司专利技术的主张存在无法解释的疑问，造成无法形成完整合理的证据链，因此其证明力与技术方案 A 相比更低，尽管是法院现场勘验的现场直接证据，但最终还是未被法院采信。

【专家点评】

虽然法院对福瑞德公司现场勘验确认的技术方案未落入专利保护范围，但在诉讼过程中，恒都律师综合考量了商业秘密案件中法院查明的事实以及法院对福瑞德公司现场勘验的取证经过，提出现场勘验确认的技术方案 B 可能为福瑞德公司经过改动后而形成的技术方案，同时被控侵权方案 A 来自于福瑞德公司提交给鉴定机构用以鉴定的文件，该文件来源于天正公司，加之福瑞德公司主张先用权抗辩的《供货合同》的附图上亦标注有天正公司的字样，因此依据被控侵权方案 A 判断福瑞德公司的行为是否落入涉案专利权利要求 1-3 的保护范围更具客观性，这一主张获得一审法院支持，并且也成为影响整个案件判决的关键因素。而对于侵权赔偿，恒都律师以福瑞德公司自身的产量宣传、联力公司提供产品利润等为基础计算得出联力公司因福瑞德公司侵权行为所受损失为 880 万元的侵权赔偿请求，由于计算依据的证据充分合理从而得到了北京知识产权法院的全额支持。最终，联力公司不仅维权成功并且获得了全额赔偿。

（撰稿人：北京恒都律师事务所　江锋涛、唐　雯）

"D-001专有技术"发明专利侵权纠纷案*

——专利侵权案件中与赔偿数额有关的举证规则的适用

【裁判要旨】

人民法院在判断是否适用《最高人民法院关于审理侵犯专利权纠纷案件应用法律若干问题的解释（二）》（下称《专利法司法解释（二）》）第27条举证妨碍推定权利人主张成立之规定时，对权利人初步举证其主张的侵权获利情况以及与侵权行为相关的账簿等主要由侵权人掌握这两个前提条件，应把握适当的举证标准。在计算专利侵权赔偿数额时，应积极引导当事人举证，充分利用权利人提供的用以证明侵权人实际违法所得的部分证据，在足以认定计算赔偿金额所需的部分数据的基础上，运用酌定赔偿方法确定损害赔偿的具体数额。

【案情介绍】

上诉人（原审原告）：段某、邹某

被上诉人（原审被告）：上海新光化工有限公司（下称新光公司）

2002年1月，段某、邹某两权利人为其"用作胶黏剂和涂料的水性聚氨酯分散液及其制备"发明申请专利。2002年6月，两权利人以"D-001脂肪族二异氰酸酯二醇为基础的水性聚氨酯胶黏剂系列专有技术"（下称D-001专有技术）作价175万元出资，与上海塑料工业有限公司（下称塑料公司）合资设立案外人上海新友水性聚氨酯有限公司（下称新友公司），共同开发生产D-001产品。成立初期，新友公司利用塑料公司分支机构上海塑料工业有限公司新光化工厂（下称新光化工厂）的现有厂房等设施。

2006年，新光化工厂恢复独立法人资格，改设为新光公司。2009年6

---

* 一审案号：(2014) 沪二中民五知初字第3号；二审案号：(2016) 沪民终173号。

月,涉案专利授权公告。2011年10月,新友公司停止生产经营。2012年3月,新友公司出具未经两权利人同意的《许可生产授权书》,授权新光公司以D-001专有技术生产HS11乳液(下称被控侵权产品),并持续对外销售,客户包括黑松林厂。2012年6月,新友公司退出税控系统停止开票。2012年7月,新友公司合资合同终止履行。

2013年,两权利人发现新光公司许诺销售使用D-001专有技术制造的涉嫌侵害涉案专利权的产品。同年8月,权利人购得新光公司向黑松林厂销售的被控侵权产品,遂诉至法院,以侵害涉案专利权为由,要求新光公司停止侵权,赔偿经济损失人民币300万元以及合理费用17.02万元。

一审法院判决新光公司停止侵权,赔偿包括合理费用在内的经济损失50万元,并驳回两权利人其余诉请。一审判决后,两权利人提起上诉。

二审法院改判新光公司应就其涉案侵权行为支付经济损失及合理费用141万余元。

【法理分析】

知识产权侵权案件权利人获赔数额较低是近年来社会各界比较关注的问题。归根结底,"赔偿低"其实与"举证难"密切相关,系由权利人损失或侵权人获利的相关证据不足所导致。因此为解决"举证难、赔偿低"这一顽症,最高人民法院试图制定一套符合知识产权诉讼特点的举证规则,即在出台的《专利法司法解释(二)》第27条中进一步完善对专利侵权诉讼中有关赔偿数额的举证规则。

(一)《专利法司法解释(二)》第27条之解读

根据《中华人民共和国专利法》(下称《专利法》)第65条的规定,侵权赔偿数额的确定可以依次通过权利人损失、侵权人获利、涉案专利许可费以及法定赔偿的方式来确定。司法实务中,权利人所受到的实际损失往往很难举证,根据第65条的规定,可以通过获悉侵权人的获利来确定赔偿数额。因此《专利法司法解释(二)》第27条在参考了《中华人民共和国商标法》(下称《商标法》)有关证据妨碍规定的基础上,根据专利权人的初步举证以及侵权人掌握相关证据的情况,将有关侵权人获利的举证义务分配给侵权人,并将此与《专利法》第 65 条规定的赔偿额计算顺序相衔接。①

至于在具体适用《专利法司法解释（二）》第 27 条时还需要注意以下几方面的问题。

1. 适用前提条件以及相应举证要求

适用该举证妨碍②推定侵权获利规则有两个前提条件：一是权利人必须初步举证其主张侵权人的获利情况；二是与专利侵权行为相关的账簿、资料主要由侵权人掌握。若不满足这两个条件，则无法进行举证妨碍推定。

对于第一个条件的满足，权利人仍需提供一定的"初步证据"，而人民法院在认证这些证据时应掌握适当的举证标准，不能过严也不能过松。至于第二个条件的满足，从生活经验可以推定，与专利侵权行为相关的账簿、资料一般由侵权人掌握，除非侵权人提供能证明相应侵权凭证并非由其控制的证据。

2. 适用举证妨碍推定规则的基础

除了满足前述两个前提条件以外，构成举证妨碍推定还需要一个基础条件，即权利人负有证明侵权人获利情况的举证责任。首先，设立该规则的立法意图系通过降低权利人对获赔数额之待证事实的证明标准从而解决"举证难"的问题，而并非免除权利人的相应举证义务；其次，根据"谁主张谁举证"之原则，专利权人主张侵权人侵权获利情况之事实从而获得相应赔偿，则理应由权利人承担相应的证明责任；最后，倘若侵权获利事实之举证责任并非由权利人而是由侵权人承担，则根据《最高人民法院关于民事诉讼证据的若干规定》第 2 条的规定，如果侵权人无法提供账簿等证据证明自己的实际侵权获利，则应承担举证不能而非适用举证妨碍之法律后果。

（二）确定损害赔偿数额的酌定赔偿方法运用

有时权利人连适用《专利法司法解释（二）》第 27 条所需的"初步证据"条件都无法满足，很多案件便以法定赔偿的方式确定损害赔偿数额，从而使《专利法》规定的三种赔偿方法流于形式，无法实现填平权利人损失的

---

① 宋晓明、王闯、李剑："《关于审理侵犯专利权纠纷案件应用法律若干问题的解释（二）》的理解与适用"，载《人民司法（应用）》2016 年第 10 期，第 35 页。

② 本文所指的举证妨碍系狭义的举证妨碍，即指不负有证明责任的一方当事人通过作为或不作为阻碍负有证明责任的一方当事人对其事实主张的证明。张广良："知识产权民事诉讼若干问题研究"，载《法律适用》2008 年第 7 期，第 16 页。

立法目的。在此类情况下，更需要人民法院积极引导当事人举证，努力获取能用以证明侵权人实际违法所得的部分证据。本案就是在现有证据已经能够计算被控侵权产品销售量的基础上，人民法院根据双方当事人的主张以及间接反映被控侵权产品利润率的证据，运用酌定赔偿方法确定计算损害赔偿具体数额所需的利润率计算出侵权人从某一案外人处所获取的侵权获利。因此，通过酌定赔偿方法的运用，在无法计算侵权获利确切数值的情况下，通过基于全案证据获得逼近于实际侵权获利的数额，甚至在酌定某些计算所需的数值时能够对案件的具体侵权情节加以考虑，从而更全面地、准确地弥补权利人的经济损失。

【法官点评】

专利侵权案件的赔偿数额较低，究其原因在于损失或获利证据的不足，因此《专利法司法解释（二）》第27条进一步完善了与赔偿数额有关的举证规则。适用该条规定需满足两个前提条件，一是权利人必须初步举证其主张侵权人的获利情况；二是与专利侵权行为相关的账簿、资料主要由侵权人掌握。而且对于权利人举证要求不宜过严或过松，即权利人提供的初步证据需要与其所主张的侵权人获利情况相关联，但还不足以证明其关于侵权获利之事实主张。根据《专利法》第65条的规定，权利人有权要求以被控侵权人的侵权获利作为确定损害赔偿数额的依据。权利人提供了被控侵权人向案外人销售的相关证据，已足以认定损害赔偿计算所需的部分数据，即制造、销售被控侵权产品的具体销售金额。在此基础上，人民法院完全可以在计算侵权人获利时根据在案证据酌情确定计算赔偿金额所需的被控侵权产品利润率数据，从而以侵权人获利之计算方式确定损害赔偿数额。本案二审判决尝试运用在案证据酌定侵权所得的裁量性赔偿方法，提高损害赔偿计算的合理性，力求确定的损害赔偿额能准确反映被侵害的专利权的相应市场价值以及权利人实际损失情况。二审改判大幅提高了损害赔偿数额，从根本上体现知识产权司法保护应以实现市场价值为指引，努力破解知识产权诉讼"赔偿低"问题的司法政策；也反映出人民法院严格保护知识产权，遏制专利侵权行为，维护公平竞争的营商环境，激励全社会的创新动力的司法导向。

（撰稿人：上海市高级人民法院　曹闻佳）

"非机动车停/租/取/还车管理系统"专利侵权纠纷案[*]

——对专利名称中符号含义的理解

【裁判要旨】

侵害发明专利权纠纷中,因对权利要求中标点符号的理解不同而产生争议的,应严格依照《专利法司法解释(二)》第4条的规定认定该专利权的保护范围。对权利人主张权利要求中一处以上的同种标点符号存在不同含义的,除该权利要求书或说明书中有相应记载外,不应予以支持。

【案情介绍】

上诉人(原审原告):江苏宏溥科技有限公司(下称宏溥公司)

被上诉人(原审被告):常州永安公共自行车系统股份有限公司(下称永安公司)

宏溥公司是"非机动车停/取/租/还车管理系统及其控制与识别方法"发明专利的独占许可使用人。宏溥公司认为永安公司制造并在上海市松江区运行的公共自行车租赁系统的技术特征落入了涉案专利权利要求1的保护范围,构成对该专利权的侵犯,宏溥公司遂向上海知识产权法院起诉,请求判令永安公司立即停止制造、销售被诉侵权产品的行为,并赔偿经济损失及支付合理费用。

一审法院认为,涉案专利前序部分及特征部分权利要求1(3)、1(4)中的"停/取"与"租/还"是并列关系,而非选择关系。被诉侵权产品仅具有对租车会员租用车辆进行"租/还"管理的功能,不具有对停车会员自有车辆进行"停/取"管理的功能。此外,被诉侵权产品其他争议技术特征与

---

[*] 一审案号:(2016)沪73民初33号;二审案号:(2016)沪民终512号。

涉案专利相应技术特征均不相同也不等同。因此，被诉侵权产品的技术方案不落入涉案专利权的保护范围。一审判决驳回宏溥公司的全部诉讼请求。宣判后，宏溥公司不服，提出上诉。上海市高级人民法院二审判决驳回上诉，维持原判。

【法理分析】

鉴于该案的被诉侵权产品只具有非机动车的租车与还车功能，而涉案专利是一种非机动车停/取/租/还车的管理系统及其控制与识别方法，则该案一个主要应当关注的焦点在于涉案专利的"停/取"车与"租/还"车是并列关系还是选择关系，也就是对于涉案专利的"停/取"与"租/还"车之间的"/"符号含义的理解问题。

标点符号是辅助语言文字记录的符号，是书面语言不可或缺的辅助工具，它可以帮助人们确切地表达和理解书面语言的真实意思。在专利法律领域，我国《专利法》第59条明确了界定发明专利权保护范围的基本原则，即以权利要求的内容为准，说明书及附图可以用来解释权利要求。可见，发明专利主要是以其权利要求书、说明书的书面语言的记载来明确其权利保护范围的边界，那么这种语言的表述自然也离不开标点符号的准确应用，即标点符号作为权利要求书和说明书记载的重要组成部分，对专利权保护范围同样产生限定的作用。

就语言文字常识而言，标点符号的含义往往并不唯一，因此在日常运用过程中不可避免地会产生歧义，这在专利文件撰写领域也不例外。以该案为例，双方争议的"/"符号在我国《标点符号用法》（GB/T 15834—2011）中被定义为分隔号，其至少包括了该符号所分隔的前后两个内容的并列或选择两种可能的逻辑关系，这也成为认定涉案专利权保护范围的关键问题。

对于该问题，最高人民法院于2016年3月22日发布的《专利法司法解释（二）》第4条实际作出了明确规定："专利权利要求书、说明书及附图中的语法、文字、标点、图形、符号等存有歧义，但本领域普通技术人员通过阅读权利要求书、说明书及附图可以得出唯一理解的，人民法院应当根据该唯一理解予以认定。"该条规定为解决此类问题明确了处理的原则，毋庸置疑的是，要在实践中准确适用该条规定，还是应当结合个案及具体的权利要求书和说明书的记载来予以认定。而对于该条中的"唯一理解"的理解问题，结合本案可从以下几个方面进行认证。

一是从文义解释的角度看，从普通人对文义语法以及常识的认知应认为系争的"停/取/租/还车"技术特征中，一套专利系统不可能只实现"停车"功能而不实现"取车"功能，也不可能只实现"租车"功能而不实现"还车"功能，因此"停"与"取"以及"租"与"还"之间显然应当都是并列关系，而不可能是选择关系。易言之，涉案专利的"停"与"取"以及"租"与"还"之间的"/"分隔号均应当表达的是并列关系。

二是从逻辑解释的角度看，鉴于该技术特征中用到了相同的三个"/"分隔号，则其含义理应保持一致，即"停/取"与"租/还"之间的"/"分隔号也应当是并列关系，而非选择关系，否则有违专利权利要求撰写行文的内在统一性。

三是从系统解释的角度出发，本领域普通技术人员通过阅读涉案专利权利要求书的内容，可以发现该专利不仅在前序部分明确记载了"停/取/租/还车"的技术特征，权利要求1（3）、1（4）中也都有相同的记载和表述，且特别记载了涉及"停/取"车以及"租/还"车的具体相应内容。因此，权利要求应当解释为实际同时包含了上述两组功能，这也符合该专利发明目的的描述和权利要求撰写逻辑的推定。

四是从本领域普通技术人员阅读涉案专利说明书的内容来看，整个说明书中均未能找到推翻前述相关推定的表述，即权利人在撰写专利文件时没有任何内容表明涉案专利仅具有"停/取"或"租/还"一组功能。相反，在其技术领域、背景技术、发明内容以及具体实施方式等部分，大量存在明确涉及上述两组功能的记载和陈述，因此理应认定涉案专利所涉的该两组功能应当是并列关系，而非选择关系。即无论对于该"/"分隔号所表示的意思还是对该专利所涉及争议的理解应当都是唯一的，没有歧义的。

本案的一、二审法院也是基于上述理由，对案件的争议问题作出的裁决。

【法官点评】

该案主要的争议焦点在于对争议符号的理解问题，而其中折射出的权利要求撰写歧义的问题同样值得关注。

只有在权利要求书中记载的技术特征才能得到法律保护。所有被专利权人在授权公告时写入权利要求文字的技术特征，均对该专利之技术方案产生限缩作用,均系构成该专利完整技术方案所不可或缺的组成部分。这不仅是法院在审理专利侵权案件、界定专利权保护范围时所应严格遵循的规则,也同样是包括专利申请人、专利权人、专利相关从业人员等专利文件撰写人所应明确的原则。因为专利是通过专利文件向公众公开其所要保护的技术方案,在发明专利文件中,权利要求书作为专利权的权利依据,说明书作为权利要求内容的解释,均以其文字记载就专利权的保护范围向社会公众予以公示,这些记载也是专利侵权诉讼中权利人据以提出权利主张的法律依据。

而要避免产生歧义,就要求前述专利文件撰写人在撰写专利文件时审慎而为,在主观上对其所要撰写的专利文献具有明确确定的认知,在客观上对其撰写的专利文件要符合该种认知,否则在专利维权时就要自行承担相应的法律后果。事实上,我国专利立法在导向上也不断强调了专利文件撰写的公示性、确定性和可预见性的要求。例如,《专利法司法解释(二)》第4条就包含了这一层意思。再如,该解释第5条规定:"在人民法院确定专利权的保护范围时,独立权利要求的前序部分、特征部分以及从属权利要求的引用部分、限定部分记载的技术特征均有限定作用。"第12条规定:"权利要求采用'至少''不超过'等用语对数值特征进行界定,且本领域普通技术人员阅读权利要求书、说明书及附图后认为专利技术方案特别强调该用语对技术特征的限定作用,权利人主张与其不相同的数值特征属于等同特征的,人民法院不予支持。"这些规定实际上也是对专利文件撰写人在撰写专利文件时的注意义务以及专利文件的确定性提出了更高的要求。

回到本案中,该案权利人主张其把"停/取"与"租/还"两组功能写入同一权利要求技术特征是由于涉案专利还涉及方法,这样撰写的目的在于对应各组功能分别形成不同的控制方法。如果权利人对于涉案专利确实存在这样的主观目的,那么其应当在撰写专利文件的时候运用语言文字将上述目的反映在权利要求书或说明书中,从而让阅读专利文件的本领域普通技术人员能够准确、清晰、无歧义地理解该专利所要表达的技术方案;而不应在因撰写产生歧义后仍然坚持将专利文件所不能反映的内容作为专利侵权权利基础,基于此,因专利文件具有公示性,而专利活动亦应遵循诚实信用原则,故类似本案这样因撰写歧义而产生的不利法律后果,应当由权利人自行承担。

(撰稿人:上海市高级人民法院 陶 冶)

"充电器（F390C）"外观设计专利侵权纠纷案

——侵害外观设计专利权产品后遮盖制造者商标并销售是否属于制造侵权产品

【裁判要旨】

对于被诉侵权人购买他人制造的侵害外观设计专利权产品后贴上自己商标并遮盖制造者的商标而进行销售的行为，由于在其购买该产品前，涉案专利的外观设计已在该产品上被实施，故不应认定其存在制造该产品的侵权行为。

【案情介绍】

上诉人（原审被告）：深圳市欧炬科技有限公司（下称欧炬公司）

被上诉人（原审原告）：陈某

陈某是产品名称为"充电器（F390C）"的外观设计专利权人，其发现深圳市欧炬科技有限公司在互联网上销售侵犯其上述专利权的产品，取证后起诉至法院要求欧炬公司停止侵权、赔偿损失。一审法院认为欧炬公司制造、销售被诉侵权产品，构成侵权，判决欧炬公司停止侵权，赔偿经济损失及合理费用合计人民币 8 万元，并驳回陈某其余诉讼请求。欧炬公司不服，提出上诉。二审期间，陈某没有提供新证据，欧炬公司提供了如下证据：证据 1 为（2017）深南证字第 9360 号公证书，拟证明内容是被诉侵权产品具有合法来源，采购自"深圳市福田区恒科达电子经营部"，该公证书显示欧炬公司的代理人在 1688.com 登录一个买家账户，查询订单可见该账户于 2017 年 7 月 14 日以 3.2 元单价向深圳市福田区恒科达电子经营部购买了 100 个优胜士手机车载充电器；证据 2 为 USAMS 商标的注册信息，来源于网络，拟证明

---

* 一审案号：（2015）深中法知民初字第 1748 号；二审案号：（2017）粤民终 660 号。

被诉侵权产品上的商标 USAMS 为第三方"深圳市优胜仕贸易有限公司"申请的注册商标；证据 3 为无效受理通知书，拟证明本案专利权利不稳定。

陈某质证认为欧炬公司所提交的补充证据并非《中华人民共和国民事诉讼法》（下称《民事诉讼法》）规定的特别难以获取的证据，已经超出举证期限，请法庭不予以认可。具体质证意见包括以下几个方面。对证据 1 的真实性无异议，但关联性有异议。公证书只能证明欧炬公司的代理人胡某某与第三方有单方面的交易行为，不能证明与本案有直接关联，也不能证明本案的被诉侵权产品来源于第三方。对证据 2 的真实性无异议，关联性有异议。对证据 3 的真实性无异议，关联性有异议。专利复审委的受理通知书并不是一个行政决定，不能否定涉案专利的稳定性。陈某的专利已经过多方提出的无效宣告程序，均被维持，足以证实该专利的稳定性。二审法院另查明，将被控侵权产品的两个产品实物上的欧炬公司的"炬为"商标和"小冤家"商标标贴移除后，可见实物上有"USAMS"字样的商标。对此，欧炬公司称可移除的标贴上虽然有欧炬公司的商标，但该标贴主要为了标识该产品与欧炬公司有关联的销售方所销售，该标贴并不是商标性使用，非固定、易掉落，只要在充电口上一撕即可除去。从现在产品实物情况来看，消费者在购买时不会认为该产品是炬为产品，相反会认为是"USAMS"产品。欧炬公司只是销售方，并非制造方。涉案产品上还有"for iphone/ipad""for ipad /ipad2"等信息，消费者也不会认为产品与"iphone/ipad"有关。涉案产品上使用了"USAMS"商标，"USAMS"商标占用面积大，且固定、持久印刻在产品上。针对此，陈某则主张称商标是消费者在购买产品时能够关注到的显著标识。本案被控侵权产品原"USAMS"商标被贴纸遮盖，消费者在购买时认为产品是炬为电器是不可置疑的，被控侵权产品是欧炬公司生产、制造的。二审法院经审理认为欧炬公司的上诉请求部分成立，故判决：维持一审判决第一项；撤销一审判决第三项；变更一审判决第二项为欧炬公司应在本判决生效之日起 10 日内赔偿陈某经济损失及合理费用合计人民币 5 万元；驳回陈某其他诉讼请求。

【法理分析】

（一）欧炬公司是否存在制造被诉侵权产品行为

欧炬公司为证明其不存在制造被诉侵权产品的主张，提供公证书显示，

2015年7月14日欧炬公司通过"1688.com"网络平台的买家账户,向名为"深圳市福田区恒科达电子经营部"的卖家订购了车载充电器产品,并且有付款和收货信息记录。欧炬公司买家账户的文字和图片还显示,该产品名称为"优胜士手机车载充电器";产品上印有"USAMS"商标。公证书还显示,"1688.com"中名称为"深圳市福田区恒科达电子经营部"卖家页面中展示有名称为"优胜士手机车载充电器"的多张产品图片。通过"1688.com"中前述图片可知,图片中展示的产品外观与被诉产品相同,且两者产品上的"USAMS"商标以及"ROHS""MADE IN CHINA"等信息的内容和位置均相同。根据公证书显示的上述信息,在陈某没有举出反驳证据的前提下,能够认定被诉产品是欧炬公司向名为"深圳市福田区恒科达电子经营部"的卖家购买所得这一事实。2008年我国颁布实施的《专利法》第11条第2款规定:"外观设计专利权被授予后,任何单位或者个人未经专利权人许可,都不得实施其专利,即不得为生产经营目的制造、许诺销售、销售、进口其外观设计专利产品。"所谓侵害外观设计专利权的制造行为是指在产品上实施外观设计的行为。本案中,在欧炬公司购买被诉产品之前,涉案专利的外观设计已经在被诉产品上被实施。而欧炬公司在被诉产品形成之前,并不存在参与实施本案专利外观设计的行为,也不存在为实施行为提供帮助或教唆的行为。因此,陈某的该项抗辩理由不能成立。

(二) 欧炬公司的合法来源抗辩是否成立

从涉案公证书可知欧炬公司购买的被诉产品价格较低,且被诉产品实物上仅有"USAMS"商标,但是没有标注厂家信息,故欧炬公司并未尽到合理的注意义务,其合法来源抗辩不能成立。

(三) 一审法院判决赔偿数额是否恰当

欧炬公司虽然不存在制造被诉产品的行为,但其未经许可,为生产经营的目的销售、许诺销售被诉产品的行为,侵害了陈某本案专利权,依法应承担停止侵害行为和赔偿损失等民事责任。综合考虑涉案专利类别、欧炬公司经营规模、被诉侵权行为的性质和情节、陈某的合理维权开支等因素,二审法院酌情判定赔偿数额为5万元(包括合理维权费用)。

【法官点评】

　　侵害外观设计专利权纠纷案件中,如何正确认定被诉侵权人是否存在制造被诉侵权产品的行为往往是处理案件的难点。本案中,被诉侵权人购买他人制造的侵害外观设计专利权的产品后贴上自己商标并遮盖制造者的商标进行销售,该行为是否属于制造被诉侵权产品行为?有两种观点,一种观点认为,该被诉侵权人购买他人制造的侵害外观设计专利权的产品后贴上自己商标进行销售,应视为其对消费者表明该产品是由自己生产的,故其应当负生产者的法律责任。另一种观点则认为,虽然欧炬公司存在前述贴自己商标的行为,但其为证明其实际上不存在制造被诉侵权产品的主张,提供了公证书等证据证明该产品的确购自案外人,根据《专利法》(2008)第11条第2款规定,所谓侵害外观设计专利权的制造行为是指在产品上实施外观设计的行为。本案中,在欧炬公司购买被诉产品之前,涉案专利的外观设计已经在被诉产品上被实施,而欧炬公司并不存在参与实施本案专利外观设计的行为,也不存在为实施行为提供帮助或教唆的行为,故应当认定欧炬公司不存在制造被诉侵权产品的行为。第二种观点是更加符合客观情况及相关法律规定本意的。

(撰稿人:广东省高级人民法院　肖少杨、宋薇薇)

"隐藏式门铰链"发明专利侵权纠纷案

——对权利要求书中记载的技术特征的解释是判断是否侵权的关键问题

【裁判要旨】

若专利权利要求书记载了多个发明目的不完全相同技术方案,则在解释其技术方案当中的技术特征时,应当结合权利人在具体案件中请求保护的权利要求的技术方案所要实现的发明目的来解释该技术方案中的技术特征。

【案情介绍】

上诉人(原审被告):东莞市神冈精密五金电子有限公司(下称神冈公司)

被上诉人(原审原告):西蒙斯工厂有限公司(下称西蒙斯公司)

西蒙斯工厂有限公司为 ZL200910212035.0"隐藏式门铰链"发明专利的专利权人,该专利权利要求1为一种用于隐藏式安装在门板和门框之间的门铰链,所述门铰链具有:两个叶片组件,其能够插入设置在所述门框中和所述门板的边缘中的凹部中;以及接头组件,其具有将这两个叶片组件相互连接的至少两个部件。其特征在于,所述两个叶片组件各具有两个叶片端部,所述叶片端部形成有供安装螺钉用的孔,且所述接头组件被支撑于所述叶片端部上,而且在所述叶片端部之间设置有分离式的连接元件,所述连接元件连接相应的两个叶片端部,其中所述叶片端部各自均包括相应的支撑件和插入件,并且所述接头组件具有通过公共旋转轴彼此枢转连接的两个托架,各托架的一端在相应插入件内枢转,而另一端滑动地支撑于相应插入件的滑动导槽内。

西蒙斯公司发现东莞市神冈精密五金电子有限公司制造、销售侵害其专

---

* 一审案号:(2015)粤知法专民初字第2333号;二审案号:(2017)粤民终973号。

利权的产品,取证后起诉至法院要求神冈公司停止侵权、赔偿损失。一审法院认为神冈公司制造、销售、许诺销售了被诉侵权产品,判决该公司赔偿西蒙斯公司经济损失(包括合理费用)25万元并驳回西蒙斯公司的其他诉讼请求。神冈公司不服并上诉,二审法院经审理作出驳回上诉,维持原判的判决。

【法理分析】

本案的争议焦点为被诉侵权技术方案是否落入本案专利权保护范围。

《最高人民法院关于审理侵犯专利权纠纷案件应用法律若干问题的解释》(下称《专利法司法解释(一)》)第7条规定:"人民法院判定被诉侵权技术方案是否落入专利权保护范围,应当审查权利人主张的权利要求所记载的全部技术特征。被诉侵权技术方案包含与权利要求记载的全部技术特征相同或者等同的技术特征的,人民法院应当认定其落入专利权的保护范围;被诉侵权技术方案的技术特征与权利要求记载的全部技术特征相比,缺少权利要求记载的一个以上的技术特征,或者有一个以上技术特征不相同也不等同的,人民法院应当认定其没有落入专利权的保护范围。"本案中,神冈公司上诉主张被诉侵权技术方案不落入本案专利权保护范围,理由是被诉侵权产品对应本案专利所描述的"支撑件"和"叶片端部"的部分是做成一体的,从本案专利发明内容来理解,本案专利技术特征描述的"支撑件"和"叶片端部"是分离的。因为只有两者分离,才能通过设置调整件以实现铰链在Y方向的自由移动的发明内容。二审法院认为,本案专利权利要求书记载了多个技术方案,不同的技术方案实现的发明目的不完全相同。西蒙斯公司在本案中请求保护的是权利要求1记载的技术方案,在解释该技术方案当中的技术特征时应当结合权利要求1技术方案所要实现的发明目的。本案专利说明书发明内容部分[0004]描述了本案专利发明的目的,即"本发明的目的在于提供一种门铰链,所述门铰链设计更简单且由此可更成本有效地来制造";[0006]描述了实现发明目的的实施方式,即"所述目的通过如下的隐藏式门铰链的叶片组件来实现……";[0005]描述了本案专利的技术方案。从前述内容来看,本案专利发明目的是通过设置可分离式的连接元件,来适应不同长度的门铰链结构,而连接元件两端的叶片端部的组件模块化,并可以适应不同长度和门铰链结构的连接元件,从而使制造简便和经济。本案专利权利要求1记载:"叶片端部各自均包括相应的支撑件和插入件"。从权利要求1的该项技术特征字面含义来看,"叶片端部"包含"支撑件"和"插入件"两个部件,"叶片端部"是"支撑件"和"插入件"的上位概念,即"支撑件"和"插入件"皆被称为"叶片端部"。从[0005]描述的"且所述接头组件被支撑于所述叶片端部上"以及[0006]描述的"所述两个叶片端部均具有供安装螺钉用的孔且接头组件支撑于所述两个叶片端部上"可知,"支撑件"在整个技术方案当中所发挥的功能是与"插入件"相互配合以支撑接头组件。而从发挥该功能来看,"叶片端部"并不需要分离出"支撑件""插入件"和"叶片端部的其他部分"三个部件后,才能实现该功能;只要"叶片端部"中包含有"插入件"和"支撑件"两部分部件,即可完成"支撑件"在权利要求1技术方案中所承担的技术功能。神冈公司上诉认为本案专利技术特征描述的"叶片端部"与"支撑件""插入件"部件应当被限定为三个分离的部件的主张,依据不足,法院不予支持。本案专利权利要求9的附加技术特征描述:"所述叶片端部的一个叶片端部中设置有用于沿第二水平方向(Y)调整所述门板的调整装置"。由该技术特征描述可知,调整装置的功能是调整门板(即铰链)在Y方向上移动。即实现门板(即铰链)在Y方向移动的功能,是由附加技术特征9的调整装置来完成的,而不是由其他部件包括"支撑件"来完成的。说明书发明内容[0012]描述"这种类型叶片端部的多构件实施方式使得可设置用于在门框中调整门板的调整件",该功能并不是由权利要求1的技术方案所实现的,而是由权利要求9技术方案所实现的。西蒙斯公司在本案中请求保护的是权利要求1,对于权利要求9所实现的技术功能,不能用于解释或者限定权利要求1描述的技术特征。神冈公司上诉认为权利要求技术特征应当被解释为"支撑件"与"叶片端部"分离才能实现设置调整件发明目的的主张,依据不足。综上,被诉侵权产品一个叶片端部中设置有分离式的"支撑件",该项技术特征亦属于本案专利技术特征限定的范围,构成相同技术特征。

【法官点评】

在侵害发明专利权纠纷案件中,被诉侵权技术方案是否落入权利人专利权保护范围是常见的争议焦点,而在某些特殊情况下,应当如何解释权利要求书中记载的技术特征，通常是判断被诉侵权技术方案是否落入权利人专利权保护范围的关键问题。本案中，双方当事人对应当如何理解"支撑件"与"叶片端部"是否分离的问题存在争议，法院经审查认为，本案专利权利要求书记载了多个技术方案，不同的技术方案实现的发明目的不完全相同。西蒙斯公司在本案中请求保护的是权利要求1记载的技术方案，在解释该技术方案当中的技术特征时，应当结合权利要求1技术方案所要实现的发明目的。说明书发明内容［0012］描述"这种类型叶片端部的多构件实施方式使得可设置用于在门框中调整门板的调整件"，该功能并不是由权利要求1的技术方案所实现的，而是由权利要求9技术方案所实现的。西蒙斯公司在本案中请求保护的是权利要求1，对于权利要求9所实现的技术功能，不能用于解释或者限定权利要求1描述的技术特征。神冈公司上诉认为权利要求技术特征应当被解释为"支撑件"与"叶片端部"分离才能实现设置调整件发明目的的主张，缺乏依据。由此可见，被诉侵权产品一个叶片端部中设置有分离式的"支撑件"，该项技术特征亦属于本案专利技术特征限定的范围，构成相同技术特征。

（撰稿人：广东省高级人民法院　肖少杨、宋薇薇）

"吊灯（天鹅湖系列）"外观设计专利侵权纠纷案

——手机中照片作为证据的证明力问题

【裁判要旨】

被诉侵权人使用手机中照片作为提出现有设计抗辩的证据，若其提交的证明手机中该照片的拍摄时间及拍摄地点的鉴定报告缺乏鉴定、分析和甄别的过程作为依据，而仅是简单地得出结论，则上述证据不应被采纳。

【案情介绍】

（上诉人原审被告）：中山市绿豹灯饰有限公司（下称绿豹公司）、中山市绿豹灯饰有限公司分公司（下称绿豹分公司）

（被上诉人原审原告）：中山市横栏镇金丰美照明灯饰厂（下称金丰灯饰厂）

金丰灯饰厂于2015年8月31日向国家知识产权局申请名称为"吊灯（天鹅湖系列）"外观设计专利，并于2016年2月10日获得授权，其发现绿豹公司、绿豹分公司在商铺销售被诉侵权产品，经公证取证后起诉至法院，要求判决绿豹公司、绿豹分公司停止侵权并赔偿损失。两被告以（2016）粤73民初1806号案中的（2016）粤广广州第239345号公证书作为证据提出现有设计抗辩，该公证书显示一家名为Euroluce Lampadari的公司在其官方网站上公开一款吊灯产品。产品图片在右下方载有"最后更新于星期六，305月2015 09：00"的信息，两被告以该产品图片作为现有设计抗辩的对比文件一。此外，两被告还提交了两张自称在意大利拍摄的图片作为对比文件二，但也明确其无法证明对比文件二的公开时间和来源。

---

* 一审案号：（2016）粤73民初1805号；二审案号：（2017）粤民终1351号。

一审法院认为两被告共同制造、销售被诉侵权产品，构成侵权，且现有设计抗辩不成立，判决两被告停止侵权，赔偿经济损失及合理开支共50 000元人民币并驳回金丰灯饰厂的其他诉讼请求。二审期间，两被告提交了以下新证据：①绿豹公司、绿豹分公司的员工谭某、周某于2015年4月14日在2015年米兰国际家居展会上用手机拍摄的照片，照片中包含了本案所提的现有设计。②《南方医科大学司法鉴定中心司法鉴定意见书》，该意见书对手机中的6张照片进行鉴定。上诉人认为，鉴定照片显示的灯具外观设计与Euroluce Lampadari公司官网灯具外观设计相同，公开时间早于本专利申请日，被控侵权产品实施的就是该外观设计，以此作为现有设计比对的外观设计。③谭某、周某在上述展会取得的Euroluce Lampadari公司产品宣传册。④谭某、周某出国护照、保险凭证、上述展会门票、关于该展会情况介绍以及绿豹公司与案外人广州奥菲亚展览服务公司协议组织谭某、周某等绿豹公司员工于2014年12月24日至2015年3月15日期间前往意大利参观上述家具展的有关合同、付款凭证等。上述证据拟证明两人参观了上述展会并在该展会上拍摄了作为本案现有设计抗辩证据的灯具产品照片。二审法院认为两上诉人现有设计抗辩依据不足，因此驳回上诉，维持原判。

【法理分析】

本案二审的争议焦点为两上诉人提出的现有设计抗辩是否成立。《专利法》第62条规定："在专利侵权纠纷中，被控侵权人有证据证明其实施的技术或者设计属于现有技术或者现有设计的，不构成侵犯专利权。"专利法所称现有技术，是指申请日以前在国内外为公众所知的技术。本案中两上诉人主张现有设计抗辩，应当证明其所提供的现有设计抗辩证据，在本案专利申请日之前已经公开，且被诉侵权产品实施的是该现有设计。本案中，两上诉人为证明其主张，提供了Euroluce Lampadari公司官网展示的外观设计产品，以及该公司员工在意大利米兰2015年米兰国际家居展会上拍摄到的上述公司产品外观设计等作为证据。二审法院认为，上述公司官网展示的外观设计产品，虽然显示有图片更新的时间且该时间早于本案专利申请日，但是由于网络证据容易被篡改，在两上诉人未提供证据证明该网页数据具有稳定性的情况下，仅以该页面显示的时间不足以确认该图片公开时间的真实性。在金丰灯饰厂不予确认该证据真实性的情况下,一审法院不予采信该证据并无不当。对于两上诉人所称其员工拍摄于2015年米兰国际家居展会的照片以及员工手机的鉴定意见书,由于该鉴定结论缺乏鉴定、分析和甄别的过程作为依据,该鉴定结论真实性难以确认,因此,拍摄于2015年4月14日以及拍摄于意大利2015年米兰国际家居展会的手机照片的真实性亦无法确认。对于两人护照、保险凭证、门票及展会介绍以及绿豹公司员工出国的证据等,仅能证明两上诉人的员工出国的事实,但无法证明该司员工于2015年4月14日在上述家居展会获得前述照片。综上,两上诉人提交的证据均不足以证明其关于上述公司的灯具外观设计在本案专利申请日之前已经公开的主张。再者,退一步而言,即使前述证据能够证明上述公司灯具外观设计早于本案专利申请日公开的主张,还应当审查被诉侵权产品是否实施了前述主张的现有设计。从现有设计证据的主视图来看,灯具有12个灯臂,灯臂处于两个不同的平面。被诉侵权产品的灯臂有8个,灯臂均处于同一个平面。将两者进行比对,两者灯臂的数量不同,所处平面的数量也不同,而现有设计12个灯臂处于两个不同平面的设计特征,在整体视觉效果中具有显著影响,被诉侵权产品不具有这一设计特征,因此两者构成实质性差别,不相同也不近似。因此,两上诉人的现有设计抗辩依据不足。

【法官点评】

　　随着手机拍照功能的普及使用,有越来越多的当事人将手机中的照片作为现有设计抗辩的证据提交,然而,由于手机照片属于电子证据,其属性决定了其有关信息存在容易被更改的特点,应当如何确定该类证据是否应当被采纳?本案是一个典型的例子。本案中,两上诉人将手机中照片作为提出现有设计抗辩的证据,应当证明其所提供的现有设计抗辩证据,在本案专利申请日之前已经公开,且被诉侵权产品实施的是该现有设计。由于手机照片等电子证据存在可以被更改相关信息的特点,两上诉人考虑到对方有可能以这一点作为质疑该证据证明力的理由,为了加强证明该照片的拍摄时间的确是在本案专利申请日前,拍摄地点的确是在米兰国际家居展会,特意委托鉴定机构对手机照片进行鉴定,然而,由于该次鉴定的鉴定书并没有记录鉴定、分析和甄别上述手机照片的拍摄时间和地点的过程作为依据,令人对该鉴定结论从何而来无法知晓,故法院对该鉴定结论真实性难以确认。即两上诉人提交的证据无法证明前述手机照片是于本案专利申请日前在米兰国际家居展会拍摄的事实具有高度可能性,根据《民事诉讼法》第64条第1款规定:"当事人对自己提出的主张,有责任提供证据。"《最高人民法院关于适用〈中华人民共和国民事诉讼法〉的解释》第108条第1款和第2款规定:"对负有举证证明责任的当事人提供的证据,人民法院经审查并结合相关事实,确信待证事实的存在具有高度可能性的,应当认定该事实存在。对一方当事人为反驳负有举证证明责任的当事人所主张事实而提供的证据,人民法院经审查并结合相关事实,认为待证事实真伪不明的,应当认定该事实不存在。"法院对该照片不予采纳。

(撰稿人:广东省高级人民法院 肖少杨、宋薇薇)

"糖果玩具及其生产方法"发明专利侵权纠纷案*

——对权利要求中"非发明点"技术特征的解释方法

【裁判要旨】

在判断被诉侵权技术方案与涉案专利权利要求技术特征是否构成相同或者等同特征时,应考虑涉案专利实际解决的技术问题即发明点所在。在确定发明点技术特征的含义时,不应超出发明点精神所限,以免给予权利人超出其贡献的保护。对于权利要求中的"非发明点"技术特征,在确定其含义时应当采用较为宽松的解释方法,通过说明书的整体内容理解权利人使用相关表述的真实意图,避免其含义被不当限缩从而导致发明创造不能获得保护。

【案情介绍】

上诉人(原审原告):迈德乐(广州)糖果有限公司(下称迈德乐公司)

被上诉人(原审被告):东莞市金旺食品有限公司(下称金旺公司)、广州市好又多百货商业广场有限公司(下称好又多公司)

迈德乐公司是涉案专利为 ZL97198936.2 "糖果玩具及其生产方法" 发明专利的权利人。迈德乐公司认为金旺公司生产、好又多公司销售的被诉侵权产品侵害其涉案发明专利权,诉至广州知识产权法院,请求法院判令金旺公司、好又多公司停止侵权行为;金旺公司赔偿迈德乐公司经济损失 100 万元和维权支出 10 万元等。

金旺公司答辩称,涉案专利产品的片型件只有泡沫糖和果胶这 2 种组成部分,而被诉侵权产品的每一个糖果层中除了果胶,还含有白砂糖、葡萄糖浆、明胶等,不落入涉案专利的保护范围,请求驳回迈德乐公司的诉讼请求。

一审法院认为,涉案专利权利要求 1 中的"它(糖果玩具)是由许多基

---

* 一审案号:(2015)粤知法专民初字第 984 号;二审案号:(2017)粤民终 2294 号。

本上平行并列的且由泡沫糖和果胶构成的浇注片或片型件构成的"的表述方式可归类为封闭式权利要求，封闭式权利要求一般解释为不含有该权利要求所述以外的结构组成部分或方法步骤。涉案专利将糖果玩具限定为由浇注片或片型件构成，排除了浇注片或片型件以外的结构组成部分；将浇注片或片型件限定为由泡沫糖和果胶构成，排除了泡沫糖和果胶以外的组成部分。被诉技术方案中与"果胶"对应的技术特征与之不相同也不等同，遂判决驳回迈德乐公司的诉讼请求。

迈德乐公司不服一审判决，提起上诉，请求二审法院支持其诉讼请求。

二审法院认为，被诉侵权产品具有涉案专利权利要求1中"果胶"的技术特征；无论是涉案专利权利要求的浇注法，还是被诉侵权技术方案的热熔法，均是对果胶、明胶等原料进行加热处理，属于相同的生产方法。因此，被诉侵权技术方案落入了迈德乐公司涉案专利权利要求1的保护范围。二审法院判决：①撤销一审判决；②金旺公司赔偿迈德乐公司经济损失和合理维权费用共计30万元；③驳回迈德乐公司的其他诉讼请求。

【法理分析】

（一）解释权利要求中发明点与非发明点含义的规则

本案中，双方当事人争议最大的是被诉侵权产品是否具有与涉案专利权利要求1中"果胶"相同或者等同的技术特征的问题。要解决该问题，首先应当确定权利要求技术特征的含义，在此过程中应考虑涉案专利实际解决的技术问题即发明点所在。专利法立法本意之一是尽可能保护确有创造性的发明创造，确保专利权人所获得的保护与其技术贡献相匹配。发明点使发明创造相对于现有技术具有新颖性和创造性，是发明创造能够被授予专利权的基础和根本原因，因此在确定发明点技术特征的含义时，不应超出发明点精神所限，以免给予权利人超出其贡献的保护。与之相应，对于权利要求中的"非发明点"技术特征，在确定其含义时应当采用较为宽松的解释方法，通过说明书的整体内容理解权利人使用相关表述的真实意图，避免其含义被不当限缩从而导致发明创造不能获得保护，有违实质公平和专利法的立法本意。根据涉案专利说明书的记载，所述糖果玩具明显减少了独立件的数量，可以更简单、快速而且价格更低廉地进行整体拼装，而且仍能通过简单的翻转双层刺激儿童重新设计糖果顺序并改变夹裹次序，由此确定了涉案专利权利要求1的技术方案实际解决的技术问题是简化糖果玩具的生产复杂性，而不降低其可玩性，这是涉案专利的发明点所在。相对来说，涉案专利权利要求中泡沫糖和果胶的成分并非其发明点所在。

（二）对于权利要求的含义，可以结合工具书、教科书等公知文献以及本领域普通技术人员的通常理解进行确定

在解释本案专利权利要求中的"果胶"的含义时，因涉案专利权利要求及说明书、附图均没有明确"果胶"的含义，而参考涉案专利的同族专利，"果胶"对应的英文用词为Fruit Gum，而非作为食品添加剂的"果胶"英文用词Pectin，而且作为食品添加剂的"果胶"的组织形态为粉末，不可能单独构成片形件；从涉案专利说明书可见，涉案专利权利要求中"果胶"一词不宜仅解释为作为食品添加剂的果胶，一审法院该解释正确，因此二审法院对此予以维持。金旺公司认为涉案专利权利要求中既有"果胶"构成的片形件，又有"泡沫糖"构成的片形件，因此涉案专利权利要求中的"果胶"就是国家标准所称的"果胶"。但是根据《食品工业》2009年第1期"凝胶剂性能与凝胶软糖（3）"一文的介绍，在使用果胶原料生产果胶软糖时，需要加入一定的糖和酸等物质，因此金旺公司的该主张不能成立。综上，本领域的普通技术人员通过阅读说明书及附图后可以确定涉案专利权利要求中的"果胶"指的是含有水果味的凝胶糖，应允许加入符合国家食品安全的葡萄糖浆、白砂糖、用于控制pH的缓冲盐等添加剂或者物质。被诉侵权产品也是由多个基本平行并列的片型件构成，其中片形件中的外层为泡沫糖层，其余片形件为由一层泡沫糖层与一层果胶层不可分地连在一起所形成的双层片构成。被诉侵权产品的该种结构，实现了减少独立件的数量，从而简单、快速而且价格低廉地进行整体拼装，儿童通过简单的翻转双层就可以制造出不同夹裹次序的糖果玩具，刺激了儿童重新设计糖果顺序的欲望。虽然被诉侵权产品的配料表记载有白砂糖、葡萄糖浆、食品添加剂（明胶，果胶，柠檬酸，苹果酸，柠檬黄，日落黄，诱惑红，亮蓝），食用香料等成分，但没有因此而改变含有水果味的凝胶糖的物理属性和结构，仍然属于涉案专利权利要求中片形件由"果胶"和"泡沫糖"构成的技术特征，因此被诉侵权产品具有涉案专利权利要求1

中"果胶"这一技术特征。在"果胶"的成分并不确定的情况下，即使认为上述表述为封闭式限定也不能产生排除明胶成分的效果。

关于被诉侵权产品各层是否系由浇注生产法或与之等同的方法连接的问题，涉案专利权利要求中的"浇注生产法"需要采取加热溶解的方式进行。根据《食品工业》2009年第3期"凝胶剂性能与凝胶软糖（5）"一文的介绍，在使用明胶制作软糖时，同样需要对其进行加热处理。根据一审法院第一次《开庭笔录》的记载，金旺公司明确确认其是使用热熔法生产被诉侵权产品，其在第二、三次开庭审理以及其委托诉讼代理人在提交给一审法院的《代理词》中，虽然认为金旺公司不是采用浇注方法生产被诉侵权产品，但并没有否认使用热熔法生产被诉侵权产品。综上，无论是涉案专利权利要求的浇注法，还是被诉侵权技术方案的热熔法，均是对果胶、明胶等原料进行加热处理，属于相同的生产方法。金旺公司认为两者属于不同的生产方法，理由不能成立。

【法官点评】

本案明确了在判断被诉侵权技术方案与涉案专利权利要求技术特征是否构成相同或者等同特征时，对涉案专利权利要求的发明点与非发明点的含义进行解释的规则，确保专利权人所获得的保护与其技术贡献相匹配，从而有力地鼓励创新、保护创新。

（撰稿人：广东省高级人民法院　邓燕辉）

"保温水瓶（希悦-8P）"外观设计专利侵权纠纷案[*]

——侵权判断时授权外观设计相对于在先设计的
区别设计特征及非区别设计特征均应予以考虑

【裁判要旨】

本案在侵权判断过程中，以在先设计中披露的设计特征，结合本领域显而易见的公知常识，剔除掉涉案授权外观设计设计特征中不属于区别于在先设计的可识别性创新设计部分，归纳原告涉案授权外观设计相对于在先设计的区别设计特征。被诉侵权产品虽基本再现了上述两项区别设计特征，但在非区别设计特征部分存在较多区别点，且上述区别点位于产品正常使用时容易被直接观察到的部位，足以使两者在整体视觉效果上产生明显差异时，应当以一般消费者的视角，以外观设计的整体视觉效果进行综合判断，得出是否近似的结论。

【案情介绍】

原告：浙江希乐工贸有限公司（下称希乐公司）

被告：浙江佳康不锈钢制品有限公司（下称佳康公司）

本案所涉专利号为 ZL201330452843.1，名称为"保温水瓶（希悦-8P）"的外观设计专利的专利权人为本案原告希乐公司，申请日为2013年9月23日，并于2014年4月23日获公告授权。该专利目前处于有效状态。其简要说明中称该外观设计的设计要点在于形状。2015年3月19日，国家知识产权局出具《外观设计专利权评价报告》，该报告引证了10份现有设计文

---

[*] 案号：（2016）浙10民初508号。

件，初步结论是"全部外观设计未发现存在不符合授予专利权条件的缺陷"。希乐公司经调查认为佳康公司制造、销售的"JKL-F80S"型号保温瓶落入了希乐公司涉案外观设计专利权的保护范围。2016年6月12日，希乐公司委托代理人向浙江省台州市正立公证处申请公证保全证据，对其从佳康公司网址为"http://zjjiakang.1688.com"的阿里巴巴网店购买保温瓶、并于2016年6月17日在公证人员监督下提货的全过程予以保全证据公证，对购买的被诉侵权产品进行了拍照、密封、加贴封条。浙江省台州市正立公证处为此出具了（2016）浙台正证字第3957号、第4056号公证书。上述公证书所附的照片显示，被诉侵权产品单价为45元，瓶身标注"JAKON"商标、佳康公司地址、网址、联系电话等。庭审中，佳康公司未否认被诉侵权产品系其生产、销售。法院经审理认为，被诉侵权产品外观设计与涉案外观设计专利既不相同也不近似，未落入其权利保护范围，佳康公司的抵触申请抗辩不成立。

【法理分析】

台州市中级人民法院经审理认为本案的争议焦点包括以下几个方面。

（一）关于希乐公司涉案专利设计方案的区别设计特征

希乐公司系涉案外观设计专利的专利权人，并已履行了缴纳专利年费的义务。涉案专利现处于有效期限内，法律状态稳定，应受我国法律保护。《专利法》第59条第2款规定："外观设计专利权的保护范围以表示在图片或者照片中的该产品的外观设计为准，简要说明可以用于解释图片或者照片中所表示的该产品的外观设计。"《专利法司法解释（一）》第11条规定："人民法院认定外观设计是否相同或者近似时，应当根据授权外观设计、被诉侵权设计的设计特征，以外观设计的整体视觉效果进行综合判断；对于主要由技术功能决定的设计特征以及对整体视觉效果不产生影响的产品的材料、内部结构等特征，应当不予考虑。下列情形，通常对外观设计的整体视觉效果更具有影响力：（一）产品正常使用时容易被直接观察到的部位相对于其他部位；（二）授权外观设计区别于现有设计的设计特征相对于授权外观设计的其他设计特征……"

庭审中，法院结合双方比对意见及实物，归纳被诉侵权产品与涉案专利设计方案的相同之处为：两者系在相同种类产品上采用的外观设计，均为保温瓶产品。从整体上看，均可视为由瓶盖、颈部、瓶身、提把、握把、底座六部分组成。

综上，以在先设计中披露的设计特征，结合本领域显而易见的公知常识，剔除掉涉案授权外观设计设计特征中不属于区别于在先设计的可识别性创新设计部分，法院归纳原告涉案授权外观设计相对于在先设计的区别设计特征如下：①瓶盖为半透明，透过瓶盖可看到一个圆台形瓶口与瓶身相连；②瓶身上有若干简笔抽象桃花图案。

（二）被诉侵权产品外观设计未落入原告涉案外观设计专利权的保护范围

被诉侵权产品除瓶身上简笔抽象桃花图案分布、商标标注位置略有不同外，基本再现了上述两项区别设计特征。然而，法院认为，对于授权外观设计相对于在先设计的区别设计特征之外的非区别设计特征，在侵权判断时也应当予以考虑。尤其当被诉侵权外观设计与涉案授权外观设计在非区别设计特征部分存在较多区别点，且上述区别点位于产品正常使用时容易被直接观察到的部位，足以使两者在整体视觉效果上产生明显差异时，应当以一般消费者的视角，以外观设计的整体视觉效果进行综合判断，得出是否近似的结论。本案中，对于一般消费者而言，瓶盖、颈部、瓶身、提把、握把部分在保温瓶正常使用时均容易被直接观察到，在对整体视觉效果进行综合判断时，在上述部位上的设计特征均应予以重点考查。本案中，被诉侵权产品与涉案专利设计方案在立体图、主视图、后视图上呈现明显差异，在不考虑色彩的情况下，这种整体形状上的差异，超过仅由瓶盖的半透明材质和瓶身的简笔桃花图案对整体视觉效果带来的影响，因此两者既不相同也不近似，被诉侵权产品外观设计未落入原告涉案外观设计专利权的保护范围。

（三）被告的抵触申请抗辩不成立

由于抵触申请与在先申请同样属于损害专利新颖性的因素，被诉侵权人可以援引申请日在涉案专利申请日之前的外观设计专利，比照现有设计抗辩制度进行不侵权抗辩。被诉侵权产品的设计元素中包含了瓶身图案，而被告提交的在先设计中瓶身留白，因此至少在图案设计上，被诉侵权外观设计与该在先设计既不相同也不相近似，被告的抵触申请抗辩不成立。

【法官点评】

　　本案的典型之处在于，涉案授权外观设计区别于在先设计的区别设计特征是较为细微的，被诉侵权产品在整体形状上的差异，超过了创新性设计要点对整体视觉效果带来的影响，宜认定为未落入专利权保护范围。在侵权判断中，在着重考虑区别设计特征的基础上，应当兼顾包括非区别设计特征在内的所有设计特征，以外观设计整体视觉效果进行综合判断。另外，本案还探讨了被诉侵权人在抵触设计抗辩中提供的证据能不能经过评判审查被认定为最接近在先设计，从而作为认定原告涉案专利创新性设计要点参考的问题。

（撰稿人：浙江省台州市中级人民法院　方　莹）

专利转让合同被撤销后专利"追溯性"侵权行为纠纷案[*]

——专利权受让人实施专利不因转让合同的撤销而当然构成侵权

【裁判要旨】

专利权受让人依法办理专利权变更登记后,基于对自身专利权人身份的正常信赖,实施相应专利的行为具有正当性与合理性。当专利权转让合同的出让方进入破产程序,其破产管理人以专利权转让价格明显不合理为由提起合同撤销之诉,且该诉讼请求依法获得支持后,专利权受让人在受让并成为专利权人且专利权转让合同尚未被依法撤销期间的专利实施行为,不会因为前述专利权转让合同的撤销而追溯性成为专利侵权行为。

【案情介绍】

原告:南京九竹科技实业有限公司(下称九竹公司)

被告:南京厚和机电科技有限公司(下称厚和公司)

2014年,基于九竹公司与专利权人签订的专利权转让合同,变更登记成为涉案专利权人。2015年,九竹公司进入破产重整程序,其破产管理人依据破产法以专利权转让价格明显不合理为由申请撤销上述专利权转让合同。2016年8月,南京市中级人民法院判决支持九竹公司破产管理人的诉讼请求。2016年12月,江苏省高级人民法院对南京市中级人民法院的上述判决作出维持判决。2017年2月,九竹公司重新变更登记成为涉案专利权人。2017年3月,九竹公司对厚和公司于2016年8月、10月制造、销售的被控侵权产品进行了公证证据保全。九竹公司认为,专利权转让合同被依法撤销后至始无效,遂主张厚和公司2016年8月、10月制造、销售被控侵权产品

---

[*] 案号:(2017)苏01民初518号。

的行为侵犯了其涉案专利权,要求厚和公司停止侵权,并赔偿损失100万元(另主张合理费用206 600元)。本案审理过程中,九竹公司明确在本案中仅主张专利侵权法律关系,不主张其他可能存在的法律关系。

法院认为,涉案专利权转让合同的撤销不能追溯性否定厚和公司在受让专利权期间实施该专利的正当性,故九竹公司在本案中的侵权主张不能成立。

【法理分析】

本案审理过程中,所涉及的法律关系主要分为以下三个层次:一是破产管理人对破产人与他人所签订合同的撤销权与一般合同当事人撤销合同权利之间的差异性;二是破产管理人基于债权人利益的考虑而依《中华人民共和国破产法》(下称《破产法》)相关规定撤销破产人与他人签订的专利权转让合同后,对基于该专利权转让合同所产生的专利权继受取得结果存在何种影响;三是前述影响是否会导致专利权受让人在特定期间内的专利实施行为性质发生质的变化。

在合同当事人行使合同撤销权的法律关系中,合同撤销权行使的法定事由主要包括合同法所规定的重大误解、显失公平,一方欺诈、胁迫或乘人之危等几种情形,撤销权的行使与否完全取决于当事人的主观意愿。合同一旦撤销,即是对撤销合同一方当事人签订合同自愿性的自始否定,也是对合同相对方签订合同行为合法性的自始否定。在破产管理人就破产人与他人签订的合同行使合同撤销权的法律关系中,破产管理人除了可以基于合同法所规定的合同撤销事由行使破产人所享有的合同撤销权外,还可以基于破产法所规定的合同撤销事由,行使破产管理人所特有的合同撤销权。本案中,九竹公司破产管理人基于《破产法》第31条第2项所规定的"以明显不合理的价格进行交易的"事由,行使了涉案专利权转让合同的撤销权。在此情形下,合同撤销权的行使与否代表着破产程序债权人的利益而非破产人的主观意愿。合同一旦撤销,仅表明该合同的履行对其他债权人的利益产生了损害,但并非是对合同当事人签订合同真实意思的自始否定,其实质是对破产人不当合同行为的合法干预。

在九竹公司破产管理人依法撤销涉案专利权转让合同后,厚和公司当然地丧失继受取得涉案专利权的合法性基础,从而使其自始不具备合法的专利权人身份。然而，专利权是一种民事实体与行政程序相互夹杂的权利。其通过行政程序而产生、变更、存续的形式权利，与其民事实体权利的归属在特定情况会产生一定程度的分离。本案中，在专利权转让合同被依法撤销后，厚和公司应当被视为自始没有取得涉案专利权。然而，从行政管理的角度而言，其在一定期间内确系经过登记的形式上的专利权人。所以，专利行政上的形式权利与民事上的实体权利并非总是如影随形。当二者产生分离时，应当以其民事上的实体权利判定其相应权益的归属。

从专利侵权的角度而言，厚和公司如果取得了涉案专利民事上的实体权利，即使不具备行政上的形式权利，其也有权实施该专利。然而，厚和公司仅在一定期限内取得了涉案专利行政上的形式权利，在专利权转让合同被依法撤销后，即自始丧失了获得涉案专利民事上的实体权利的合法性基础。所以，厚和公司涉案专利实施行为是否侵权的判定并不取决于其是否曾经获得过涉案专利民事上的实体权利，而取决于其行为是否符合专利侵权的行为构成要件。

未经专利权人许可实施该专利，是专利侵权行为的一般构成要件。在签订涉案专利权转让合同后，九竹公司并不存在依据合同法请求撤销涉案合同的事由，也即涉案专利权转让合同的签订是九竹公司与厚和公司的真实意思表示，九竹公司愿意签订该合同即应对厚和公司依据合同取得该专利权后可能实施该专利有所预见，也即厚和公司实施该专利并不违背九竹公司的主观意愿。厚和公司在签订并依据涉案专利权转让合同登记成为形式上的专利权人后，对自身可以实施该专利具有合理的信赖利益。当然，九竹公司处分涉案专利的意志自由，以及厚和公司实施涉案专利的信赖利益，都会因为涉案专利权转让合同的依法撤销而受到干预，但这种干预的结果应当自涉案专利权转让合同撤销的判决生效时发生法律效力。而对于厚和公司此前的专利实施行为，不能认定其违背了九竹公司签订合同时的主观意愿，也并未超出厚和公司信赖利益的保护范围。所以，该行为不应认定为专利侵权行为。

当然，本案还可能涉及九竹公司破产管理人撤销涉案专利权转让合同后，是否会给合同当事人造成损失，以及厚和公司实施涉案专利后是否会在利益分配上产生不公平等问题。例如，当厚和公司基于对专利权转让合同及自身变更登记成为专利权人的信赖，可能存在一定的专利专属设备投资等，而当专利权转让合同被撤销后，这些投资将会转化为不良资产，造成相应的损失。当厚和公司专利实施收益远远超出专利权转让合同交易价款的可期待利益时，则可能因为涉案合同的撤销而导致双方无有效合同基础的收益不均。上述问题都与专利权转让合同的撤销息息相关，但其并非专利侵权法律关系。本案中，九竹公司仅就专利侵权法律关系提出了诉讼主张，而未涉及其他可能存在的法律关系，从而一定程度上简化了本案可能涉及的法律关系。

【法官点评】

以专利权转让合同作为依据继受取得专利权，是专利权流转的重要方式与手段。其间，合同的有效性对专利权实体权利的流转影响重大。而影响合同有效性的因素多种多样，其中既有并不违背当事人真实意思但因损害第三人利益而影响合同效力的情形，也有违背当事人真实意思而导致合同无效或可撤销的情形，还有虽然违背专利权人真实意思表示，但专利受让人善意受让并实施专利的情形。对于各种不同的情形，在认定合同无效或者认定合同应当撤销后，如果原专利权人就专利受让人特定期间内实施专利的行为提起专利侵权诉讼，则首先应当认定专利权回复到专利权转让合同履行前的初始状态；其次应当认定专利权的受让人自始没有取得相应的专利权；最后应当按照专利侵权的行为构成要件对专利侵权诉请作出判定。在判定是否存在专利侵权行为时，专利实施行为是否违背专利权人的主观意愿系审查重点。当可以认定或能够推定相应的专利实施行为并不违背专利权人的主观意愿时，只要该行为符合诚实信用的基本原则，则原则上不应认定该行为构成专利侵权。

对于专利权转让合同被认定无效或被依法撤销后，是否存在损害赔偿、利益补偿或不当得利返还的问题，应当结合当事人的诉讼请求，以及双方举证情况确定具体的法律关系，并加以综合判定。

其实，对于采用与专利权行政管理相类似方式的商标权而言，当商标权转让合同被认定无效或被撤销后，原商标权人诉称商标受让人特定期间内的商标使用行为构成商标侵权时，可以借鉴上述专利权转让合同被撤销或被认定无效后，相应期间的专利实施行为是否构成专利侵权的处理思路与方法作出处理。

（撰稿人：江苏省南京市中级人民法院　臧文刚）

"电磁阀"发明专利侵权纠纷案*

——涉"功能性特征"的认定

【裁判要旨】

并非所有以功能或者效果表述的技术特征都为最高法院司法解释所规定的"功能性特征"。对于权利要求中以功能或者效果表述的技术特征,如果本领域普通技术人员仅阅读权利要求即可直接、明确地确定实现上述功能或者效果的具体实施方式的,则不应将该技术特征认定为"功能性特征"。如果教科书、工具书等资料中已经记载了能够实现相同功能或者效果的具体实施方式,则此种情形就能够证明"本领域普通技术人员仅阅读权利要求即可直接、明确地确定实现上述功能或者效果的具体实施方式"。对此以功能和效果表述的技术特征的技术内容,应限于那些已为本领域普通技术人员所知晓的实施方式,不应当无限扩张,理解为所有能够实现相同功能或者效果的实施方式,否则将会使得专利保护范围与技术贡献失衡,挤压创新空间。

【案情介绍】

上诉人(原审原告):SMC株式会社

被上诉人(原审被告):苏州山耐斯气动有限公司(下称山耐斯公司)、神驰气动有限公司(下称神驰公司)

SMC株式会社系名称为"电磁阀",专利号为ZL02130310.X号发明专利的专利权人。其于2013年发现山耐斯销售神驰公司制造和销售的多款型号电磁阀产品侵害了其涉案专利的专利权,遂向苏州中院提起诉讼,请求法院判令山耐斯公司和神驰公司停止制造和销售被诉侵权产品,神驰公司赔偿其各项经济损失及合理费用共计100万元。

---

* 一审案号:(2014)苏中知民初字第00311号;二审案号:(2016)苏民终291号。

在 SMC 株式会社提起本案诉讼之前,其曾以乐清市迈得发自动化设备有限公司(以下简称迈得发公司)生产、销售的部分 SY 系列电磁阀产品侵犯了涉案专利为由,向上海市第二中级人民法院提起侵害发明专利权纠纷之诉[参见(2013)沪二中民五(知)初字第 51 号]。在该案中,该院委托技术鉴定并由工信部鉴定所作出第 136-1 号报告(下称第 136-1 号鉴定报告)。

苏州中院一审认为,根据第 136-1 号鉴定报告结论,涉案专利权利要求 1 中 A3 技术特征属于功能性技术特征,应当结合说明书和附图描述的该功能或者效果的具体实施方式及其等同的实施方式来确定该技术特征的内容。被控产品的螺线管的技术手段与涉案专利说明书中包括"固定铁心"的具体实施方式不同,因此与涉案专利权利要求的 A3 技术特征既不相同也不等同,未落入涉案专利权的保护范围。据此,苏州中院一审判决驳回 SMC 株式会社的诉讼请求。

SMC 株式会社不服一审判决,向江苏高院提起上诉。二审期间,SMC 株式会社提交了 2011 版《中国电力百科全书》(第二版),用于证明螺线管结构是公知常识,涉案专利的 A3 技术特征不应被认定为功能性特征。

江苏高院二审认为,并非只要是以功能或者效果进行限定的技术特征就必然是功能性技术特征,如果本领域普通技术人员仅通过阅读权利要求即可直接、明确地确定实现上述功能或者效果的具体实施方式的,可以不认定为功能性技术特征。由于《中国电力百科全书》(第二版)为公开发行的书籍,且发行时间早于涉案专利的申请日,因此,其上记载的内容在本案的专利权利要求解释过程中应作为本领域普通技术人员所掌握的知识。由此,涉案专利权利要求所限定的阀芯、阀座以及螺线管之间的相互作用关系已经属于本领域普通技术人员的公知常识,本领普通技术人员在阅读涉案专利权利要求书时,能够清楚地理解"该螺线管在接近或远离上述阀座的方向驱动上述阀芯"是如何实现的,无须再从专利说明书的具体实施例中了解相关技术信息从而获知其具体实施方式。故涉案专利的 A3 技术特征不应认定为功能性特征,更不应将该技术特征的结构限定为专利说明书的具体实施方式及其等同实施方式。被控产品的阀芯亦是在螺线管的驱动下接近和远离阀座,因此与涉案专利的 A3 特征相同。由于被控产品的其余技术特征与涉案专利对应技术特征均相同,因此根据全面覆盖原则,被控产品落入涉案专利权的保护范围。

二审法院亦特别指出,在(2013)沪二中民五(知)初字第 51 号案以及本案一审中,当事人并未提交证明"该螺线管"及其实现"驱动上述阀芯"功能的内部结构是所属技术领域的普通技术人员普遍知晓的,并推翻第136－1号鉴定报告鉴定意见的相关证据,作出该案判决的法院是基于查明的技术事实将涉案专利 A3 技术特征认定为功能性特征。而在本案二审中,根据新证据,可以证明本领域普通技术人员在阅读涉案专利权利要求书时,能够清楚地理解 A3 技术特征,故二审法院在新查明的事实基础上,适用《专利法司法解释(二)》相关规定,认定该技术特征为非功能性特征。

综上,二审法院撤销一审判决,改判神驰公司、山耐斯公司立即停止侵害 SMC 株式会社涉案专利权的行为,神驰公司赔偿 SMC 株式会社经济损失及合理开支合计人民币 15 万元。

【法理分析】

(一) 关于功能性特征排除标准的适用①

对于"变压器""放大器"等虽以功能或者效果表述,但已经成为技术领域甚至是日常生活中具有明确含义和指代对象的技术术语或者通用名词的这类技术特征,不应再将其认定为功能性特征,这在目前已经基本形成共识②。但是,本案争议的技术特征"该螺线管在接近或远离上述阀座的方向驱动上述阀芯",与"变压器""放大器"等相比,尚未成为相关技术领域中具有明确含义的技术术语,更未成为日常生活中具有明确含义的通用表述。在此情况下,是否有必要进一步检验该技术特征是否符合《专利法司法解释(二)》所确立的功能性特征排除标准,实践中存在正反两种意见。

第一种意见认为,本案中争议的技术特征,根据另案中的鉴定意见,明显达不到"在所属技术领域具有高度知晓程度",因此该技术特征的内容,

---

① 《专利法司法解释(二)》第 8 条第 1 款规定:"功能性特征,是指对于结构、组分、步骤、条件或其之间的关系等,通过其在发明创造中所起的功能或者效果进行限定的技术特征,但本领域普通技术人员仅通过阅读权利要求即可直接、明确地确定实现上述功能或者效果的具体实施方式的除外"。该条文前半部分对功能性特征下了定义,后半部分的但书实质上是对功能性特征作出的例外规定,故本文中称该条款中的但书部分为功能性特征的排除标准。

② 当然,前提条件是此类技术特征并非是专利的发明点所在,而仅仅是为了形成一个完整的技术方案而写入权利要求。对权利要求采用此类功能限定符合专利法关于"权利要求应当清楚、简要地限定要求专利保护范围"的要求,属于合理概括。但如果发明本身是针对"变压器""放大器"等部分进行改进创新,或者是发明点必须结合某种特殊结构的"变压器""放大器"才能实现发明目的,则必须在权利要求中采用结构、组分、步骤、条件等包含有明确技术内容的表述进行限定,而不能采用这种功能限定,否则,这些特征应当被认为属于功能性特征。

需要结合说明书所记载的具体实施方式予以确定。

第二种意见认为，专利法司法解释中所规定的"本领域普通技术人员"系拟制主体，其含义可以参照《专利审查指南》中的"所属技术领域的技术人员"的概念①。也就是说，除了"变压器""放大器"等此类日常生活都已经耳熟能详、已经无须举证即可认定符合"本领域普通技术人员仅通过阅读权利要求即可直接、明确地确定实现上述功能或者效果的具体实施方式"的技术特征之外，对于如本案中那样的尚未达到耳熟能详程度的技术特征，可以引入客观性证据来辅助判断。

本案二审最终支持第二种观点，并未简单地仅依据技术特征的表面形式而认定功能性特征，而是根据客观证据从实质上去判断一项技术特征是否为功能性特征，具体过程可见前文案情介绍部分以及判决书。

（二）关于非功能性特征（本文中特指"以功能或者效果表述的"技术特征但并非专利法司法解释所指的功能性特征）技术内容的确定

当适用功能性特征排除标准、认定某项以功能或者效果表述的技术特征不是功能性特征后，紧接着产生的问题是如何确定该非功能性特征的技术内容，目前司法解释对此并没有相关规定。对此亦存在两种观点。

第一种观点认为，既然已经将相关技术特征认定为非功能性特征，那么在确定该技术特征的技术内容时，就无须受《专利法司法解释（一）》第4条规定的约束，可由该技术特征本身的表述内容确定其技术内容。由于该技术特征仅以功能和效果限定其技术内容，所以该技术特征应当理解为包含了能够实现该功能或者效果的所有实施方式。

第二种观点认为，此种情况下，该技术特征虽然不再按《专利法司法解释（一）》第4条所规定以说明书所记载的具体实施方式来确定其内容，但也并非意味着可将非功能性特征的内容理解为覆盖了所有能够实现所述功能的实施方式。专利保护的是技术方案而非功能或者效果，故在一般情况下，专利权利要求一般应由结构、组分、步骤、条件或其之间关系等具有实质技

---

① 《专利审查指南》中在创造性判断的相关章节中关于"所属技术领域的技术人员"的概念规定：指一种假设的"人"，假定他知晓申请日或者优先权日之前发明所属技术领域所有的普通技术知识，能够获知领域中所有的现有技术，并且具有应用该日期之前常规实验手段的能力，但他不具有创造能力。

术内容的技术特征组成。但事实上，绝大多数的发明创造都是在前人的基础上作出的改进，即便是原创性发明，其完整技术方案中也必然会含有与现有技术共有的技术特征，对这些出现在现有技术中并且已为本领域普通技术人员所熟知其实施方式的技术特征，没有必要再在权利要求中一一详细表述，而可以进行合理适当的概括，最有效的方式就是采用功能或者效果性质表述来概括这些技术特征。故以功能和效果表述的技术特征的技术内容，只应限于那些已为本领域普通技术人员所知晓的实施方式，不应当无限扩张，理解为所有能够实现相同功能或者效果的实施方式，否则将会使得专利保护范围与技术贡献失衡，挤压创新空间。

本案二审判决支持了第二种观点，二审判决所采用上述确定非功能性特征技术内容的方法，是在正确理解了功能或者效果方式表述的技术特征存在原因和意义的基础上，所进行的一次积极的探索，该方法的价值取向与专利保护力度应与其技术贡献相适应的司法裁判理念相契合。

【法官点评】

本案非常具有典型性，案情以及裁判过程集中反映了当前关于功能性特征司法认定以及侵权比对中所存在的上述共性问题。针对这些问题，二审法院进行了积极和大胆的探索，在查明新事实的基础上推翻了既有鉴定意见，认为权利要求中的争议技术特征并非功能性特征，不应以说明书中的具体实施方式限定其技术内容。在重新确定权利要求中的争议技术特征的技术内容后，再将专利权利要求与被诉侵权产品进行技术比对，最终认定被诉侵权产品落入涉案专利权的保护范围构成专利侵权。需要特别指出的是，在本案一审判决认定不构成侵权，而且相关鉴定意见以及另案一审判决亦有利于被告，但二审改判认定侵权成立的情况下，被告仍能自觉履行二审判决确定的赔偿义务，相当程度上能够反映出本案二审法院裁判观点的说服力和当事人对此的认可度。本案二审法院就司法解释所确立的功能性特征排除标准所做的进一步细化及其具体操作方法，既接受了司法实践的检验，又拓宽了专利侵权案件的裁判思维和方法，取得了良好的法律效果和社会效果。

（撰稿人：江苏省高级人民法院　张晓阳）

涉及职务发明认定的专利权权属纠纷案[*]

——通过证据审核认定发明人身份和职务发明

【裁判要旨】

专利证书所记载的发明人仅是名义上的发明人,专利证书并不具有证明实际发明人的当然效力。

在判定某一发明创造是否为职务发明时,应充分运用现有法律关于民事证据的相关规定来认定相关事实,即依照法定程序,全面、客观地审核证据,从各证据与案件事实的关联程度、各证据之间的联系等方面进行综合审查判断。

【案情介绍】

上诉人(原审被告):南京麦澜德医疗科技有限公司(下称麦澜德公司)

上诉人(原审第三人):史某某、杨某某、周某、杨某

被上诉人(原审原告):南京伟思医疗科技股份有限公司(下称伟思公司)

伟思公司系一家专业从事医疗器械等产品的研发、生产、代理销售的企业。史某某、杨某某、周某均为伟思公司的前员工,分别为伟思公司研发部、产品部、质量部负责人。自2010年起,伟思公司先后申请了十多项专利,这些专利发明人中包括史某某、杨某某以及周某。2013年1月16日,麦澜德公司登记成立,经营范围与伟思公司基本相同,杨某为公司股东之一,其他股东均是史某某、杨某某以及周某的亲友。麦澜德公司成立后,史某某、杨某某先后从伟思公司离职,并入职麦澜德公司工作至今,分别担任副总经理、总经理。2014年8月,伟思公司发现周某以其配偶名义入股麦澜德公司并将

---

[*] 一审案号:(2015)宁知民初字第130号;二审案号:(2016)苏民终988号。

伟思公司技术泄露给麦澜德公司后，遂将周某开除。

　　2012年11月5日，杨某申请了名称为"一种阴道电极"、专利号为201210435831.2的发明专利，即涉案专利。2013年9月13日，涉案专利申请人变更为麦澜德公司，2014年4月16日，该专利获得授权并公告，专利权利证书上记载发明人为杨某，权利人为麦澜德公司。伟思公司认为，涉案专利的实际发明人应为史某某、杨某某、周某。涉案专利对应的技术成果属于以上三人在伟思公司工作期间的本职工作，涉案专利属于职务发明，其专利权归伟思公司所有。麦澜德公司辩称诉争专利系由杨某完成，麦澜德公司从杨某处受让了该专利，史某某、杨某某、周某并非诉争专利的实际发明人，更与史某某、杨某某、周某在伟思公司处的职务无关，权属应归麦澜德公司所有。

　　南京中院一审认为，史某某、杨某某、周某在伟思公司长期从事与涉案专利相关的技术工作，对涉案专利的创造性作出了实质性贡献，故涉案专利的实际发明人系史某某、杨某某和周某。杨某某、史某某、周某三人为规避法律，故以与伟思公司没有关系的杨某名义申请了涉案专利，后再由杨某将涉案专利转让给麦澜德公司，利用公司法律人格独立的特点，为己谋利。综上，涉案专利属于杨某某、史某某、周某的职务发明，专利权应归伟思公司所有。麦澜德公司、史某某、杨某某、周某、杨某不服一审判决，向江苏高院提起上诉。二审法院驳回上诉，维持原判。麦澜德公司不服二审判决，向最高人民法院申请再审。最高人民法院驳回再审申请。

【法理分析】

　　本案系涉及职务发明认定的专利权权属纠纷。此类纠纷的常见情形一般是单位与员工之间就员工所完成的发明创造的权利归属产生争议，即单位员工将在职期间或离职后一年内完成的发明创造以其个人名义申请专利并获得授权，员工为专利权人，而单位主张上述专利系员工的职务发明，权属应当归单位所有。此种情形下，由于双方对于员工为诉争专利的发明人身份不存在争议，因此可以径行适用《专利法》第6条第1款[①]以及《专利法实施细

[①] 《专利法》第6条第1款规定："执行本单位的任务或者主要是利用本单位的物质技术条件所完成的发明创造为职务发明创造。职务发明创造申请专利的权利属于该单位；申请被批准后，该单位为专利权人。"

则》第12条①的规定，审查诉争专利是否与发明人在原单位的工作内容是否有关即可。但本案中却不能直接适用上述法律条文确定诉争专利的归属，原因在于诉争专利证书上记载的发明人并非原单位员工，而是与原单位没有关系的第三人，并且该第三人在提出涉案专利申请后，旋即将专利申请权转让给了第三人公司，也即本案被告。因第三人公司和名义发明人均与原告没有直接法律关系，故难以直接适用上述法律规定确定专利权归属。在这种情形下，法院在对原告关于诉争专利为职务发明、权利人应当为原告的主张进行审理时，首要问题是确定诉争专利的实际发明人，因为只有当诉争专利实际发明人与原告单位之间存在劳动、人事、雇佣等关系时，才有进一步适用职务发明相关法律规定的空间，进而依照职务发明的相关规则确定专利权的归属。

准确界定专利证书上所记载的发明人是否为实际发明人②的关键在于正确把握法律所规定的发明人资格的实质要件。根据《专利法实施细则》第13条的规定③，发明人资格的实质性要件是"对发明创造的实质性特点作出创造性贡献"。何为发明创造的"实质性特点"，专利法及其实施细则当中并没有进一步明确，一般认为，权利要求的前序部分是发明与现有技术共有的技术特征，而特征部分则是发明区别于现有技术的内容，因而可以将权利要求的特征部分认定为是发明创造的"实质性特点"。但是前序部分和特征部分是权利人自行划界的，审查员在审查的过程中也不会对划界是否准确提出非常严格的要求，因此，简单地将权利要求的特征部分认定为发明创造的"实质性特点"往往不能准确地反映出客观情况。而根据《专利审查指南》第二

---

① 《专利法实施细则》第12条规定："专利法第六条所称执行本单位的任务所完成的职务发明创造，是指：（一）在本职工作中作出的发明创造；（二）履行本单位交付的本职工作之外的任务所作出的发明创造；（三）退休、调离原单位后或者劳动、人事关系终止后1年内作出的，与其在原单位承担的本职工作或者原单位分配的任务有关的发明创造。专利法第六条所称本单位，包括临时工作单位；专利法第六条所称本单位的物质技术条件，是指本单位的资金、设备、零部件、原材料或者不对外公开的技术资料等。"

② 《专利审查指南》第一部分第一章第4.1.2节"发明人"部分规定："专利法实施细则第十三条规定，发明人是指对发明创造的实质性特点作出创造性贡献的人。在专利局的审查程序中，审查员对请求书中填写的发明人是否符合该规定不作审查。"

③ 《专利法实施细则》第13条规定："专利法所称的发明人或者设计人，是指对发明创造的实质性特点作出创造性贡献的人。在完成发明创造过程中，只负责组织工作的人、为物质技术条件的利用提供方便的人或者从事其他辅助工作的人，不是发明人或者设计人"。

部分第四章"创造性"章节的内容,发明具有"突出的实质性特点"是指:"对所属技术领域的技术人员来说,发明相对于现有技术是非显而易见的……"关于如何判断发明相对于现有技术是否显而易见,《专利审查指南》给出了"三步法"的判断方法[①]。

相关人员对发明的"实质性特点"是否作出了"创造性贡献",应从相关人员在发明创造的形成过程中所起到的作用来判断,一般是指提出发明创造"实质性特点"的人员,才能算是对发明的"实质性特点"作出了"创造性贡献"。需注意的是,发明创造的"实质性特点"由构成发明创造的技术方案中的部分技术特征组成,因此仅提出了抽象的构思和设想,而未能够将其转化为在产业上制造或者使用的技术方案,不属于提出发明创造"实质性特点",也就未对发明创造的"实质性特点"作出"创造性贡献"。

【法官点评】

由于专利法关于确认发明人身份和职务发明的规定较为笼统,这就需要审判人员发挥审判经验,充分运用民事证据规则,综合全案证据认定相关法律事实,以作出公平公正的裁判。在本案审理中,法院正是从证据规则和事实细节入手,首先,排除了专利证书上所记载的、与原单位没有雇佣或委托关系的第三人为实际发明人的可能性;其次,对诉争专利的技术内容与离职员工在原单位的工作内容进行了技术比对;最后,认定诉争专利系离职员工在原单位任职期间为执行原单位的任务而完成的职务发明创造。非常值得关注的是,法院在判定涉案专利权归属的同时,也依据查明的事实,对被告和第三人为规避法律、输送利益而故意以他人名义申请涉案专利的不正当行为进行了明确评判。本案意义不仅在于对今后可能出现的同类型案件具有重要的参考作用,还在于裁判尺度和结果充分体现了司法加强保护企业创新、引导创新主体诚信创业、公平竞争的态度,具有积极的社会效应。

(撰稿人:江苏省高级人民法院 张晓阳)

---

① 参见《专利审查指南》第二部分第四章第3.2.1.1节的内容。

"一种可应用于终端组件显示的处理方法和用户设备"发明专利侵权纠纷案*

——专利侵权案件中侵权主体的认定和赔偿数额的确定

【裁判要旨】

被控侵权产品中有获取模块、处理模块等相应的模块，三星公司制造设置有相应模块的移动终端的行为，属于制造侵权产品的行为。三星公司预先已将涉案专利所采用的技术方案以相应的软件命令的形式固化在模块中，使得移动终端可以获取涉案权利要求中记载的特征，这种行为属于使用专利方法的行为。

涉案专利并非操作步骤的方法专利，而是移动终端对组件的显示处理方法，用户的长按等操作并非使用涉案专利的行为。

【案情介绍】

上诉人（原审被告）：惠州三星电子有限公司（下称惠州三星公司）、天津三星通信技术有限公司（下称天津三星公司）、三星（中国）投资有限公司（下称三星投资公司）、福建泉州市华远电讯有限公司（下称华远公司）、泉州鹏润国美电器有限公司（下称泉州国美公司）

被上诉人（原审原告）：华为终端有限公司（下称华为公司）

原告华为终端公司是专利号为ZL2010101041570的发明专利的专利权人，专利申请日为2010年1月28日，名称为"一种可应用于终端组件显示的处理方法和用户设备"。华为终端公司认为被告惠州三星公司、天津三星公司以生产经营为目的制造、使用、销售、许诺销售被控侵权产品（包括23个型号）；被告三星投资公司、华远公司、泉州国美公司以生产经营为目的销售、

---

* 一审案号：（2016）闽05民初725号；二审案号：（2017）闽民终501号。

许诺销售被控侵权产品。原告华为终端公司公证购买了被控侵权产品，经对比分析认为，被控侵权产品落入了涉案专利前述权利要求的保护范围。

据此，对原告要求惠州三星公司、天津三星公司、三星投资公司连带赔偿经济损失8000万元的主张予以支持，对于原告主张三被告连带承担原告为制止侵权行为所支付的合理费用50万元予以支持。

惠州三星公司、天津三星公司、三星投资公司不服一审判决，向福建省高级人民法院提起上诉。二审法院经审理认为：一审法院参考国产手机平均利润率和三星电子株式会社利润率计算销售利润并无不当，一审法院酌情确定8000万元赔偿额应属合理，指出该赔偿方式属于侵权获利数额的确定。除更正一审法院漏掉的被控侵权产品的型号SM－J7108外，维持了一审法院判决。

【法理分析】

（一）如何确定涉案方法专利的侵权主体

《专利法》第11条规定："发明和实用新型专利权被授予后，除本法另有规定的以外，任何单位或者个人未经专利权人许可，都不得实施其专利，即不得为生产经营目的制造、使用、许诺销售、销售、进口其专利产品，或者使用其专利方法以及使用、许诺销售、销售、进口依照该专利方法直接获得的产品。"

本案中，被告惠州三星公司、天津三星公司、三星投资公司（以下统称三星公司）认为，即使被控侵权产品落入方法权利要求的保护范围，但是最终使用被控侵权产品的是移动终端的用户，三星公司也并未使用涉案专利方法，未侵犯专利权。对此，法院认为：

（1）被控侵权产品中有获取模块、处理模块等相应的模块，三星公司制造设置有相应模块的移动终端的行为，属于制造侵权产品的行为；三星公司预先已将涉案专利所采用的技术方案以相应的软件命令的形式固化在模块中，使得移动终端可以获取涉案权利要求中记载的特征，这种行为属于使用专利方法的行为。

（2）涉案专利并非操作步骤的方法专利，而是移动终端对组件的显示处理方法，因此用户的长按等操作并非使用涉案专利的行为。

可以看出，对于方法专利而言，在判断侵犯专利权的主体时，不能简单地从表面得出产品的使用者（通常为最终消费者）为涉案方法专利的使用者，而要根据涉案专利的类别、性质、内容等做具体分析和具体判断。如本案中，虽然被控侵权产品的使用者为普通消费者，但由于涉案专利并非操作步骤的方法专利，而是移动终端对组件的显示处理方法，此时，用户的相应操作不被认为是使用涉案方法专利的行为，而被控侵权产品中由于包括了能够实现涉案专利的相应模块，其生产制造者才是真正的侵权主体。

（二）如何得出涉案专利 8000 万元赔偿数额

《专利法》第 65 条规定："侵犯专利权的赔偿数额按照权利人因被侵权所受到的实际损失确定；实际损失难以确定的，可以按照侵权人因侵权所获得的利益确定。权利人的损失或者侵权人获得的利益难以确定的，参照该专利许可使用费的倍数合理确定。赔偿数额还应当包括权利人为制止侵权行为所支付的合理开支。权利人的损失、侵权人获得的利益和专利许可使用费均难以确定的，人民法院可以根据专利权的类型、侵权行为的性质和情节等因素，确定给予 1 万元以上 100 万元以下的赔偿。"

目前专利侵权损害赔偿额主要包括权利人实际损失、侵权人因侵权所获利的利益，专利许可使用费的合理倍数、法定赔偿等方式。本案中，华为公司以三星公司因侵权所获利益主张侵权损害赔偿数额。根据《专利法司法解释（一）》第 20 条第 2 款规定："专利法第 65 条规定的侵权人因侵权所获得的利益可以根据该侵权产品在市场上销售的总数乘以每件侵权产品的合理利润所得之积计算。侵权人因侵权所获得的利益一般按照侵权人的营业利润计算，对于完全以侵权为业的侵权人，可以按照销售利润计算。"

本案中，法院多次要求三星公司提供相应的销售数据及利润率，但是三星公司拒绝或延迟提交。根据《专利法司法解释（二）》第 27 条的规定："权利人因被侵权所受到的实际损失难以确定的，人民法院应当依照专利法第 65 条第 1 款的规定，要求权利人对侵权人因侵权所获得的利益进行举证；在权利人已经提供侵权人所获利益的初步证据，而与专利侵权行为相关的账簿、资料主要由侵权人掌握的情况下，人民法院可以责令侵权人提供该账簿、资料；侵权人无正当理由拒不提供或者提供虚假的账簿、资料的，人民法院可以根据权利人的主张和提供的证据认定侵权人因侵权所获得的利益。"因此，法院确认了 IDC 公司作为全球性的数据提供商其所提供的数据具有一定的可信度和参考价值，并以 IDC 数据作为三星公司销售量的考量基准，参考国产手机平均利润率和三星电子株式会社利润率计算销售利润，并结合涉案专利贡献率酌情确定 8000 万元赔偿数额。

【专家点评】

本案作为方法类发明专利侵权诉讼，案情复杂，证据量大，双方当事人（华为终端公司、三星公司）均为世界通信设备巨头公司。被告三星公司进行了不侵权抗辩、现有技术及抵触申请抗辩，并在二审中对于原审法院在证据认定、权利要求的解释、方法专利的侵权认定、抵触申请的认定、责任承担方式及赔偿数额的确定等方面均提出异议，原告华为终端公司除成功破解了三星公司的不侵权抗辩、现有技术及抵触申请抗辩外，在侵权损害赔偿数额方面，也通过积极举证完成了侵权人所获利益的初步证明责任，并获得两审法院 8000 万元赔偿数额的全额支持。

本案属于专利侵权案件中具有重大影响的案件，法院对于侵权主体的认定和赔偿数额的确定对于后续案件的处理具有参考价值；该案在维护民族企业创新成果、司法保护知识产权及引导市场竞争秩序等方面具有较为典型的意义；本案判决符合当前鼓励创新、加强知识产权保护、加大侵害知识产权赔偿力度的政策导向。

（撰稿人：北京恒都律师事务所 江锋涛、邵长平）

"胃肠基质肿瘤的治疗"发明专利无效行政纠纷案[*]

——"瑞士型权利要求"的解释规则及医药用途专利创造性评价标准

【裁判要旨】

无效宣告程序中有关证据的问题，可参照人民法院民事诉讼中的相关规定，审查机关可综合考虑在案证据以及待证事实发生的盖然性等因素，对各方提交的证据的证明力作出判断，并对证明力较大的证据予以确认。

【案情介绍】

原告：诺华股份有限公司（下称诺华公司）

被告：专利复审委员会

第三人：江苏豪森药业集团有限公司（下称豪森公司）

本案涉及"胃肠基质肿瘤的治疗"发明专利，诺华公司是共有专利权人之一，该专利的创新点在于发现了甲磺酸伊马替尼可被用于治疗胃肠基质肿瘤疾病的新用途。该专利权利要求采用"瑞士型权利要求"的撰写方式，"瑞士型权利要求"是我国专利法对疾病的治疗方法不授予专利权这一基本原则下的特别规定，旨在通过给医药用途发明创造提供必要的保护空间和制度激励，平衡社会公众与权利人的利益。

针对豪森公司提出的无效宣告请求，专利复审委员会作出被诉决定，认定本专利权利不具备创造性，故宣告涉案专利权全部无效。诺华公司不服被诉决定，诉至法院，要求撤销被诉决定，判令专利复审委员会重新作出审查

---

[*] 案号：（2016）京73行初985号。

决定。

法院最终认定专利复审委员会的无效审查程序合法，关于本专利权利要求不具有创造性的判定结论正确，故作出了驳回原告诉讼请求的判决。同时，判决中还对无效审查证据认定标准、制药用途专利创造性判断原则等问题进行了细致的分析，对类似案件的裁判规则提供了可参考的意见。

【法理分析】

根据专利法及相关规定，创造性是指与现有技术相比，具有突出的实质性特点和显著的进步，即在正确认定本专利与最接近现有技术的区别特征的基础上，根据本专利实际解决的技术问题，判定本专利技术方案对本领域技术人员而言是否是显而易见的。而在审查化学领域发明的创造性时，在遵循创造性判断的一般原则的基础上，还需考虑该类发明自身的特殊性。

本案中，法院对"瑞士型权利要求"的解释规则及第二医药用途专利创造性评价标准进行了明确：①该类权利要求的解释规则进行了释明，即其不能仅对疾病的体外细胞、动物模型实验有效，必须还要达到能够有效治疗人体患者的程度，这并不意味着在临床药用时能够达到绝对的成果，只需使得本领域技术人员对以该药物治疗人体患者的成功性有相对合理的预期即可。②鉴于肿瘤药物研发的复杂性，本领域技术人员往往会对一些积极的信息产生极大的关注度，并据此进行有益的尝试，因此，即便现有技术未明确公开具体的实验类型和实验数据，但结合其本领域技术人员的技术水平和现有技术的描述，如果其可以根据现有技术所披露的信息，产生将特定化合物用于治疗该类疾病患者的动机，并对治疗结果的成功性具有合理的预期时，则可以认定现有技术已经公开了本发明中的技术方案。该类疾病患者的动机，并对治疗结果的成功性具有合理的预期时，则可以认定现有技术已经公开了本发明中的技术方案。

就本专利权利要求 1 而言，其不仅应对 GIST 疾病的体外细胞实验有效，或对 GIST 的动物模型试验有效，还应当达到"能够有效治疗 GIST 患者"的程度，专利复审委员会对权利要求 1 的解释正确，但"能够有效治疗 GIST 患者"并不意味着在临床试验阶段能够达到绝对的成功，只需使得本领域技术人员对以该药物治疗 GIST 患者的成功性有合理的预期即可。

证据1是与软组织肉瘤治疗有关的一篇综述性的文献，其描述了对于软组织肉瘤治疗的临床最新情况，在评价权利要求1的创造性时应结合证据1全文公开的内容进行判断。诺华公司认为，在世界范围内，肿瘤药物的研发成功率极低，但现实中的治疗需求极大。在此情况下，即使在没有或成功预期极低的情况下，本领域技术人员仍可能会考虑尝试研发。但这种泛泛的、非基于技术启示的动机，不是"专利法意义下的动机"，在没有任何科学、实证依据（如试验数据）的情况下，无法使本领域技术人员产生合理的成功预期。对此，法院认为，正是鉴于肿瘤药物研发的复杂性，本领域技术人员往往会对一些积极的信息产生极大的关注度，并据此进行有益的尝试，因此，虽然证据1中未明确公开具体的实验类型和实验数据，但结合其本领域技术人员的认知能力和证据1全文的描述，应认定其可以根据证据1所披露的信息，在不付出创造性劳动的基础上联想到本专利的技术方案。

【法官点评】

本案涉及"胃肠基质肿瘤的治疗"发明专利，诺华公司是共有专利权人之一，该专利的创新点在于发现了甲磺酸伊马替尼可被用于治疗胃肠基质肿瘤疾病的新用途。该专利权利要求撰写方式十分特殊，亦称为"瑞士型权利要求"，是我国专利法对疾病的治疗方法不授予专利权这一基本原则下的特别规定，旨在通过给医药用途发明创造提供必要的保护空间和制度激励，平衡社会公众与权利人的利益。由于本案关系到用于治疗胃肠基质肿瘤疾病药物的生产和销售，且涉及对比文件公开日的确定、医药用途专利创造性的判断等热点问题，故引起了较高的社会关注，涉案被诉决定亦曾入选专利复审委员会2015年度十大无效案例。本案在中法庭进行了公开开庭审理，来自贵州省高级人民法院、专利复审委员会、专利审查协作北京中心的30余名法官和审查员旁听了庭审。法院最终对"瑞士型权利要求"的解释规则及医药用途专利创造性评价标准进行了明确，最终判决驳回原告的诉讼请求。

（撰稿人：北京知识产权法院　张晓津；最高人民法院　马云鹏）

"作为抗肿瘤剂的 5 - 取代的喹唑酮衍生物"专利驳回复审行政纠纷案*

——补充实验数据能否证明相应待证事实的审查与判断

【裁判要旨】

对于申请人在申请日之后补充提交的实施例和实验数据应当予以审查，进而根据个案情况具体分析判断上述补交的材料能否证明相应的待证事实。补充提交的实施例和实验数据可以作为补强证据进一步印证说明书中已经记载的内容，而不能对说明书并未记载的内容进行添加。否则无异于允许申请人补充完成申请日前并未完成的发明，而对一个实际上在申请日尚未完成的发明授予专利权是与先申请原则相悖的。

【案情介绍】

上诉人（原审原告）：细胞基因公司

被上诉人（原审被告）：专利复审委员会

细胞基因公司系名称为"作为抗肿瘤剂的 5 - 取代的喹唑酮衍生物"发明专利申请（下称本申请）的申请人。本申请要求保护一种新化合物，该化合物可以用于治疗癌症等多种疾病。

细胞基因公司提出本申请后，2012 年 5 月 30 日国家知识产权局作出驳回决定，驳回了本申请，理由是本申请不符合《专利法》第 26 条第 3 款的规定。专利复审委员会于 2014 年 7 月 3 日作出的第 73780 号专利复审请求审查决定，维持了国家知识产权局的驳回决定。细胞基因公司不服被诉决定，向北京知识产权法院提起行政诉讼。其诉称，本申请的说明书详细记载了本申请权利要求保护范围内的化合物的具体合成方法和结构鉴定参数，并详细

---

* 一审案号：（2015）京知行初字第 2069 号；二审案号：（2017）京行终 1642 号。

记载了该化合物活性的测定方法和实验步骤以及该化合物的用途效果和定性的活性数据。同时细胞基因公司在答复第一次审查意见通知书时提交了定量实验数据。因此，本申请符合《专利法》第 26 条第 3 款的规定，被诉决定认定错误。

据此，北京知识产权法院判决驳回细胞基因公司的诉讼请求。

细胞基因公司不服一审判决，向北京市高级人民法院提起上诉。北京高级人民法院经审理，认为一审判决认定事实清楚，适用法律正确，判决驳回上诉，维持原判。

【法理分析】

（一）关于本申请说明书是否公开充分的问题

参照《专利审查指南》的相关规定，对于要求保护化合物本身的发明，其说明书中应当记载化合物的确认、化合物的制备以及化合物的用途、效果。具体而言，当发明是一种化合物时，说明书中应当说明该化合物的化学结构及与发明要解决的技术问题相关的化学、物理性能参数，使本领域技术人员能够确认该化合物。同时说明书还应当记载至少一种制备方法，使本领域技术人员能够实现。此外，说明书还应当完整地公开该产品的用途和/或使用效果，即使是结构首创的化合物，也应当至少记载一种用途。特别的，对于新的化合物，其说明书对该产品的记载在满足上述条件之外，如果本领域的技术人员无法根据现有技术预测该产品能够实现所述用途和/或使用效果，则其说明书还应当记载对于本领域技术人员来说，足以证明该产品可以用于所述用途并能解决所要解决的技术问题或者达到所述效果的实验数据。

本申请要求保护一种新的化合物，对于该类化合物，尚没有证据表明现有技术中存在与其结构相似并具有相同或相类似活性的化合物，故本领域技术人员根据现有技术无法确定本申请要求保护的技术方案是否能够产生预期的效果。因此，本申请的技术方案属于必须依赖实验结果加以证实才能成立的情况，细胞基因公司有义务在说明书中公开相关实验的实验结果。

在本案中，本专利说明书中并未记载本申请要求保护的化合物的用途效果和定性或定量的活性数据。说明书中虽然记载了多项本领域公知的测试验证方法，但没有记载根据上述方法获得的数据以证实该化合物的用途/效果。因此，不能认为本专利说明书完成了专利法意义上的充分公开。

(二) 关于补充实验数据

对于补充实验数据，《专利法》及其实施细则均无具体的规定，相关具体规定均体现在《专利审查指南》中："判断说明书是否充分公开，以原说明书和权利要求书记载的内容为准，申请日之后补交的实施例和实验数据不予考虑。"专利复审委员会在实际审查中，并非绝对地排除当事人补充提交的实验数据，而且该规定前半句作为原则性规定已经明确表明制定该规定的出发点是保障专利先申请制度。

在本案审理过程中，原国务院法制办公室在其于2016年10月27日发布的《专利审查指南修改草案（征求意见稿）》中，对于补交的实验数据的规定建议作如下修改："对于申请日之后补交的实验数据，审查员应当予以审查。补交实验数据所证明的技术效果应当是所属技术领域的技术人员能够从专利申请公开的内容中得到的。"这是国家知识产权局以修改《专利审查指南》的方式对可能带来的误解予以正面澄清。因此，不同版本的《专利审查指南》在对补交的实施例和实验数据进行限制性规定的问题上虽然在措辞上不断在调整，但其本意是确保专利先申请制度得以贯彻，而并非排除申请人在申请日后补充提交相关材料的权利。而补充实验数据本质上是当事人提交的证据，在法律没有明确限制的情况下，行政机关对其予以审查是应有之义。

可见，在我国目前的专利授权行政审查和司法审判的实践中，专利行政机关和司法机关也并非绝对地排除申请人在申请日之后补充提交的实施例和实验数据，而是要根据个案情况具体分析进行审查，进而判断这些补交的材料能否予以接受以证明相应的待证事实。同时，先申请原则决定了补充提交的实施例和实验数据不能改变专利申请文件在申请日所确定的事实。

【法官点评】

化学是一门实验科学，其本身具有的微观性和可预见性的特性，决定了化学领域的发明对实验数据有很大的依赖。不管是技术方案的验证，或者是技术方案的效果，很大程度上都会需要实验数据的支持。

对于化学领域中更加细分的生物制药领域，由于该领域高投入、高风险的突出特点，使得很多申请人在寻求专利保护的时候，采取的是专利保护和保留技术要点并行的策略。此外，药物研发的周期比较长，很多时候申请人仅完成了初步研究，很多优选方案无法公开。所以，不管是主观意愿使然，还是客观条件所限，生物制药领域的申请人在申请专利的时候往往会对实验数据有一定的保留，这就使得在司法实践当中，尤其是在化合物专利的授权、确权程序当中，出现了很多跟实验数据相关的问题。补充实验数据能否证明相关专利申请完成了专利法意义上的说明书充分公开就是其中很突出的一个问题。

《专利法》第26条第3款要求说明书充分公开的立法目的之一是保障专利法以公开换保护的原则。同时，为了避免申请人的权利因为专利申请文件撰写的失误而受损，基于保障申请人的权益的考量，专利法规定申请人可以修改申请文件以克服说明书公开不充分的缺陷，但其修改应受一定的限制，即不得超出原申请文件记载的范围。当事人补充提交的实施例和实验数据本质上是当事人提交的证据，提交证据是当事人依法享有的权利，不论这些证据是否能够证明当事人的主张，有权机关对这些证据理应进行审查。专利法既然能够允许申请人在不超出原申请文件记载范围的前提下修改申请文件以克服说明书公开不充分的缺陷，则不应绝对地排除当事人补充提交实施例和实验数据的权利。

事实上，在申请人面对审查员对其专利并未充分公开的质疑时，允许申请人在申请日后补充提交实验数据，使得申请人能够进一步举证证明所属领域技术人员根据其说明书记载能够实现该专利申请，而不至于因为专利申请文件撰写的失误丧失被授权的机会。这既有利于保障申请人的权益，也有利于激发技术人员的创新，更契合专利法鼓励创新、推动社会科技进步的立法目的。当然，补充提交的实施例和实验数据也应当受到一定的限制，专利先申请制度决定了补充提交的实施例和实验数据不能改变专利申请文件在申请日所确定的事实，否则会导致申请人在发明尚未完成时先提出专利申请，之后再通过加入实验数据以完成对发明的充分公开，并以原申请日享有本不应享有的权利。

（撰稿人：北京知识产权法院 卓 锐）

"具有与晶体管作用区重叠的接地母线的喷墨打印头"专利无效行政纠纷案[*]

——正确解释专利权的自创术语

【裁判要旨】

对权利要求及其中所涉术语的解释,并非仅限于专利民事侵权程序,也并非以权利要求不清楚或者没有明确的唯一含义为前提,在评价专利创造性时,也有必要对权利要求进行解释以明确其保护范围,并在此基础上判断现有技术是否已经给出相应的技术启示。而且,对权利要求的解释应当以本领域技术人员的认识水平和技术能力为标准,结合涉案专利权利要求书和说明书的相关记载明确权利要求的保护范围。

【案情介绍】

上诉人(原审被告):专利复审委员会

上诉人(原审第三人):鲍某某

被上诉人(原审原告):惠普发展公司,有限责任合伙企业(下称惠普公司)

本案所涉专利系名称为"具有与晶体管作用区重叠的接地母线的喷墨打印头"的发明专利。针对涉案专利,鲍某某于2015年2月26日向专利复审委员会提出无效宣告请求,其理由是涉案专利不符合《专利法》第33条、《专利法》第26条第3款和第4款、《专利法实施细则》第20条第1款的规定,涉案专利权利要求1~8不具备创造性,不符合《专利法》第22条第3款的规定,故请求宣告涉案专利权利要求全部无效,并提交了相应证据。

专利复审委员会经审查后认为:涉案专利权利要求1的技术方案相对于

---

[*] 一审案号:(2016)京73行初2757号;二审案号:(2017)京行终2673号。

鲍某某提交的证据不具有突出的实质性特点和显著的进步，因而不具备创造性，不符合《专利法》第22条第3款的规定。并据此作出第27391号无效宣告审查决定，宣告涉案专利全部无效。

惠普公司不服被诉决定，提起行政诉讼称：①被诉决定对涉案专利"作用区"的解释以及对证据2-3所公开的事实认定不正确；②涉案专利权利要求1-8相对于证据2-1、2-3以及公知常识的结合具备创造性，符合《专利法》第22条第3款的规定。综上，请求人民法院依法撤销被诉决定，并判令被告重新作出决定。被告专利复审委员会辩称：被诉决定认定事实清楚，适用法律法规正确，审查程序合法，审查结论正确，请求人民法院驳回原告诉讼请求。第三人鲍某某请求人民法院驳回原告诉讼请求。

法院经审理，判决撤销被诉决定，并判令专利复审委员会重新作出审查决定。

专利复审委员会、鲍某某均不服一审判决，上诉至北京市高级人民法院。北京市高级人民法院审理后认为：一审判决对于涉案专利权利要求1中的"作用区"解释正确，一审判决关于证据2-3并没有给出相应的技术启示的认定正确。北京市高级人民法院据此判决驳回专利复审委员会和鲍某某的上诉请求，维持原判。

【法理分析】

解决本案争议的关键点在于如何解释涉案专利权利要求中"作用区"的含义。唯有对这个专利权人自创的术语进行了正确的解释，才能够进一步判断现有技术是否给出发相应的技术启示。

由于惠普公司在涉案专利权利要求1中提出了"作用区"的概念，而该概念在本领域中并无约定俗成的解释，且涉案专利权利要求1与证据2-1的区别技术特征在于接地母线与作用区部分重叠。因此，要判断现有技术是否给出了相应技术启示，应当首先对涉案专利权利要求1中的"作用区"这一概念进行解释，确定其保护范围。

具体到本案，首先，针对涉案专利权利要求1中的"作用区"，涉案专利说明书第2页第11行记载："该作用区激励场效应晶体管驱动电路。"第17行记载："每一作用区包括漏极区、源极区和栅极。"由上述记载可知，涉案专利权利要求1中所称"作用区"是由漏极区、源极区和栅极组成，用于激励场效应晶体管驱动电路的区域。其次，对于场效应晶体管，本领域技术人员应当知晓，其是一种用电压控制电流大小的器件，即利用电场效应来控制晶体管的电流的半导体器件。其工作原理为，通过对栅极施加一定的电压，使得与栅极相邻设置的源极和漏极之间形成导电通道，此时若源极和漏极之间存在电压差，则电子会从源极通过导电通道流向漏级，实现源极和漏极的导通。可见，场效应晶体管须由源极、漏极和栅极相互配合工作方可实现其功能。因此，本领域技术人员在了解场效应晶体管工作原理的前提下，结合涉案专利说明书的相关记载可以确定，涉案专利权利要求1中所称"作用区"，是指同时包含栅极和与其相邻设置的漏极区、源极区，能够通过适当的电压使其产生作用，实现载流子的导通，继而对与之相连的喷墨加热器电阻进行激励的区域。

在此基础上，应进一步判断作为对比文件的证据2-3、证据2-1是否给出了相应的技术启示。证据2-3附图2中的半导体衬底的区域28并不相当于涉案专利权利要求1中的"作用区"，附图2中接地总线16与半导体衬底的区域28部分重叠并不相当于涉案专利权利要求1中的"接地母线与作用区部分地重叠"这一技术特征，即证据2-3并没有公开涉案专利权利要求1相对于证据2-1的区别技术特征。

此外，在证据2-3公开内容的基础上，本领域技术人员并没有动机将其接地总线16与多晶硅栅电极元件G、源元件S和漏极元件D三个区域均部分重叠。这是因为这样的设置虽然能够使电路设计更紧凑，但是同时会带来所需驱动电压增高、寄生电容和寄生电阻增加等负面效果，这是本领域技术人员不愿意看到的。因此，证据2-3也并没有给出相应的技术启示。因此，涉案专利权利要求1相对于证据2-1与证据2-3的结合具有突出的实质性特点和显著的进步，具备《专利法》第22条第3款规定的创造性。引用涉案专利权利要求1的从属权利要求2~8也均具备创造性。

【法官点评】

专利权所要求保护的是技术方案，而技术方案是无形物，只能通过语言文字进行描述，这决定了专利权的保护范围也只能通过语言文字进行限定。而语言文字并不是一种非常精确的表意工具，其本身的模糊性使得不同的人面对同一段语言文字，往往会对其表达的含义得出不同的理解。事实上，无论何种用途的语言文字，人们都需要对其进行理解、解读方可清楚地确定其含义。对于使用有限的语言描述技术方案的权利要求，无疑更需要理解，而这种理解，就是对权利要求的解释。因此，权利要求的解释对于确定专利权保护范围是必不可少的。特别的，在权利要求书中，专利权人为了简洁而清晰地描述技术方案，往往会自己创设一些术语，这些术语在所属领域中并没有约定俗成的解释。在这种情况下，更需要站在所属领域技术人员的角度上，对这些术语进行解释，才能真正理解专利权要求保护的技术方案，进而确定专利权的保护范围。

由于对权利要求的解释是理解技术方案、确定专利权保护范围的必要途径，因此，无论是在专利侵权案件中，还是在专利授权确权案件中，对权利要求的解释都是不可或缺的。

有关在专利行政案件中对涉案专利的权利要求进行解释的问题，最高人民法院在（2014）行提字第17号行政判决书中认定，专利授权确权程序中，权利要求解释的目的在于通过明确权利要求的含义及其保护范围，对权利要求是否符合专利授权条件或者其效力如何作出判断。通常情况下，在专利授权确权程序中，对权利要求的解释采取最大合理解释原则，即基于权利要求的文字记载，结合对说明书的理解，对权利要求作出最广义的合理解释。如果说明书未对权利要求用语的含义作出特别界定，原则上应采取本领域普通技术人员在阅读权利要求书、说明书和附图之后对该术语所能理解的通常含义，尽量避免利用说明书或者审查档案对该术语作不适当的限制，以便对权利要求是否符合授权条件和效力问题得出更清晰的结论，从而促使申请人修改和完善专利申请文件，提高专利授权确权质量。

由此可见，对权利要求及其中所涉术语的解释，并非仅限于专利民事侵权程序，也并非以权利要求不清楚或者没有明确的唯一含义为前提，在评价专利创造性时，也有必要对权利要求进行解释以明确其保护范围，并在此基础上判断现有技术是否已经给出相应的技术启示。而且，对权利要求的解释必须以本领域技术人员的认识水平和技术能力为标准，结合本专利权利要求书和说明书的相关记载明确权利要求的保护范围。

（撰稿人：北京知识产权法院 卓 锐）

"AllmaCC4" 专利无效行政纠纷案

——域外展会证据中证人证言的认定

【裁判要旨】

当事人在举证能力范围内提供了来自不同国家、具有不同职业的证人的证言和相应的证据,这些证人包括展会的承办方、参展商、观众、评委,各证人证言之间对相关事实的描述一致,并且应通过各份证据之间细节上的对应,以证据链的形式对各个待证事实进行详细和充分的阐述。尽管证人未出庭接受质证,但多份证人证言能够相互得到印证。在没有更强反证的情况下,对证人证言应当予以采信。

【案情介绍】

上诉人(原审原告):宜昌经纬纺机有限公司(下称经纬公司)

被上诉人(原审被告):专利复审委员会

原审第三人:卓郎(江苏)纺织机械有限公司(下称卓郎公司)

卓郎公司于2013年12月31向专利复审委员会提出无效宣告请求,提交的证据2-1至证据2-11均表明2011年2月15~17日在德国科隆举办了2011年轮胎科技展览会,欧瑞康苏拉公司参加了该展览会,并展出了AllmaCC4这一产品,播放了AllmaCC4产品的宣传视频。所述视频中显示外纱线的包缠角逐渐减小到0度,机器的耗能也随之降低。证据2-1至2-11构成完整的证据链表明了AllmaCC4这一产品和AllmaCC4产品的宣传视频在本专利申请日之前公开。因此,权利要求1相对于证据2-12、AllmaCC4产品的宣传视频和常规技术手段的结合不具备创造性。专利复审委员会决定宣告涉案专利全部无效。

---

* 一审案号:(2015)京知行初字第6260号;二审案号:(2017)京行终3849号。

经纬公司不服专利复审委员会作出的被诉决定并提起诉讼，请求撤销被诉决定。

北京知识产权法院经审理，本案据以认定为本专利现有技术的是卓郎公司于无效请求程序中提交的证据2-12，该技术方案与本专利权利要求1相比，未披露外纱张力器的结构以及通过外纱张力器、外纱张力检测传感器和控制装置将包缠角逐渐减少到0度的技术特征。卓郎公司主张，该技术特征恰好被欧瑞康苏拉公司于2011年2月15日在德国科隆举行的2011年轮胎科技展览会上参展的AllmaCC4产品所公开，该产品即具有通过减小气圈来实现节能的技术效果。对于上述事实，卓郎公司通过证据2-1至证据2-11予以佐证，专利复审委员会根据本案实际情况，对上述证据的采信并无不当，其作出的被诉决定认定事实清楚，适用法律正确，程序合法。经纬公司的相关诉讼请求及理由缺乏事实及法律依据。法院判决驳回经纬公司的诉讼请求。

经纬公司不服原审判决并提起上诉，请求撤销原审判决和被诉决定。经纬公司的主要上诉理由为：专利复审委员会采信证据2-1至证据2-11，认定AllmaCC4产品的宣传视频在本专利申请日前已被公开，并据此宣告本专利无效，在程序上和证据上存在重大瑕疵，原审判决维持被诉决定，在适用及事实认定上存在错误。

北京市高级人民法院审理后认为，经纬公司的上诉主张均缺乏事实及法律依据，原审判决认定事实清楚，适用法律正确，依法应予维持。

【法理分析】

（一）证人是否应当出庭作证

证人证言是我国民事诉讼法规定的八种法定证据之一，在我国民事证据体系中有着非常重要的地位。证人证言作为诉讼中常见的一种言词证据，虽然可以直接反映和还原某些事实，但相对于物证、书证等实物证据，其有较强的主观性，又决定了审判实践中认定的复杂化。如何增强证人证言的可采性，使之作出合理合法的认定，对案件的公正审判起着举足轻重、甚至是决定性的作用。

证人提供证言的方式有两种：言词方式和书面形式。前者指在开庭审理中，证人出庭公开以言词方式作证，后者指以书面形式作证。其中，由于证人出庭作证具有较强的可信度，在发现和证明案件事实方面具有重要作用，许多国家的民事诉讼法非常重视证人出庭作证制度。我国民事诉讼法亦是如此，对从证人的资格、证人出庭作证的义务到证人的权利、义务等问题都有规定。但是，并不是所有的案件都必须证人出庭作证。考虑到现实中的一些情形，《民事诉讼法》的第73条对此有明确规定。①

而在本案中，由于涉及多位在多个国家的证人，而且这些证人又多为公司高管，要安排这些证人出庭存在非常大的困难，不具有现实性。因此，完全符合《民事诉讼法》通过书面证言进行作证的规定。

此外，在《专利审查指南》第4部分第8章对证人证言这类证据如何认定和采信有原则性的规定。②

因此，在本案中合议组认定证人确有困难不能出庭作证是完全符合法律和行政规章的规定的。

（二）如何认定证人证言的证明力

《最高人民法院关于民事诉讼证据的若干规定》第78条规定："人民法院认定证人证言，可以通过对证人的智力状况、品德、知识、经验、法律意识和专业技能等的综合分析作出判断。"第66条还确定了审查判断的基本原则，规定："审判人员对案件的全部证据，应当从各证据与案件事实的关联程度、各证据之间的联系等方面进行综合审查判断。"

在一个案件中，如果有多个证人来提供证人证言，在这多份证人证言中，又可能有多份证人证言同时对案件中的同一待证事实作出了叙述，这几份证人证言对同一待证事实的叙述可能相同或相近，当然也可能不同或者甚至相矛盾。如果同一案件中，同一待证事实的多个证人证言如果对某一事实情况

---

① 《民事诉讼法》第73条规定：经人民法院通知，证人应当出庭作证。有下列情形之一的，经人民法院许可，可以通过书面证言、视听传输技术或者视听资料等方式作证：（一）因健康原因不能出庭；（二）因路途遥远，交通不便不能出庭的；（三）因自然灾害等不可抗力不能出庭的；（四）其他有正当理由不能出庭的。

② 《专利审查指南》规定：证人应当陈述其亲历的具体事实。证人根据其经历所作的判断、推测或者评论，不能作为认定案件事实的依据。专利复审委员会认定证人证言，可以通过对证人与案件的利害关系以及证人的智力状况、品德、知识、经验、法律意识和专业技能等的综合分析作出判断。证人应当出席口头审理作证，接受质询。未能出席口头审理作证的证人所出具的书面证言不能单独作为认定案件事实的依据，但证人确有困难不能出席口头审理作证的除外。证人确有困难不能出席口头审理作证的，专利复审委员会根据前款的规定对其书面证言进行认定。

叙述基本相同或相近，这几份证人证言对同一待证事实的描述而言，可以单独作为认定案件事实的依据。而且，在一个案件中，虽然证人证言是常见的证据，但证明这一待证事实的证据还可能有其他的物证、书证等证据。如果证人证言与物证、书证所证明的案件事实基本相同或相近，则证人证言可以单独作为认定案件事实的证据；如果证人证言与物证、书证所证明的案件事实不同或者相反，该证人证言一般不宜单独作为认定案件真实情况的依据。

本案中，专利复审委员会认为：卓郎公司在举证能力范围内提供了来自不同国家、具有不同职业的证人的证言和相应的证据，这些证人包括展会的承办方、参展商、观众、评委，各证人证言之间对相关事实的描述一致，具有高度的可信性。尽管证人未出庭接受质证，但多份证人证言能够相互得到印证，对AllmaCC4产品特点的描述与证据2-5、2-1、2-6中的AllmaCC4产品的宣传视频内容一致。在没有更强反证的情况下，对证人证言应当予以采信。

【专家点评】

此案争议的焦点在于域外展会证据特别是证人证言的认定。此案中，无效请求人采用了在国外展览会上展出的使用公开证据，这部分证据共有12份，均为域外证据，从展会承办单位的会议主管、展会承办单位的视频主管、展会承办单位邀请的评委会委员、演讲人、视频宣传片的制作方、展会的观众等多个角度，对相关事实进行了充分的证明，具有高度的可靠性。而且，无效请求人通过各份证据之间的细节上的对应，以证据链的形式对各个待证事实进行了详细和充分的阐述。尽管证人未出庭接受质证，但多份证人证言能够相互得到印证，在没有更强反证的情况下，法院对证人证言予以采信。

此案为无效程序中如何认定证据，特别是证人证言证据提供了很好的借鉴作用和指导作用。

（撰稿人：北京三友知识产权代理有限公司　陈　坚）

发明专利权被宣告无效后撤销行政处理决定纠纷案*

——专利保护的行政执法程序与民事司法程序的有效衔接

【裁判要旨】

在行政诉讼程序中，据以主张保护的专利权被专利复审委员会宣告无效后，行政机关作出的行政处理决定已失去事实依据，基于稳定市场秩序的需要、行政效率原则以及专利保护的行政执法程序与民事司法程序相衔接，应当撤销行政处理决定。

【案情介绍】

上诉人（原审被告）：广东省知识产权局

上诉人（原审第三人）：古丽亚诺集团股份有限公司（下称古丽亚诺公司）

被上诉人（原审原告）：科星汽车设备（珠海）有限公司（下称科星公司）

古丽亚诺公司是名称为"用于拆卸和装配车辆轮胎的操作头"发明专利权人，该专利申请日是2009年10月13日，授权公告日是2015年3月4日。

广东省知识产权局接到古丽亚诺公司投诉后，于2016年3月17日依法到科星公司住所进行了现场勘验，并在科星公司住所现场取样被诉侵权产品"翻转拆装头"1个。在现场调查时，科星公司总经理欧阳小春介绍，该展厅内展示的带拆装操作头的轮胎拆装机（型号BD15）的操作头是买来的非标配件，带拆装操作头的整机还在打样过程中，还未正式批量销售，在展会上展示的是概念机，该型号没有出口，也没有库存。科星公司认为其许诺销售行为是针对轮胎拆装机整机，而非针对该轮胎拆装机上装有的被诉侵权产品。同时，科星公司亦否认其对被诉侵权产品存在使用行为。科星公司、广东省

---

* 一审案号：（2016）粤73行初12号；二审案号：（2017）粤行终843号。

知识产权局与古丽亚诺公司均确认涉案处理决定并未认定科星公司存在销售被诉侵权产品的行为。科星公司认为由于被诉侵权产品所使用的连接技术与涉案发明专利权利要求1中所述的连接方式不一致，因此，被诉侵权产品不落入涉案发明专利的保护范围。

广东省知识产权局经审查认为，被诉侵权产品"翻转拆装头"具备涉案发明专利权利要求1的全部技术特征，落入了该专利权利要求1的保护范围。据此，广东省知识产权局于2016年7月11日作出粤知执处字〔2016〕第5号专利纠纷案件处理决定：①责令科星公司立即停止侵权行为，即停止使用、许诺销售与ZL200910175775.1发明专利技术方案相同的产品，消除影响，并且不得进行任何实际销售行为；②责令科星公司销毁侵权产品。对于古丽亚诺公司的其他行政处理请求，没有相关的法律法规依据，广东省知识产权局不予支持。

科星公司后向专利复审委员会就涉案专利提起无效宣告请求。2016年12月14日，国家知识产权局作出第30902号无效宣告请求审查决定书，宣告涉案专利权全部无效。

广州知识产权法院判决撤销涉案处理决定书，责令广东省知识产权局重新作出行政处理决定。

广东省知识产权局、古丽亚诺公司均不服一审判决，提起上诉。广东省高级人民法院二审维持原判。

【法理分析】

虽然广东省知识产权局在古丽亚诺公司持有的涉案专利真实有效且受法律保护的情况下作出涉案处理决定，该处理并未违反法律规定。但是专利复审委员会已宣告涉案专利权全部无效，即古丽亚诺公司在本案中据以主张保护的专利权利内容已被宣告无效，不再受专利法保护。依据《专利法》第47条第1款关于"宣告无效的专利权视为自始即不存在"的规定，上述涉案处理决定已经失去事实依据，该决定从内容到后果上对一个并不存在侵权行为的主体进行行政处理，从实质上损害了被处理人的权益，为保护专利纠纷当事人的合法权益，该处理决定应予撤销，并由广东省知识产权局重新作出行政行为。

（一）在据以保护的专利权被宣告无效后，撤销行政处理决定，是稳定市场秩序的需要

市场经济的快速发展离不开各种权益的确定和稳定。这就要求行政和司法处理要及时快捷。对此，《专利行政执法办法》第44条第1款规定："管理专利工作的部门作出认定专利侵权行为成立并责令侵权人立即停止侵权行为的处理决定后，被请求人向人民法院提起行政诉讼的，在诉讼期间不停止决定的执行。"本案中，科星公司被认定为侵权后，就必须要停止使用、许诺销售被诉侵权产品。这充分保障了古丽亚诺公司的权益，保障了市场秩序。在行政诉讼过程中，涉案专利权被宣告无效，依据《专利法》第47条第1款的规定，宣告无效的专利权视为自始即不存在。古丽亚诺公司在本案中据以主张保护的专利权利内容已被宣告无效，不再受专利法保护。此时，科星公司实施的相关行为就不再构成侵权，但依据行政处理决定，其仍不能使用、许诺销售被诉侵权产品，因此，涉案处理决定实质上损害了科星公司的权益，且会给其他市场主体使用、许诺销售被诉侵权产品造成困扰，不利于市场秩序的稳定。故根据新出现的情况，充分考虑公平原则，涉案处理决定应予撤销。

（二）在据以保护的专利权被宣告无效后，撤销行政处理决定，充分体现了行政效率原则

效率原则一直是行政执法所需要优先考虑的原则。为此，在行政诉讼期间，可以不停止决定的执行。可见，即使在行政诉讼中，也应尽可能快地确定行政决定的效力。专利权被宣告无效后，虽可以提起行政诉讼，但实践中，行政诉讼改变专利复审委员会决定的比例较低。因此，若中止本案的行政诉讼程序，等待涉案专利权可能被维持有效的行政诉讼结果，无疑是用较长的时间等待一个低概率的结果，看似节约了司法和行政资源，但违反了行政效率的原则，反而造成更大的危害。

（三）在据以保护的专利权被宣告无效后，撤销行政处理决定，有利于实现专利保护中行政执法与民事诉讼双轨制在程序上的衔接

当前我国实行的是专利保护的"民行二元分立"体系，这就造成二者如何衔接的问题。在民事程序上，根据《专利法司法解释（二）》第2条的规

定，权利人在专利侵权诉讼中主张的权利要求被专利复审委员会宣告无效的，审理侵犯专利权纠纷案件的人民法院可以裁定驳回权利人基于该无效权利要求的起诉。即在民事侵权诉讼中，据以保护的专利权被宣告无效后，法院无须等待行政诉讼的最终结果，对民事侵权诉讼直接不再审理。若相关专利权被维持有效，当事人可通过另行起诉的方式予以救济，但是在行政处理程序中尚无相关的规定。这就可能造成行政处理程序与民事司法程序在处理结果上相脱节。本案明确了在据以保护的专利权被宣告无效后，在行政诉讼中，法院亦无须等待专利权被宣告无效的行政诉讼的最终结果，应当直接撤销行政处理决定，以对当事人的行政投诉亦不予以处理，实现专利保护中行政执法与民事诉讼双轨制在程序上的衔接。当然，对于涉案处理决定被撤销，广东省知识产权局本身并无责任。

【法官点评】

随着我国知识产权保护意识的发展，当事人知识产权诉讼能力也在不断提高，申请无效权利人的专利权作为一项对抗手段也越来越多地被使用，这虽然促进了专利制度的发展，但也造成不少专利维权诉讼审理周期长的问题。2016年4月1日起施行的《专利法司法解释（二）》第2条规定："权利人在专利侵权诉讼中主张的权利要求被专利复审委员会宣告无效的，审理侵犯专利权纠纷案件的人民法院可以裁定驳回权利人基于该无效权利要求的起诉。有证据证明宣告上述权利要求无效的决定被生效的行政判决撤销的，权利人可以另行起诉。专利权人另行起诉的，诉讼时效期间从本条第二款所称行政判决书送达之日起计算。"上述规定在民事诉讼中很好地解决了该问题，提高专利侵权诉讼的审理效率。但是在行政诉讼中应如何处理，缺乏明确的回答。本案审理指出在行政诉讼中亦应先行撤销行政处理决定，很好地实现了专利保护中行政执法与民事诉讼双轨制在程序上的衔接，有力地保护了当事人的正常经营。本案对相关行政案件的处理也有重要的指导意义。

（撰稿人：广州知识产权法院　谭海华、吴学知）

"滚筒洗衣机平衡块模具"专利侵权纠纷行政处理决定纠纷案

——如何判定专利无效宣告决定对行政处理决定的影响

【裁判要旨】

专利行政执法机关基于有效专利权作出行政处理决定，在之后的行政诉讼过程中，该专利被宣告无效，且专利权人已就无效决定提起行政诉讼的，审理法院经综合考量专利权人及行政相对人的利益平衡，可以参照专利侵权民事诉讼"先行裁驳、另行起诉"的精神，先行撤销行政处理决定。如果涉案专利权最终被确认有效，专利权人仍可以依法主张权利，寻求相应的行政救济或司法救济。

【案情介绍】

上诉人（原审被告）：无锡市知识产权局（下称无锡知产局）

被上诉人（原审原告）：江阴澄华投资发展有限公司（下称澄华公司）

第三人：无锡市红光标牌有限公司（下称红光公司）

澄华公司一审诉称，其提交的两份专利文献中公开了涉案专利权利要求1的全部技术特征，澄华公司生产的被控侵权模具技术属于现有技术，并不侵犯涉案专利权。红光公司以与涉案专利相同的技术方案申请发明专利，在申请过程中因未回复审查意见而自动撤回申请。据此请求撤销无锡知产局锡知（2016）纠字12号专利侵权纠纷处理决定。

法院经审理查明：2014年9月4日，红光公司向国家知识产权局提出了一项名为"滚筒洗衣机平衡块模具"实用新型专利权申请，于2015年1月7日获得授权，专利号为ZL201420510142.8。2016年4月，红光公司向无锡知

---

* 一审案号：（2016）苏02行初113号；二审案号：（2017）苏行终610号。

产局提交专利侵权纠纷处理请求,认为澄华公司未经同意,擅自制造侵犯涉案专利的模具用于制造产品,并进行规模生产,生产了大量平衡块产品,给其造成经济损失 500 万元,请求责令澄华公司立即停止侵权行为,停止使用侵权产品,销毁所有侵权产品;对因侵权而给红光公司造成的经济损失给予赔偿。2016 年 7 月 29 日,无锡知产局作出锡知(2016)纠字 12 号专利侵权纠纷处理决定,责令澄华公司立即停止侵权行为,停止使用侵权产品。澄华公司不服诉至一审法院,请求撤销涉案行政处理决定。一审诉讼中,澄华公司向专利复审委员会提出涉案专利无效宣告请求。2016 年 12 月 27 日,专利复审委作出第 30975 号无效宣告请求审查决定书,宣告涉案专利全部无效。

无锡市中级人民法院于 2017 年 1 月 20 日作出(2016)苏 02 行初 113 号行政判决,判决撤销无锡知产局作出的锡知(2016)纠字 12 号专利侵权纠纷处理决定。一审宣判后,无锡知产局提起上诉。江苏省高级人民法院于 2017 年 6 月 27 日作出(2017)苏行终 610 号行政判决,驳回上诉,维持原判。

【法理分析】

专利权本质上是一种私权,与当事人的利益密切相关。当出现专利权争议时,专利权人依法可选择行政救济或司法救济。行政救济与司法救济虽然在救济机关、程序、手段等方面有所不同,但行政执法与司法裁判两者所体现的价值取向是相同的,即都是在保护专利权的同时,兼顾专利权人与社会公众的利益平衡。本案中,无锡知产局进行行政处理的过程中,涉案专利权处于有效状态。无锡知产局基于当时合法有效的涉案专利权作出的涉案行政处理决定,事实清楚,适用法律正确,程序合法,并无不当。

但本案的特殊性在于,在一审诉讼过程中,专利复审委员会于 2016 年 12 月 27 日作出第 30975 号无效宣告请求审查决定书,宣告涉案专利全部无效。虽然红光公司对于该无效宣告决定已经提起行政诉讼,行政诉讼的结果有可能维持该无效宣告决定,当然也可能撤销该无效宣告决定,责令专利复审委员会重新作出,但涉案专利目前处于不稳定状态是客观事实。因此,在涉案专利处于不稳定的状态下,如果维持涉案行政处理决定有效,即责令澄华公司停止侵权行为等,对行政相对人澄华公司的利益影响重大,一旦涉案专利最终被确认无效,可能造成难以弥补的损失。如果选择中止诉讼,鉴于专利确权程序行政诉讼周期漫长，随之带来较长的等待时间仍有可能不当加重涉案行政处理决定对澄华公司的影响。

综合考虑专利权人及行政相对人的利益平衡，本案参照专利侵权民事诉讼中"先行裁驳、另行起诉"的精神，撤销涉案行政处理决定更为妥当与适宜。专利侵权民事诉讼之所以作出"先行裁驳、另行起诉"的规定，是由于我国专利法规定了"民行二元分立"的诉讼架构，即权利人主张被告侵犯其专利权，被告往往向专利复审委另行提起宣告专利权无效的请求，而审理专利侵权纠纷的法院无权审查专利权的效力，通常中止诉讼，等待专利复审委的审查结果；对于专利复审委的审查结果，当事人又可以进行行政诉讼，这就导致专利侵权民事纠纷案件循环诉讼情况突出，审理周期较长。为了平衡双方当事人的利益关系，提高专利侵权诉讼的审理效率，尽可能缓解专利诉讼审理周期较长对当事人的不利影响，专利侵权民事诉讼设立了"先行裁驳、另行起诉"制度，即在专利复审委作出宣告专利权无效的决定之后，审理专利侵权纠纷的法院可以从程序上裁定驳回起诉，无须等待行政诉讼的最终结果，并通过"另行起诉"给权利人以司法救济途径。本案中，涉案专利权已处于不稳定的状态，在此情形下为避免行政诉讼的过分拖延和平衡各方当事人的利益，应参照民事诉讼中"先行裁驳、另行起诉"的精神，撤销涉案行政处理决定。如果经过司法审查程序涉案专利权最终被确认有效，红光公司仍可以依法主张权利，寻求相应的救济包括行政救济、司法救济，或与澄华公司协商解决争议。

本案在涉案行政处理决定作出之后，涉案专利被专利复审委宣告无效，该无效宣告决定目前尚处于行政诉讼阶段，如何解决该无效宣告决定对涉案行政处理决定的影响，即本案究竟是选择维持还是撤销涉案行政处理决定，抑或中止诉讼，应当考虑行政执法和行政诉讼的基本原则和基本价值取向。同时需要指出的是，一审判决撤销涉案行政处理决定，体现了兼顾专利权人与行政相对人利益平衡的考量，但鉴于专利复审委的无效宣告决定正处于司法审查之中，尚未最终发生法律效力，而《专利法》第47条适用于已经生效的无效宣告决定，故一审判决适用该条文，属于适用法律错误，予以纠正。最终，二审经审查认定，一审判决部分适用法律错误，但裁判结果并无不当，应予维持，遂依法作出驳回上诉的判决。

【法官点评】

行政机关在进行行政处理或行政处罚的过程中，应当保持行政执法的谦抑与平衡，遵循过罚相当原则，避免不当损害行政相对人的合法权益。江苏高院曾经审理过苏州鼎盛食品有限公司诉江苏省苏州工商行政处罚案、瓦尔特（无锡）有限公司诉江苏省常州工商行政管理局工商行政处理决定案、江苏祥和泰纤维科技有限公司诉江苏省工商行政管理局工商行政处罚纠纷案以及苏州赛尔德斯塑胶有限公司诉江苏省知识产权局专利侵权纠纷处理决定案，结合个案事实，对商标、专利侵权行政处罚或行政处理决定的司法审查标准进行了探讨，强调行政执法以达到行政执法目的和目标为限，并尽可能使相对人的权益遭受最小的损害。

本案的特殊性在于，无锡知产局对被控专利侵权行为进行行政处理时，涉案专利权处于有效状态，而在一审行政诉讼中，涉案专利被专利复审委宣告全部无效，红光公司已经对该无效宣告决定提起行政诉讼。在此情形下，如何解决该无效宣告决定对涉案行政处理决定的影响，成为本案审理的关键。对此，存在三种处理方式：一是维持涉案行政处理决定有效；二是中止诉讼，等待无效宣告决定行政诉讼的最终结果；三是参照专利侵权民事诉讼中"先行裁驳、另行起诉"的精神，撤销涉案行政处理决定。在涉案专利处于不稳定的状态下，如果选择第一种处理方式即维持涉案行政处理决定有效，对行政相对人澄华公司的利益影响重大，一旦涉案专利最终被确认无效，可能造成其难以弥补的损失。如果选择第二种处理方式即中止诉讼，鉴于专利确权程序行政诉讼周期漫长，随之带来较长的等待时间，仍有可能不当加重涉案行政处理决定对澄华公司的影响。经过综合考量专利权人及行政相对人的利益平衡，该案最终选择了第三种处理方式即参照专利侵权民事诉讼中"先行裁驳、另行起诉"的精神，撤销涉案行政处理决定。该案系江苏省高级人民法院在"三合一"框架下审理的又一新类型知识产权行政诉讼案件，该案对于进一步明确行政执法的原则和标准，促进知识产权行政执法水平的提升，具有重要意义。

（撰稿人：江苏省高级人民法院　史乃兴）

全国法院优秀知识产权审判案例(2017)

商 标 篇

擅自使用知名商品特有名称、包装、装潢纠纷案[*]

——商标侵权及不正当竞争纠纷案件中侵权行为与损害赔偿数额之间的因果关系考量

【裁判要旨】

侵害商标权及不正当竞争的损害赔偿应以侵权行为与损害结果之间具有必然因果关系为要件，任何与侵权行为无关的原因所导致的权利人损害的结果，均不应计入侵权损害赔偿的数额中。涉案侵权图书的内容具有其独立的市场价值，在涉案权利图书的全部销售利润中，必然有部分利润并非因湖南文艺公司、中南博集天卷公司擅自使用权利图书作为知名商品的特有名称、装潢而获得，故基于公平原则考量，涉案侵权图书的销售利润不应当简单地被认定为全部归属于中青社。

【案情介绍】

上诉人（原审原告）：中国青年出版社（下称中青社）。

被上诉人（原审被告）：湖南文艺出版社有限责任公司（下称湖南文艺公司）、中南博集天卷文化传媒有限公司（下称中南博集天卷公司）

《高效能人士的七个习惯》（下称权利图书）的作者为【美】史蒂芬·柯维，中青社多年来持续出版发行了该书的多个版本，其中最新版本的图书定价为68元。湖南文艺公司、中南博集天卷公司经权利人许可，出版发行了《高效能人士的七个习惯·人际关系篇》（下称被控侵权图书），该书作者亦为【美】史蒂芬·柯维，定价39.8元。中青社认为，湖南文艺公司出版、

---

[*] 一审案号：(2015) 东民（知）初字第19458号；二审案号：(2016) 京73民终822号。

中南博集天卷公司发行、鹏润伟业公司印刷及北京博集天卷公司、王府井书店等销售的涉案侵权图书与中青社的权利图书名称、装潢相似，侵害了其知名商品的特有名称、装潢权益，故请求法院判令湖南文艺公司、中南博集天卷公司立即停止对中青社的涉案不正当竞争行为，并为其消除影响，赔偿其经济损失90万元人民币及相应合理支出。

北京市东城区法院一审认为，被控侵权图书未侵害中青社主张的权利图书作为知名商品的特有名称、装潢权益，故判决驳回了中青社的全部诉讼请求。中青社不服一审判决，上诉至北京知识产权法院。二审法院认为，现有证据足以证明中青社的权利图书的名称和装潢属于知名商品的特有名称和特有装潢。湖南文艺公司、中南博集天卷公司出版、发行涉案侵权图书，使用了与中青社的权利图书近似的名称和装潢，容易导致相关公众的混淆误认，侵害了中青社的知名商品特有名称、装潢权益。但基于公平原则考量，涉案侵权图书的销售利润不应当简单地被认定为全部归属于中青社。综合考虑权利图书的知名度及影响力，权利图书特有的名称及装潢对涉案侵权图书的贡献率，湖南文艺公司、中南博集天卷公司实施涉案不正当竞争行为的主观过错程度、性质和情节、可能给中青社造成的不利影响等因素，二审法院酌定涉案侵权图书销售利润中的80%应当归属于中青社。

【法理分析】

（一）我国商标法与相关司法解释规定的内在冲突及其弊端

《最高人民法院关于审理商标民事纠纷案件适用法律若干问题的解释》第15条的规定实际上是对《商标法》第63条中规定的权利人损失计算的两种简化的推定计算方法，其并未考虑"权利人因侵权所造成商品销售减少量与该注册商标商品的单位利润的乘积"或者"侵权人的侵权商品销售量与该注册商标商品的单位利润的乘积"与侵权人的实际损失之间的因果关系问题。事实上，前述两种计算方法得出的赔偿数额并不当然等同于权利人的实际损失。原因在于，其一，关于权利人所受损失"可以根据权利人因侵权所造成商品销售减少量与该注册商标商品的单位利润乘积计算"。该规定存在的问题在于权利人商品的销售量下降可能受多种因素影响，并不必然与侵权人的侵权行为存在正相关关系。动态的市场经济条件下，权利人的利润减少常常受到诸如经济环境、市场竞争因素以及权利人自身的市场经验不足及投资失误等多重因素影响。侵害商标权及不正当竞争的损害赔偿应以侵权行为与损害结果之间具有必然因果关系为要件，任何与侵权行为无关的原因所导致的权利人损害的结果，均不应计入侵权损害赔偿的数额中。① 因此，权利人有权获得赔偿的损失应当由侵害人的侵权行为引起的，即应当排除因前述市场因素或权利人自身因素等原因引起的损失。其二，关于权利人所受损失"可以根据侵权人的侵权商品销售量与该注册商标商品的单位利润乘积计算"。该方法存在的问题是直接把侵权人所销售侵权商品的数量推定为权利人所销售商品的数量，即假定权利人与侵权人处于同一竞争市场的情况下，侵权人每销售一件侵权商品便导致权利人少销售一件商品，故侵权人当然应当对其挤占权利人销售商品的市场份额承担责任。但实际上，侵权人所销售侵权商品的数量与权利人所销售商品的数量之间并不可能存在精确的此消彼长的关系，权利人商品的销售量减少并不必然意味着侵权人侵权商品的销售量增加，原告损失的销售利润并不当然地全部归咎于侵权人。此外，在前两种计算权利人损失的方法中，均存在权利人注册商标商品的单位利润难以精确确定的问题。因为当权利人的商品销量发生变化时，商品的某些成本也可能发生变化，并最终导致商品的利润率发生变化。例如，如果权利人的商品销量增加，商品的原材料的成本可能会降低，储存材料的仓储费可能会增加，支付给工人的工资可能会增加，最终导致商品的成本和利润率发生变化。② 通常而言，商品的销量越高，商品的成本变化越大，即变动成本越大，进一步证明了《最高人民法院关于审理商标民事纠纷案件适用法律若干问题的解释》第15条中关于权利人所受损失计算方法的相关规定较为笼统、粗糙，不利于鼓励法官在个案审理中深入探索、分析权利人商标的知名度和影响力，权利人的制造及营销能力，权利人商品的生产成本及单品利润，权利人商品的销量下降情况，侵权商品的销售数量及销售利润，侵权人的主观恶意等情节与最终确定的损害赔偿数额之间的因果关系，不利于促进法院对商标侵权

---

① 范晓波：《知识产权的价值与侵权损害赔偿》，知识产权出版社2016年版，第93~94页。
② 黄武双、黄骥等著译：《美国商标案件金钱偿还数额的计算：原理与判例》，法律出版社2014年版，第38~39页。

及不正当竞争纠纷中损害赔偿数额确定的科学化、精细化探索。

（二）本案中权利人中青社所受损失的具体计算方式

本案中，二审法院在计算权利人中青社的经济损失时，没有机械适用《最高人民法院关于审理商标民事纠纷案件适用法律若干问题的解释》第15条的规定，没有简单地将侵权人的涉案侵权图书销量直接推定为权利人损失的销量并据此计算损失，而是充分参考、借鉴了日本、美国的立法规定及司法经验，在充分考量在案证据的基础上，不仅酌情确定了权利图书的单品利润，还充分考量了权利人的损失与侵权行为之间的因果关系，综合考虑权利图书的知名度及影响力，权利图书特有的名称及装潢对涉案侵权图书的贡献率，侵权人实施涉案不正当竞争行为的主观过错程度、性质和情节、可能给权利人造成的不利影响等因素，酌情确定涉案侵权图书销售利润中的80%应当归属于权利人，并据此确定了权利人应得的损害赔偿数额。

此外，本案中考虑到涉案侵权图书系两被告获得权利人授权而出版、发行的图书，考虑到擅自使用他人知名商品的特有名称、装潢的涉案不正当竞争行为与涉案侵权图书销售利润之间的因果关系，涉案侵权图书的内容具有其独立的市场价值，在涉案权利图书的全部销售利润中，必然有部分利润并非因两被告擅自使用权利图书作为知名商品的特有名称、装潢而获得，故基于公平原则考量，涉案侵权图书的销售利润不应当简单地被认定为全部归属于中青社。综合考虑权利图书的知名度及影响力，权利图书特有的名称及装潢对涉案侵权图书的贡献率，两被告实施涉案不正当竞争行为的主观过错程度、性质和情节、可能给中青社造成的不利影响等因素，法院酌定涉案侵权图书销售利润中的80%应当归属于中青社。

【法官点评】

《日本商标法》第38条第1项规定，对于因故意或过失侵害商标权或专属授权者，商标权人或专属被授权人请求损害赔偿时，在不超过商标权人或专属被授权人之使用能力限度内，得以若无该侵害行为商标权人或专属被授权人即得售出之商品每一单位数量利益额乘以侵权商品之让与数量或所得数额，作为商标权人或专属被授权人之所受损害。但若有相当于让与数量全部或一部系商标权人或专属被授权人无法售出者，则扣除相当于该情形之数量。[①] 在美国司法实践中，无论是在侵害专利权纠纷中，还是在侵害商标权及不正当竞争纠纷中，因被告侵权行为造成原告销售量的流失，从而使原告受到利润损失的，法院亦会采取以被告销售量的全部或部分乘以原告单件商品利润的方法来计算原告的利润损失。当然，基于美国的判例法传统，美国法院在具体计算中采用了更加灵活的方式。

由日本、美国前述立法及司法实践可知，其并不是简单地将侵权人的侵权商品销量直接推定为权利人损失的销量，并据此计算权利人的损失，而是采取了更加科学、更加弹性的计算标准。一方面，要充分考量权利人所受损失与侵权人的侵权行为之间的因果关系。如《日本商标法》要求，权利人要求赔偿的数额应不超过商标权人或专属被授权人的能力限度内，这意味着法院在确定损害赔偿数额时应当考虑侵权人自身的销售努力、商品的价值及市场上的竞争产品情况等多种因素。举例而言，如果侵权人销售了800件侵权商品，即使权利人每销售一件商品可获得500元的利益，但由于市场上存在其他生产相同或类似商品的竞争者存在，导致权利人只能卖出500件商品，此时权利人因有相当于300×500=1.5万元利益的商品未销售出去，此时权利人能够主张的损害赔偿额应当为：500×500=2.5万元。另一方面，要根据案件情况采取更加弹性、灵活的标准。法院在计算权利人的损失时，不仅单件商品的利润率根据案件情况可以进行酌情调整，而且考虑到侵权商品的利润未必全部来自侵权行为，可能有其他因素对侵权人销售侵权商品的利润作出贡献，故权利人无权获得那些可以证明的并非来自侵权行为的利润。因此，法院在个案审理中，会根据案件情况对侵权商品销量中可归因于商标侵权及不正当竞争的销量比例予以适当调整。此外，法院还可以根据侵权人的侵权恶意情况而决定加大赔偿力度，判令其返还权利人所有来自故意侵权的利润。

（撰稿人：北京知识产权法院　刘义军）

[①] 转引自陈丽珣：《商标侵权之金钱损害赔偿实证研究——以金额酌定问题为中心》，元照出版有限公司2016年版，第92页。

销售非法制造的"Zespri"等注册商标标识罪[*]

——知识产权刑事案件中"相同商标"的司法认定

【裁判要旨】

与注册商标在视觉上基本无差别、足以对公众产生误导的"基本相同商标"之认定应通过普通观察、整体观察、要部观察和隔离观察,若二者在视觉上仅有细微差别,一般情况下社会公众不能也不会注意到这种差别即可认定。且认定过程中应注意与民事侵权中"近似商标"的区别,观察是否对注册商标的显著特征作了改变,视觉效果有无不同以及这种视觉效果的不同是否足以影响到公众的认识判断。

【案情介绍】

被告人:陈某等

" Dole "" SWEETIO "系美国都乐食品有限公司在我国核准注册的商标;" Zespri "" "系新西兰水果市场理事会(2012年变更为泽斯普瑞集团有限公司)在我国核准注册的商标;而" Sunkist (指定颜色)"则系美国新奇士种植者有限公司在我国核准注册的商标。上述注册商标均在有效期内,受我国法律保护。被告人陈某等13人明知系假冒上述品牌的水果贴标,仍大量购入后分别在其店铺内销售。2017年5月25日,公安机关在上述店铺内将被告人陈某等13人人赃俱获,查获" Dole "" "" "" "" """ "" "" "" "" "" Sunkist "" Sunkist "" "" "" Sunkist "等标

---

[*] 案号:(2017)沪0115刑初3300—3303、3326—3327号。

贴共计 110 万余件。经商标权利人授权的单位鉴别，涉案标贴均系假冒注册商标的标识。各被告人到案后均如实供述了上述犯罪事实。

浦东法院经审理认为，涉案非法制造的商标标识共 14 种，其中，"▢""▢""▢""▢""▢""▢""▢""▢""▢""▢""▢"11 种标识与注册商标相比，在总体视觉上基本无差异。虽然上述部分标志通过添加地名、改变文字内容或排列顺序、增加条形码等方式对注册商标作出部分改变，但这种改变的识别性较弱，不属于对注册商标的实质性改变，不影响商标的显著特征的体现，故上述 11 种涉案非法制造的标识分别与相应的注册商标构成刑法意义上的相同商标。而"▢"标识与注册标"▢"相比较，其上半部分基本相同，但将注册商标下半部分中的构成要素作了较大改变，将英文和数字改成了中文"红心"，两个标识的下半部分在文字类型、读音方面均不同，被控侵权标识在视觉上与注册商标差异明显，因此不构成刑法意义上的相同商标；"▢""▢"标识由英文、数字及图形组成，与注册商标"▢（指定颜色）"相比较，其改变了注册商标的图形方向，"Sunkist"位于标识的上部，字体较小，中间以白色为底色的竖条纹图形及"jingpin"字母在标识中占较大比例，两者构成要素、整体结构均不同，被控侵权标识在视觉上与注册商标的差异明显，因此不构成刑法意义上的相同商标。故涉及"▢""▢""▢"的相应数量标识应从犯罪数额中予以扣除。法院最终认定陈某等 13 人犯销售非法制造的注册商标标识罪，对其判处有期徒刑 2 年 8 个月至拘役 5 个月、缓刑 5 个月不等的刑罚，并同时处以罚金。判决后，各被告人均未提出上诉，公诉机关亦未提起抗诉，判决已生效。

【法理分析】

准确界定涉案非法制造的注册商标数量，需要将从被告人处查获的商标与权利人享有商标权的商标进行比对，扣除掉与其实质并不相同的商标，以实现案件定罪量刑的准确。此过程涉及对"相同商标"的认定，参照最高人民法院、最高人民检察院、公安部《关于办理侵犯知识产权刑事案件适用法律若干问题的意见》第6条规定①,"相同商标"除了"完全相同商标",还包括"基本相同商标"。"完全相同商标"的认定并无异议,"基本相同商标"纳入规制范围是鉴于其进入市场后,往往只有专业人士才能分辨出其细微差别,多凭印象选购商品的普通消费者难以分辨清楚。其在对注册商标专用权人以及消费者法益的侵害方面与"完全相同商标"是具有同等效力的。此外,把握"基本相同商标"认定的同时,还应注意"基本相同商标"与"近似商标"的区分。若将存在较明显差异的"近似商标"认为"相同商标",可能造成商标民事侵权与商标犯罪界限不明,导致刑罚的不当扩张。

（一）列明"基本相同商标"的认定

最高人民法院、最高人民检察院、公安部《关于办理侵犯知识产权刑事案件适用法律若干问题的意见》第6条列明的"基本相同商标"较易判断,多为一些细微差别的改动,并不影响体现注册商标显著特征。如系列案件中被查获标识"Zespri条形码绿黄标"（见图2-2）与注册商标"Zespri4030"（见图1-1）其上半部分相同,被控侵权标识的下半部分为英文"SunGold"及"NEWZEALAND",缺少了数字,底部为条形码图案,其中"SunGold"亦为权利人的注册商标,条形码通常被使用在商品上用以查询商品信息。从标识的整体看,这种改变不属于对注册商标的实质性改变,不影响体现注册商标的显著特征,可被认定为"基本相同商标"。

（二）其他"基本相同商标"的认定

最高人民法院、最高人民检察院、公安部《关于办理侵犯知识产权刑事案件适用法律若干问题的意见》第6条中兜底的其他情形的"基本相同商标"在判断上存在较大不确定性,应当注意对其中"视觉上基本无差

---

① 最高人民法院、最高人民检察院、公安部《关于办理侵犯知识产权刑事案件适用法律若干问题的意见》第6条规定:"具有下列情形之一,可以认定为'与其注册商标相同的商标':（一）改变注册商标的字体、字母大小写或者文字横竖排列,与注册商标之间仅有细微差别的;（二）改变注册商标的文字、字母、数字等之间的间距,不影响体现注册商标显著特征的;（三）改变注册商标颜色的;（四）其他与注册商标在视觉上基本无差别、足以对公众产生误导的商标。"

别"和"足以对公众产生误导的"的把握。"视觉上基本无差别"指在视觉上仅有细微差别,一般情况下社会公众不能也不会注意到这种差别。对于图形商标,实践中应从图形的整体效果来进行判断,如果图形整体结构只有细微差别,两个商标视觉效果相同,则应认定为"基本相同商标";"基本相同商标"规定的"足以对公众产生误导",是指社会公众足以将所使用的商标误认为是他人的注册商标。是否足以对社会公众产生误导,实践中可以通过以下方法加以认定:①普通观察:以普通消费者的知识经验施以普通注意,而不是专业人士的专业观察。②整体观察:从整体或组合来判断视觉效果有无不同。③要部观察:构成商标的主要部分或重要特征部分有无差别。④隔离观察:普通消费者在隔离观察的情况下能否区分。通过上述观察方法可以得出结论,在视觉上基本无差别、足以对公众产生误导,即可认为基本相同。具体认定中可把握两项规则:①被控侵权商标与注册商标之间在图案大小、颜色深浅、笔画长短和粗细、某一笔画的具体位置等方面存在细微差别的,可以认定属于"其他与注册商标在视觉上基本无差别、足以对公众产生误导"的情形,构成"相同商标"。②侵权商标表现为以前缀、后缀等形式在注册商标上添加文字、图形的,如果添加的文字、图形与注册商标共同构成完整的商业标识的,应当将该完整标识与注册商标进行对比,并根据添加的效果,判断该标识与注册商标之间是否在视觉上基本无差别、足以对公众产生误导。

  本案中,即采用以上方法,按照普通水果购买者的知识经验,在普通注意、隔离观察的情况下,通过整体观察和要部观察,对涉案标识是否属于"基本相同"进行甄别。根据比较,对以下情形进行了排除:被查获标识"Sunkist3108蓝白标"(见图2-3)由英文、数字及图形组成,与注册商标"Sunkist(指定颜色)"(见图1-2)相比较,其改变了注册商标的图形方向,"Sunkist"位于标识的上部,字体较小,中间以白色为底色的竖条纹图形及"jingpin"字母在标识中占较大比例,两者构成要素、整体结构均不同,被控侵权标识在视觉上与注册商标差异明显,因此不构成刑法意义上的相同商标;被查获标识"Zespri红心"(见图2-4)与注册商标"Zespri4030"(见图1-2)相比较,其上半部分基本相同,但将注册商标下半部分中的构成要素作了较大改变,将英文和数字改成了中文"红心",两个标识的下半部分在文字类型、读音方面均不同,被控侵权标识在视觉上与注册商标差异明显,因此不构成刑法意义上的相同商标。

商标权人商标如图1-1、图1-2所示。

图1-1

图1-2

被查获商标如图2-1至图2-4所示。

图2-1  图2-2  图2-3  图2-4

【专家点评】

本系列案件系浦东新区人民法院集中审理并宣判的涉知名进口水果商标的知产刑事案件,该系列案件涉及Zespri、Dole、Sunkist等知名商标,涉案非法制造的商标标识多达10余种,共计110万余件。本系列判决严格、准确把握了"相同商标"的认定尺度,指出刑法意义上的"相同商标"是指与注册商标完全相同或者与注册商标在视觉上基本无差别,足以对公众产生误导的商标。"相同商标"的认定应通过普通观察、整体观察、要部观察和隔离观察来进行,若二者在视觉上仅有细微差别,一般情况下社会公众不能也不会注意到这种差别即可认定。且认定过程中应注意与民事侵权中"近似商标"的区别,观察是否对注册商标的显著特征作了改变,视觉效果有无不同以及这种视觉效果的不同是否足以影响到公众的认识判断。

如果被诉标识仅改变注册商标的颜色或词组的上下排列顺序,或添加地名、条形码等识别性较弱的标识,不影响体现注册商标显著特征,并足以影响到公众的认识判断的,应当认定为刑法意义上的"相同商标"。如果被控非法制造的标识的构成要素、整体结构与注册商标不完全相同，在视觉上有一定差异，即使标识中含有注册商标的主要部分，也不宜认定为刑法意义上的"相同商标"。该系列案的集中审理、宣判充分体现了司法保护知识产权和打击制售假冒伪劣产品的力度，有利于法制化营商环境的构建。

（撰稿人：上海市浦东新区人民法院　倪红霞；
华东政法大学知识产权学院　李若源）

"BURBERRY" 定牌加工商标侵权纠纷案*

——定牌加工商标侵权的司法审查

【裁判要旨】

定牌加工中使用与注册商标相同或近似标识的行为是否构成商标侵权需要结合原告注册商标的正当性，被告是否尽到必要、合理的审查注意义务，定牌加工产品是否在国内销售，被告在出口目的国商标注册等具体情况来综合认定。

【案情介绍】

上诉人（原审被告）：宁波中轻进出口有限公司（下称中轻公司）

被上诉人（原审原告）：勃贝雷有限公司（BURBERRY LIMITED）（下称勃贝雷公司）

案外人：利丰（贸易）有限公司（下称利丰公司）、平湖市惠钱箱包有限公司（下称惠钱公司）

勃贝雷公司在第18类行李箱、旅行袋、手提包、钱包等商品上申请注册了G732879号图形商标（彩色格子）及G987322号图形商标（黑白格子）。G732879号、G987322号注册商标经过原告的使用和宣传，已经具有较高的市场知名度和较强的显著性。利丰公司与中轻公司约定，利丰公司作为买方Productos雅芳厄瓜多尔股份有限公司的代理人，向中轻公司购买7000套SET DE MALETAS CUADROS。此后，中轻公司委托案外人惠钱公司下单生产涉案侵权产品，并明确了产品的款式、规格、图案及验货标准。中轻公司后向上海海关申报出口厄瓜多尔该批涉案侵权产品，被上海海关查扣。勃贝雷公司认为，中轻公司的上述行为侵害了勃贝雷公司的注册商标专用权，故诉至法院请求判令中轻公司停止侵权、赔偿经济损失及合理费用共计300万元。

* 一审案号：(2016) 沪0115民初13990号；二审案号：(2017) 沪73民终21号。

浦东法院经审理认为，本案中，涉案侵权产品的款式、规格、图案等均是由被告指定的，涉案侵权产品的生产完全体现了被告的意志，其委托定牌加工企业使用与注册商标相同或近似图案的面料的行为构成商标法意义上的商标使用。首先，被告以销售者的身份与利丰公司进行交易，涉案侵权产品出口货物报关单中填写的经营单位和发货单位均为中轻公司，该报关单、发票和装箱单中均有被告公司及其法定代表人的签章，被告的行为足以证明其是涉案侵权产品的生产者和销售者。其次，被告对涉案侵权产品的生产、销售存在过错。涉案商标经过原告的使用和宣传，已经具有较高的市场知名度和较强的显著性。被告作为一家自营和代理货物及技术进出口业务的商贸公司，长期从事进出口业务，对涉案商标未尽到合理必要的审查义务，具有过错。故被告委托定牌加工的行为构成商标侵权。法院遂判决被告停止侵权，赔偿原告经济损失及合理费用共计63万余元。判决后，被告中轻公司不服一审判决，提起上诉。二审驳回上诉，维持原判。

【法理分析】

本案的涉案商标是为大众所熟知的"BURBERRY"格子图案注册商标，该商标知名度较高，案件社会影响较大。与传统的定牌加工案件不同，本案中，委托加工的外方并不享有委托加工产品的相关商标，其根据被告公司提供的样品委托被告生产，被告在接到订单后又委托案外人代为加工并销售给外方。因此，法院在本案中认定被告直接实施了涉案产品的生产和销售行为，且未尽到合理的注意义务，构成侵权。同时，结合之前的海关记录等相关证据，认定被告存在重复侵权，进一步加大制裁力度，维护了正常的商标管理秩序和权利人的合法权益。

（一）被告是否是涉案侵权产品的生产者和销售者

原告主张被告是涉案侵权商品的生产者和销售者，被告辩称其仅为涉案侵权商品的外贸代理商，不应承担商标侵权责任。对此，法院根据涉案侵权产品订单、出口货物报关单以及相关证人证言等证据认定被告为涉案侵权产品的生产者和销售者。首先，被告与惠钱公司签订的订单明确规定了所订购产品的款式、规格、图案及验货标准，并要求惠钱公司根据订单采购原料进行加工生产。其次，虽然被告辩称涉案侵权商品是惠钱公司根据利丰公司上海分公司的指示安排生产的，但利丰公司的《购买承诺》和《信息备忘录》中只明确了产品的价格、数量和交货日期，对产品的款式、规格等并没有约定，且利丰公司的业务员崔某喜称由被告提交样品，经境外采购商确认后同意工厂生产。再次，张某、袁某在静安公安分局经侦支队的询问中承认，涉案侵权商品的款式和面料图案是由被告提供、惠钱公司采购生产。由此可见，涉案侵权商品的款式、规格、图案等均是由被告指定的，涉案侵权商品的生产完全体现了被告的意志，被告的行为足以证明其是涉案侵权商品的共同生产者之一。最后，被告以销售者的身份与利丰公司进行交易，涉案侵权商品出口货物报关单中填写的经营单位和发货单位均为被告，该报关单、发票和装箱单中均有被告公司及其法定代表人的签章，故被告系涉案侵权产品的销售者。因此法院对被告辩称其仅为涉案侵权商品的外贸代理商的意见不予采纳。

（二）被告是否尽到了合理的审查义务

《中华人民共和国侵权责任法》（下称《侵权责任法》）第6条第1款规定："行为人因过错侵害他人民事权益，应当承担侵权责任。"《侵权责任法》中的过错责任即要求行为人应当尽到对他人的谨慎和注意义务，努力避免损害结果的发生。对于国内贴牌加工行为，通常认为加工企业如有过错，应与委托方共同承担侵权责任。而具体到涉外定牌加工纠纷案件，通常境外委托方不参与诉讼，基于仅有国内加工企业作为被告，因此在确定国内加工企业是否存在过错时，应当考虑个案不同因素，对其审查注意义务适用不同的标准。一般而言，国内加工企业接受境外委托时，应当对境外委托人在境外是否享有注册商标专用权或者取得合法授权许可进行必要的审查，并结合涉案商标的知名度进行综合判定。如果其已尽到必要审查义务，就应当认定其不存在过错，反之则应当认定其存在过错。

本案中，根据在案证据可以证明原告涉案商标具有较高的知名度，被告作为一家自营和代理货物及技术进出口业务的商贸公司，长期从事进出口业务，其对原告主张权利的注册商标的认知能力应比普通相关公众更高，在从事生产及代理销售与涉案商标相关的产品时，应尽到合理的、与商标知名度相应的注意义务。此外，涉案产品购买方雅芳厄瓜多尔股份有限公司在厄瓜多尔就涉案侵权产品并不享有任何商标权益，相反，本案权利人出示的相关证据表明，其早在 2001 年即在厄瓜多尔注册了涉案 G732879 号注册商标。而被告未尽到相应的审查义务，存在明显的过错，应当承担相应的侵权责任。

（三）被告是否存在重复侵权行为

现阶段，进一步加大损害赔偿力度，使损害赔偿数额全面反映知识产权的市场价值已成为一种共识。特别是对于故意侵权、重复侵权行为，法院在判决赔偿数额时应将侵权人的主观恶意作为一种情节予以考虑，以进一步加大对侵权人的制裁。本案中，生产商订单、海关和公安询问笔录等证据显示，被告曾在 2010 年向哥伦比亚出口一批同样带有涉案侵权标识的商品，且由于海关检查属于抽查，不能排除被告尚存在其他未被发现的生产、销售侵害原告注册商标专用权商品的可能性，因此被告的行为构成重复侵权、故意侵权，侵权情节较为严重。最后法院根据涉案商标的知名度、侵权产品数量、被告主观过错、重复侵权情节等因素酌定被告赔偿原告经济损失 30 万元，并全额支持了原告合理费用 33 万余元。

【法官点评】

涉外定牌加工为我国对外经济合作的重要方式，在此类案件的处理中，既要考虑我国对外加工贸易比重较大的既有状态，又要为中国制造向中国创造转变预留司法裁量空间。定牌加工中使用与注册商标相同或近似标识的行为是否构成商标侵权需要结合原告注册商标的正当性，被告是否尽到必要、合理的审查注意义务，定牌加工产品是否在国内销售，被告在出口目的国商标注册等具体情况来综合认定。本案被告以销售为目的委托他人加工生产涉案侵权商品，属于涉案侵权商品的共同生产者，其委托定牌加工企业使用与注册商标相同或近似图案的面料的行为构成商品上的商标使用。同时，被告作为一家自营和代理货物进出口业务的商贸公司，长期从事进出口业务，其对原告主张权利的注册商标的认知能力应比普通相关公众更高，且原告的注册商标具有较高知名度，被告显然未尽到必要、合理的审查注意义务。因此，被告委托定牌加工的行为构成商标侵权。

（撰稿人：上海市浦东新区人民法院　宫晓艳、姜广瑞）

"LAFITE" 商标侵权纠纷案[*]

——对恶意使用未注册驰名商标行为的认定

【裁判要旨】

我国商标法及相关司法解释虽未规定未注册驰名商标受侵害时可以获得赔偿，但对于恶意使用未注册驰名商标的行为人，可以类推适用《商标法》第36条关于恶意使用未准予注册商标应当赔偿的规定，判决其承担赔偿责任。

【案情介绍】

原告：拉菲罗斯柴尔德酒庄（下称拉菲酒庄）

被告：上海保醇实业发展有限公司（下称保醇公司）、保正（上海）供应链管理股份有限公司（下称保正公司）

拉菲酒庄是世界闻名的葡萄酒制造商。1997年10月，其在葡萄酒商品上的"LAFITE"商标在中国获准注册。2015年5月，拉菲酒庄发现保醇公司在进口、销售拉菲酒庄所产葡萄酒的同时，自2011年起持续进口、销售带有"CHATEAU MORON LAFITTE""拉菲特庄园"标识的葡萄酒，并由保正公司负责物流和仓储。拉菲酒庄诉至法院称，涉案葡萄酒酒瓶瓶贴正标上使用的"CHATEAU MORON LAFITTE"与"LAFITE"商标构成近似；背标上使用的"拉菲特"，与中国消费者广为知晓的"LAFITE"商标的音译"拉菲"构成近似。鉴于侵权行为发生时"拉菲"还未被核准注册，故"拉菲"应被认定为未注册驰名商标，保醇公司、保正公司的行为构成商标侵权。因此，请求法院认定"拉菲"为未注册驰名商标，判令保醇公司、保正公司停止侵权、消除影响并赔偿经济损失及合理支出500万元。

上海知识产权法院审理后认为，被诉侵权行为发生于拉菲酒庄取得"拉

---

[*] 案号：（2015）沪知民初字第518号。

菲"商标专用权之前，故有必要认定当时"拉菲"是否属于未注册驰名商标。根据本案事实，足以证明我国相关公众通常以"拉菲"指代"LAFITE"，两者之间已形成稳定的对应关系，"拉菲"可以被认定为未注册驰名商标。涉案葡萄酒酒瓶瓶贴正标上突出使用的"MORON LAFITTE"侵犯了"LAFITE"注册商标专用权，背标上使用的"拉菲特"侵犯了"拉菲"的商标权利，保醇公司进口并销售该葡萄酒，构成商标侵权。保正公司明知保醇公司的侵权事实，仍为其提供物流、仓储等便利条件，构成帮助侵权。遂于2017年12月27日判决保醇公司、保正公司停止侵权、消除影响并共同赔偿拉菲酒庄经济损失及合理费用200万元。

【法理分析】

《商标法》制定于1982年，当时未对驰名商标保护作出规定。1993年对《商标法》进行第一次修改时，也没有在法律中明确规定对驰名商标予以保护。2001年对《商标法》进行第二次修改时，增加了对于驰名商标保护的规定。2013年对《商标法》进行第三次修改时，在原有法律规定的基础上，又增加了驰名商标的含义及其保护程序启动方式的规定。就驰名商标保护制度设立的目的而言，其主要是为了弥补商标注册制度的不足，对相关公众所熟知的商标在其未注册的部分领域提供保护，其中既包括对未注册驰名商标的保护，也包括对已经注册的驰名商标保护范围的扩大即跨类保护。《商标法》第13条第2款和第3款分别对上述两种驰名商标的保护予以了规定。本案保护的驰名商标为上述两种驰名商标中的前一种，即对未注册驰名商标的保护。本案最主要的争议在于未注册驰名商标受侵害时是否可以获得赔偿。

（一）商标法及相关司法解释对于侵犯驰名商标权的相关法律责任规定

《商标法》第13条第2款规定："就相同或者类似商品申请注册的商标是复制、摹仿或者翻译他人未在中国注册的驰名商标，容易导致混淆的，不予注册并禁止使用。"第3款规定：就不相同或者不相类似商品申请注册的商标是复制、摹仿或者翻译他人已经在中国注册的驰名商标，误导公众，致使该驰名商标注册人的利益可能受到损害的，不予注册并禁止使用。《最高人民法院关于审理商标民事纠纷案件适用法律若干问题的解释》第1条第2项规定，复制、摹仿、翻译他人注册的驰名商标或其主要部分在不相同或者不相类似商品上作为商标使用，误导公众，致使该驰名商标注册人的利益可能受到损害的行为属于《商标法》第52条第5项（现行《商标法》为第57条第7项）规定的给他人注册商标专用权造成其他损害的行为。第2条规定，依据《商标法》第13条第1款（现行《商标法》为第13条第2款）的规定，复制、摹仿、翻译他人未在中国注册的驰名商标或其主要部分，在相同或者类似商品上作为商标使用，容易导致混淆的，应当承担停止侵害的民事法律责任。根据上述法律及司法解释的规定，对侵犯驰名商标权的法律责任，以驰名商标是否在我国注册为标准作了区分。对于侵犯已经注册的驰名商标的行为，上述解释第1条第2项将其作为侵犯注册商标专用权行为中的一类，因此，行为人承担的法律责任中包括赔偿责任，并无争议。而对于侵犯未注册驰名商标的行为，上述解释第2条仅规定行为人承担停止侵害的民事责任，并未规定适用其他民事责任，当然也包括赔偿责任。

（二）关于《商标法》第36条第2款的类推适用

类推适用，是指法官审理的案件在法律上没有规定时，可以采用类似案件的法律规则进行裁判。类推适用的依据在于"两个案件之间存在类似性"。

《商标法》第36条第2款系2013年修改时新增加的条款，对商标公告期满至准予注册决定作出前的商标专用权的效力予以了规定。根据该条法律规定，对于经审查异议不成立而准予注册的商标，一方面规定商标初步审定公告期满之日起至准予注册决定作出前，对他人在同一种或者类似商品上使用与该商标相同或者近似的标志的行为不具有追溯力。另一方面又在上述有关不具有追溯力的规定的基础上，规定因使用人的恶意给商标注册人造成的损失，应当给予赔偿。该条规定对商标最终是否能被准予注册不确定期间因使用人的恶意给商标注册人造成的损失提供了救济途径，而该期间所涉商标并未准予注册，其性质亦可视为未注册商标。

就本案而言，原告要求保护的"拉菲"是未注册驰名商标，虽然侵权行为发生时该商标属于未注册商标，但经过长期使用及大量商业推广与宣传，该商标在市场上已享有很高知名度并为公众所熟知，其凝聚了较高的商业信誉，甚至具有体现使用者身份与地位的功能。而且被告使用侵权标识的主观恶意明显，其使用行为亦必然占用了未注册驰名商标的商誉，给原告造成了损失。如果在此种情况下，仍基于《商标法》及上述解释关于侵犯未注册驰名商标的法律责任规定，仅判决被告承担停止侵害的民事责任，不承担损失赔偿责任，既不公平，也不合理。

如前所述，本案所涉未注册驰名商标的性质、被告的主观恶意等均与《商标法》第36条第2款所规定的恶意使用未准予注册商标应当赔偿的情形存在类似性，故该条规定所体现的法律规则，可以类推适用于本案，被告应当承担赔偿损失的民事责任。因此，法院根据《商标法》关于损失赔偿数额确定的法律规定，判决两被告共同赔偿原告经济损失及合理费用200万元。

【法官点评】

本案系上海法院首例认定未注册驰名商标的案件。本案主要涉及未注册驰名商标认定必要性的判断、认定标准，以及未注册驰名商标受侵害时是否可以获得赔偿等问题。本案判决明确了以下裁判规则：

一是侵权行为发生时尚未被核准注册的商标，诉讼过程中被核准注册，对侵权行为发生时该商标是否属于未注册驰名商标，仍有认定的必要。

二是我国《商标法》及相关司法解释虽未规定未注册驰名商标受侵害时可以获得赔偿，但使用未注册驰名商标必然占用了权利人的商誉，给其造成了损失，对于恶意使用未注册驰名商标的行为人，可以类推适用《商标法》第36条关于恶意使用未准予注册商标应当赔偿的规定，判决其承担赔偿责任。本案判决对于司法实践中未注册驰名商标侵权案件的审理具有一定的指导作用和借鉴意义。同时，本案的处理也有利于规范我国进口葡萄酒市场，引导葡萄酒进口企业的诚信经营行为。

（撰稿人：上海知识产权法院　吴盈喆）

"PEAK"商标侵权纠纷案*

——有别于典型的涉外定牌加工案件中侵权判定需考量的因素

【裁判要旨】

在境外企业委托加工所涉商标侵权纠纷案件中,需同时考量被控侵权标识相对于境外商标的使用方式、与国内商标的近似程度、国内商标的知名度、当事人的主观过错、是否存在被控侵权标识会在国内市场发挥识别功能的渠道等因素。

【案情介绍】

上诉人(原审原告、反诉被告):福建泉州匹克体育用品有限公司(下称泉州匹克公司)

被上诉人(原审被告):无锡市振宇国际贸易有限公司(下称振宇公司)

被上诉人(原审被告、反诉原告):伊萨克莫里斯有限公司

1994年2月7日,案外人泉州丰登制鞋有限公司在核定使用商品为第25类"鞋,服装"上注册" "商标,注册号为676992。2005年7月14日,商标注册人变更为福建匹克集团有限公司(下称福建匹克集团),2007年8月7日泉州匹克公司受让该注册商标。2005年9月,"PEAK"牌旅游鞋被授予"中国名牌产品"称号。2009年4月," "商标在运动鞋上被国家商标局认定为驰名商标。

2014年8月,上海外港海关查获振宇公司申报出口美国的针织男式T恤8424件。泉州匹克公司于同年11月21日向一审法院提起诉讼,并提出诉讼保全,扣押该批出口货物。涉案服装"PEAK SEASON"商标标识" "

---

* 一审案号:(2014)浦民三(知)初字第1131号;二审案号:(2016)沪73民终37号。

由上、中、下三部分构成，分别为"PEAK""SEASON"以及"BY ISAAC MORRIS LTD."，其中"PEAK"字体较大。该批货物的订单系由美国的伊萨克莫里斯有限公司所发送，T恤上使用的标识设计图亦由该公司提供。

伊萨克莫里斯有限公司在美国申请注册的"PEAK SEASON"商标于2010年11月2日由美国专利与商标局核准，注册号为3869976，国际分类25，商标主要注册范围为针织类、T恤衫等。商标证书上注明：标记由标准字符组成，没有要求任何特定的字体、样式、大小或颜色。

伊萨克莫里斯有限公司应诉后以泉州匹克公司滥用诉权给其造成商业损失为由，提出反诉。

上海市浦东新区人民法院一审认为，振宇公司出口服装的行为系受伊萨克莫里斯有限公司的委托生产，并在服装上贴附"PEAK SEASON"商标，且所生产的服装全部销往美国，国内市场的相关公众没有机会接触到该批服装，故涉案服装标贴"PEAK SEASON"标志在国内市场上不会起到标识商品来源的作用。在并非商标使用的情况下，判断在相同商品上使用近似商标是否导致混淆，不具有实际意义。伊萨克莫里斯有限公司和振宇公司并未侵犯泉州匹克公司的注册商标专用权。对于反诉，一审法院认为，泉州匹克公司清楚涉案货物系贴牌加工并出口至美国，不是商标法意义上的商标使用，其申请扣押涉案货物存在过错，应按照该批货物的报关价值酌情赔偿伊萨克莫里斯有限公司的损失。因此，判决驳回泉州匹克公司的诉讼请求，并判决泉州匹克公司赔偿伊萨克莫里斯有限公司损失13万元。泉州匹克公司不服一审判决，向上海市知识产权法院提起上诉。

上海知识产权法院二审认为，首先，本案有别于典型的涉外定牌加工。振宇公司接受伊萨克莫里斯有限公司委托，生产并出口的服装上贴附的"PEAK SEASON"标识与伊萨克莫里斯有限公司在美国注册的"PEAK SEASON"商标虽然文字相同，但两者相比较，在样式和字体大小上均有变化，且明显突出"PEAK"，从而使"PEAK"成为该标识的主要识别部分，与泉州匹克公司的注册商标构成近似，从视觉效果上易使相关公众产生混淆。其次，国内消费者通过"亚马逊中国"官方网站可以搜索在美国市场的商品并进行网购，"亚马逊"上传的照片可以放大从而较为清晰地看到商品标识，即便出口商品不在境内销售，也难以避免通过各类电子商务网站使国内消费者得以接触到已出口至境外的商品及其标识，必然涉及是否会造成相关公众混淆和误认问题。最后,"PEAK"品牌在全世界范围内的知晓度自2005年起逐步提升,泉州匹克公司亦持续维护"PEAK"在国内外市场的影响力,故难以排除伊萨克莫里斯有限公司的主观故意。据此,二审法院认为,伊萨克莫里斯有限公司在相同商品上使用近似商标的行为构成对泉州匹克公司涉案商标专用权的侵害。基于"PEAK"商标的知名度,振宇公司未尽到谨慎的注意和审查义务,应就其帮助侵权行为,与伊萨克莫里斯有限公司承担连带责任。伊萨克莫里斯有限公司提出的反诉诉讼请求缺乏事实基础。因此,二审法院撤销原审判决,改判振宇公司、伊萨克莫里斯有限公司立即停止对泉州匹克公司注册商标专用权的侵害,伊萨克莫里斯有限公司赔偿泉州匹克公司合理开支2万元,振宇公司承担连带赔偿责任。

【法理分析】

近年来,理论界和实务界始终在积极探索和研究涉外定牌加工商标侵权问题,在各地亦存在不同结果的判决。具体到本案,双方当事人的争议焦点在于本案是否属于典型的涉外定牌加工,以及全部出口至境外的服装标识在国内市场上是否会起到识别商品来源作用。

本案虽然也涉及境外委托方委托境内加工方按照其所提供的商标进行服装加工,且所加工商品全部出口的行为,但有别于典型的涉外定牌加工,其区别主要体现在涉外定牌加工委托方向加工方提供的标识通常与其在境外注册的商标相同,而本案委托方提供的贴附标识与其在美国登记的商标在文字排列、样式和字体大小上均不同,突出使用部分却与权利人的国内商标极为近似。结合法院对权利人注册商标在国内外影响力的认定,难以排除境外委托方在选择并确定委托加工服装上所贴附标识样式时的主观故意。尽管商标权具有严格的地域性,在商标侵权案件中也需要考虑商标识别功能问题,但权利人在二审中补充提供的证据可以证明,在"亚马逊中国"网上能够直接购买显示由美国销售和发货的商品,且从网站公示的"亚马逊海外购使用条件"来看,中国消费者能够通过"亚马逊中国"网站向亚马逊海外实体进口商品。更为重要的是,伊萨克莫里斯有限公司确认其"在美国是'亚马逊'的客户,可能将从中国等地加工的服装卖给'亚马逊',由'亚马逊'进行分销。"上述事实表明电子商务网站为国内消费者提供了得以接触到已出口至境外的商品及其标识的渠道,伊萨克莫里斯有限公司的确认亦表明涉案服装出口后有返销回中国市场的可能，鉴于被控侵权标识突出使用部分与泉州匹克公司的注册商标极为近似，不可避免地易使国内消费者对在"亚马逊中国"网站上搜索到并准备购买的服装来源产生误认或认为其来源与泉州匹克公司注册商标的商品有特定联系，此种情况下不能再以非商标法意义上的商标使用为由认定境外委托方和国内加工企业的行为不构成侵权。

本案同时还涉及反诉应否受理问题，从反诉的定义和目的来分析，本案反诉涉及对当事人提起诉讼主观上是否存在恶意的审查判断问题，故即便一审本诉诉讼请求未获得支持，提起本诉一方也未必当然可以被认定为滥用诉权，当事人应以"因恶意提起知识产权诉讼损害责任纠纷"案由在一审本诉案件审结生效后另行起诉，在此类案件中不宜作为反诉一并审理。

【法官点评】

本案涉及接受境外企业委托加工所涉商标侵权行为构成与否的认定。《商标法》第48条规定了商标的使用，是指将商标用于商品、商品包装或者容器以及商品交易文书上，或者将商标用于广告宣传、展览以及其他商业活动中，用于识别商品来源的行为。这个概念明确了商标使用是以识别商品来源为目的将商标用于商业活动的行为。本案双方当事人争议的焦点也在于振宇公司按照伊萨克莫里斯有限公司要求加工服装并出口是否属于典型的涉外定牌加工，以及全部出口至境外的服装标识在国内市场上是否会起到识别商品来源作用的问题。对此，二审法院并没有仅从是否系商标法意义上的商标使用角度进行判断，而是根据实际案情进行了具体分析与判定，主要考虑的因素包括被控侵权标识与境外商标是否相同、与国内商标的近似程度、国内商标的知名度、当事人的主观过错等。同时，由于互联网经济带动网上贸易跨越了国界，使国内消费者可能会接触到在境外销售的商品及其标识，故在此类案件中不能一概认为被控侵权标识在国内市场无法发挥识别商品来源功能。而基于国内商标在境内外的知名度，作为受托加工方，对于境外委托方要求贴附在加工商品上的标识与境外商标的一致性应尽到更为审慎的注意义务。

（撰稿人：上海知识产权法院　刘　静）

"大别山"商标侵权纠纷案*
——双重含义商标的保护问题

【裁判要旨】

本案明确了属于商标描述性使用的必要条件：①使用行为属于善意和合理；②使用行为的必要性；③使用行为不会导致混淆误认；④不属于相同商标在相同类别的标识性使用。

【案情介绍】

上诉人（原审原告）：陈某

被上诉人（原审被告）：上海市浦东新区浦兴街道川徽苑饮食服务社（下称川徽苑）

陈某系核定使用在餐厅等服务类别的"大别山"商标专有权人。川徽苑系店招为"大别山土菜"的餐厅经营者。陈某认为川徽苑的上述行为侵害了其商标专用权，故诉至一审法院，要求川徽苑停止侵权、赔偿损失并消除影响。一审法院认为，"大别山"系地理名称，在涉案商标尚未获得显著性时，不得阻止他人对"大别山"地名的正当使用，故认为川徽苑的行为不构成商标侵权。

二审法院认为，首先，"大别山"确系地理名称，根据《商标法》规定，陈某作为涉案商标的专用权人，并不具有禁止他人正当使用大别山这一地理名称的权利。但川徽苑将"大别山土菜"作为涉案店铺的店招单独使用等行为，已经在形式上将"大别山土菜"等与其介绍的菜式、原材料来源于大别山或与大别山有关的内容相分离，而产生了标识性的作用，不属于对涉案商标的合理使用，故川徽苑的上述行为侵害了陈某的涉案商标专用权，川徽苑

---

* 一审案号：（2016）沪0115民初72118号；二审案号：（2017）沪73民终94号。

应当依法承担相应的民事责任。其次,"大别山"既存在地理名称、位置、历史人文等内容的第一含义,亦存在承载涉案商标商誉的第二含义。正是基于"大别山"作为地理名称等的高知名度,相关公众对于川徽苑使用"大别山土菜"等行为,仍会产生川徽苑提供的菜式、原材料等来源于大别山或与大别山有关的认知,而这种认知显然基于相关公众对"大别山"第一含义即地理名称、位置、历史人文等内容的感知,而非对"大别山"第二含义即涉案商标商誉的感知。因此,川徽苑使用"大别山土菜"等行为,虽然侵害了陈某的涉案商标专用权,但尚不属于对涉案商标商誉的使用,也未损害涉案商标就其商誉所享有的经济利益。故对陈某要求川徽苑承担赔偿经济损失的诉讼主张,不予支持。综上,二审法院撤销一审判决,改判川徽苑停止侵权并承担陈某所支出的本案合理开支。

【法理分析】

(一) 关于地理商标合理使用的判断标准

本案中的"大别山"确系地理名称,因此,根据《商标法》第59条的规定,涉案商标的专用权人,并不具有禁止他人正当使用大别山这一地理名称的权利。但是商标合理使用应当符合下列条件:①使用行为是善意和合理的,并未将他人商标标识作为自己商品或服务的标识使用;②使用行为是必要的,仅是在说明或者描述自己经营的商品等必要范围内使用;③使用行为不会使相关公众产生任何混淆和误认。

本案中,首先,川徽苑系在其餐饮店中分别在店招上使用了"大别山土菜",在点菜簿封面等处使用了"大别山农庄"、在墙上菜品介绍中标示了"大别山精品农家菜"。其中,"土菜""农庄""精品农家菜"无论是基于一般理解还是川徽苑饮食服务社对涉案店铺的实际经营情况,均指向川徽苑提供的餐饮服务,因此,川徽苑的上述"大别山土菜""大别山农庄""大别山精品农家菜"采用的是"大别山+餐饮服务"的使用方式,而"餐饮服务"显然与涉案商标核定使用的餐厅、饭店等服务范围相一致。鉴于"大别山"已被陈某注册为涉案商标,因此,"大别山+餐饮服务"的使用方式,不仅会产生所经营的餐饮与"大别山"有关的含义,同样会产生指示提供餐饮服务来源的标识性作用。而上述指示提供餐饮服务来源的标识性作用,显然属于在涉案商标核定使用的餐厅、饭店等服务范围内使用涉案商标标识"大别山",而在餐厅、饭店等服务范围内使用"大别山"标识,系专属于陈某享有的涉案商标专用权并受商标法所保护。

其次,就川徽苑实际使用"大别山土菜""大别山农庄""大别山精品农家菜"的情况而言,川徽苑是将"大别山土菜"作为涉案店铺的店招单独使用的,其字体明显大于位于下方的"川、徽、苑"三个文字,"大别山农庄"则单独使用在点菜簿封面及首页标题上,"大别山精品农家菜"则单独使用于菜品介绍资料的标题。故川徽苑对于"大别山土菜""大别山农庄""大别山精品农家菜"的上述实际使用情况,已经将"大别山土菜""大别山农庄""大别山精品农家菜"与其介绍的菜式、原材料来源于大别山或与大别山有关的内容相分离,超出了说明或者描述性使用自己经营商品特色,是与"大别山"有关的范围,而产生了标识性的作用。因此,川徽苑就"大别山土菜""大别山农庄""大别山精品农家菜"的使用,显然不属于对涉案商标的合理使用。

(二)商标侵权责任中赔偿损失的判定标准

《商标法》第63条规定:"侵犯商标专用权的赔偿数额,按照权利人因被侵权所受到的实际损失确定;实际损失难以确定的,可以按照侵权人因侵权所获得的利益确定;权利人的损失或者侵权人获得的利益难以确定的,参照该商标许可使用费的倍数合理确定。"《商标法》的上述规定表明,本案中川徽苑就其上述侵害陈某涉案商标权的行为应否承担赔偿陈某经济损失的民事责任,应当以是否造成陈某的实际损失以及川徽苑是否存在侵权获得的利益作为判断的依据。本案中,就"大别山"这一词汇而言,存在双重含义。一方面"大别山"属于地理名称,是位于我国安徽省、湖北省、河南省交界处的长江和黄河分水岭,因"刘邓大军挺进大别山"的事迹而久负盛名。另一方面陈某将"大别山"注册为涉案商标。因此,本案中"大别山"既存在地理名称、地理位置、历史人文等内容的第一含义,亦存在承载涉案商标商誉的第二含义。但是,就陈某在本案中提供的现有证据而言,仅能证明其确实在安徽境内的个别餐厅、饭店等服务范围内使用了涉案商标"大别山",但尚不足以证明涉案商标"大别山"已经在地理名称之外形成了固定的、独立的可以为相关公众所认知、识别的商誉。正是基于"大别山"作为地理名称的高知名度，相关公众对于川徽苑使用"大别山土菜""大别山农庄""大别山精品农家菜"的行为，仍会产生川徽苑饮食服务社提供的菜式、原材料等来源于大别山或与大别山有关的认知，而这种认知显然基于相关公众对于本案中"大别山"第一含义即地理名称、地理位置、历史人文等内容的感知，而非对本案中"大别山"第二含义即涉案商标商誉的感知。因此，川徽苑饮食服务社使用"大别山土菜""大别山农庄""大别山精品农家菜"的行为，虽然侵害了陈某对涉案商标所享有的专用权，但其上述对"大别山"的使用，尚难以认定为对涉案商标商誉的使用，也难以认定上述使用行为已经损害涉案商标就其商誉所享有的经济利益。川徽苑的涉案侵权行为尚未产生涉案商标商誉受损并导致涉案商标市场份额减少和权利人经济损失或者川徽苑获得不当利益的结果。

【法官点评】

本案涉及具有双重含义商标的保护问题。一方面，我国商标法采用注册制，因此在商标注册后，即使存在双重含义的商标，仍要给予权利人将商标标识性地使用在核定类别上并排除他人使用的权利，无论该商标是否已实际取得商誉；另一方面，又鉴于具有双重含义商标的特殊性，在商标商誉（第二含义）尚未被相关公众所认知、识别，而标识本身内涵（第一含义）已为相关公众所熟知时，相关公众对该商标的认知仍属于对其"第一含义"的认知，他人的使用并不会对权利人所享有的商标商誉产生损害和攀附，因此法院在认定侵权的前提下，否定了权利人损害赔偿的诉讼主张。

本案的亮点在于利用民法以及商标法的原理，在侵权成立时，并不径行判定侵权人赔偿损失，而是基于商标权的经济价值在于其商誉这一基点，分析了他人使用行为并未损害、攀附商标权人的商标商誉，得出了行为人不承担损害赔偿责任这一结果，既充分给予商标权人在权利范围内的使用和排他空间让其通过使用建立商标商誉，又肯定了他人在非商标识别范围内对标识本身含义的正当使用权利。

（撰稿人：上海知识产权法院　刘　名）

"TORCH" 商标侵权纠纷案[*]

——出口商品的商标在先使用判定

【裁判要旨】

出口商品的终端用户虽在中国境外，但商标在中国境内商品流通过程中发挥了识别商品来源的作用，并在相关公众中具有一定知名度，可以认定为已经使用的有一定影响商标。关联企业可以享有商标在先使用抗辩权，对抗在后注册商标权人。关联公司在相同商品上使用商标行为，属于在原有范围内的使用。

【案情介绍】

上诉人（原审原告）：浙江鼎丰贸易有限公司（下称浙江鼎丰公司）

被上诉人（原审被告）：安徽亮亮电子科技有限公司（下称安徽亮亮公司）

杭州亮亮电子照明电器有限公司（下称杭州亮亮公司）成立于2002年12月30日，股东为汪祖平等。安徽亮亮公司成立于2011年10月10日，股东为杭州亮亮公司及汪祖平等。两公司法定代表人均为汪祖平，经营范围均为LED节能灯生产等。自2006年9月起，杭州亮亮公司使用"TORCH"商标。自2007年起，杭州亮亮公司系临安市的龙头企业，生产的节能灯品牌"TORCH"荣获杭州市出口品牌。安徽亮亮公司成立后，杭州亮亮公司授权安徽亮亮公司在其生产的节能灯产品上使用"T◎RCH"商标。安徽亮亮公司的产品均用于出口。

浙江鼎丰公司成立于2007年4月，系第7909575号"TORCH"注册商标权利人。该商标于2009年12月申请注册，2011年12月14日获准注册，

---

[*] 一审案号：(2014) 浦民三（知）初字第1093号；二审案号：(2016) 沪73民终104号。

核定使用商品为第 11 类电灯、灯、白炽灯、日光灯管等。2011 年 4 月至 2013 年 10 月期间,浙江鼎丰公司在记载货物品时标注为"TORCH"节能灯。

2014 年 7 月,上海海关发现安徽亮亮公司申报出口阿联酋的节能灯上标有近似"TORCH"的"T◎RCH"标识,根据浙江鼎丰公司的申请将上述货物予以扣留。后浙江鼎丰公司以安徽亮亮公司侵害其"TORCH"注册商标专用权为由,向法院提起诉讼,要求停止侵权、赔偿损失。

上海市浦东新区人民法院经审理认为:涉案"T◎RCH"商标与浙江鼎丰公司的"TORCH"注册商标差异不显著,易造成消费者混淆,故构成商标近似。现有证据足以证明安徽亮亮公司的股东杭州亮亮公司在 2006 年后就使用"TORCH"和"T◎RCH"标识,在浙江鼎丰公司申请注册"TORCH"商标前,杭州亮亮公司的"TORCH"品牌节能灯在同行业中已经具有一定的影响力,杭州亮亮公司对涉案标识享有在先权利。而杭州亮亮公司是安徽亮亮公司的股东,安徽亮亮公司经其许可在节能灯上继续使用涉案商标,属于在原范围使用,故根据《商标法》第 59 条第 3 款规定,浙江鼎丰公司无权禁止安徽亮亮公司在原使用范围内继续使用涉案商标。法院据此判决驳回浙江鼎丰公司的诉讼请求。

一审判决后,浙江鼎丰公司提起上诉,向上海知识产权法院提起上诉。

二审法院判决驳回上诉,维持原判。

【法理分析】

(一) 出口商品的商标在先使用判定

未注册商标受法律保护,但受保护的前提必须是已实际具有识别作用,而不仅是具有识别商品或者服务来源的显著性和可能性。[①] 未注册商标在先使用的构成要件为:对未注册商标的使用必须是在他人申请注册商标前的使用;该使用必须是在中国境内的商标意义上的使用。安徽亮亮公司在本案中提交的在先使用涉案商标的证据使用时间确在浙江鼎丰公司注册商标申请日前,但由于所涉商品均出口至国外,商品的终端用户均在国外,那么出口商品上的使用行为是否属于商标意义上的使用?《商标法》第 48 条规定商标使

---

① 孔祥俊:《商标法适用的基本问题》,中国法制出版社 2012 年 9 月第 1 版,第 123 页。

用行为为将商标用于商品、商品包装或者容器以及商品交易文书上，或者将商标用于广告宣传、展览及其他商业活动中，用于识别商品来源的行为。据此，商标意义上的使用行为是指能够实现商标识别功能的行为，未进入商品流通环节的商标使用行为，不属于商标意义的使用行为。本案所涉商品虽出口境外，但向进口商销售出口商品的行为是发生在中国境内的，出口商通过发货、报关、运输等完成向进口商的销售，而涉及销售的相应凭证上及商品上均有涉案商标。同时，进口商在选择中国出口产品时，亦是通过商标来识别商品来源，并选择最终的交易对象。因此，涉案商标随着涉案商品的出口，在中国境内发挥了识别商品来源的作用，涉案商标在先使用成立。需要指出的是，出口商品行为与定牌加工行为存在实质差异，出口商品上商标所有人为国内企业，国外进口商在选择出口商品时，商标起到区分商品来源的作用。而定牌加工是委托加工的行为，商品贴附的商标是境外委托人所有，不必然产生识别商品来源的作用。

（二）关联企业可否行使商标在先使用抗辩权

由于我国实行的是商标注册制，对在先使用商标的主体范围应当予以一定的限制，以保护商标注册人的利益。一般而言，对在先未注册商标的使用人应限于先使用人己身以及在先已获得商标授权许可的被许可使用人。但商标先用人的业务继受人也可以享有商标的先用权。本案中，安徽亮亮公司与杭州亮亮公司并非一般的商标授权许可使用关系，杭州亮亮公司是安徽亮亮公司的股东之一，两公司的法定代表人为同一人且为两公司的共同股东，两公司存在的关联关系、两公司存在商标许可使用关系以及相关业务的承继关系，因此，安徽亮亮公司可以成为在先使用抗辩的主体。

（三）在先使用商标原使用范围的判定

在先使用抗辩中，商标专用权人无权禁止的是在先使用人在原使用范围内的使用行为，那么，如何界定原使用范围？由于《商标法》第59条第3款未就使用范围内涵作出规定，使得原使用范围界定存在一定争议，是仅涵盖商品范围还是须延伸到地域范围、生产经营规模等。

商标的基本功能是识别功能，商标法对注册商标核定商品使用范围的规定、近似商标及类似商品的界定、混淆可能性的判断等都是以商标识别功能为基石的，故使用商品范围确定为原使用范围，符合商标法的立法本意。《商标法》对于注册商标"撤三"的规定，对于三年未使用注册商标的侵权赔偿的限制，说明商标法鼓励对商标的实际使用，而限制未注册商标的使用地域或规模，不利于促进商标的使用，不利于保护未注册商标所承载的商誉，亦会导致在先使用人无法在竞争市场生存。同时电商的发展和网络购物的兴起，使得地域概念日益模糊，难以界定地域空间。《商标法》第59条第3款亦明确了可要求在先未注册商标使用人附加适当区分标识，其目的亦在于解决区分商品来源的问题，亦产生了商标共存的结果。因此，在先使用商标的原使用范围应界定为原商品使用范围。基于安徽亮亮公司是在杭州亮亮公司的原商品使用范围内使用涉案商标，因此，认定其属于在原使用范围内使用商标，符合法律规定。

【法官点评】

本案裁判不仅对《商标法》第59条第3款适用作了全面的诠释，还区分了出口商品的商标使用和定牌加工的商标使用的问题。首先，对《商标法》第59条第3款未明确的使用人的范围、在先商标的原使用范围作了界定。其次，明确虽然出口商品的最终消费者在境外，但只要出口商品的商标在中国境内进行了流通，发挥了商标的识别功能，就属于商标法意义上的商标使用行为，厘清了与定牌加工商品的商标使用的区别。再次，明确出口商品的商标只要为出口企业、同类企业的相关公众所知悉，就可以认定为具有一定影响。最后，本案判决对行使商标在先权利抗辩的同类案件以及涉及出口商品的商标使用判定问题的案件具有一定参考价值。

（撰稿人：上海知识产权法院　杨　韡）

"坦克"商标确认不侵权纠纷案

——催告程序在确认不侵权之诉中的判断

【裁判要旨】

书面催告权利人行使诉权是提起确认不侵害知识产权之诉的前置条件,在被警告人未履行催告义务的情况下,若有情形表明在确认不侵权之诉受理时权利人无撤回侵权警告的意思表示又怠于诉讼,从而使侵权与否处于不确定状态的,则可视为被警告人未丧失确认不侵权之诉的诉权。

【案情介绍】

上诉人(原审被告):王某某

被上诉人(原审原告):上海和汇安全用品有限公司(下称和汇公司)

涉案第7071430号"tanke""坦克"组合商标由案外人杨某某于2008年11月24日申请,2010年8月王某某受让了在申请注册中的商标,2010年11月该商标被核准注册,核定使用商品为第9类安全头盔等。2014年10月11日,王某某委托律师向和汇公司发函指出和汇公司使用"坦克"的产品宣传行为构成侵权。同月,"淘宝网"接到法定代表人为杨某某的上海威爽贸易有限公司有关和汇公司侵犯王某某商标权的投诉后,将和汇公司网上销售的头盔产品信息予以删除。和汇公司于2015年6月向一审法院提起诉讼,请求确认其在头盔产品等产品的销售、广告宣传及产品包装装潢上使用中文"坦克"不侵犯王某某享有的第7071430号注册商标专用权。王某某在一审审理过程中针对和汇公司要求确认不侵权的行为另案提起侵害商标权纠纷之诉,本案一审判决前又申请撤回起诉。

和汇公司于2014年8月25日曾对第7071430号商标向国家工商行政管

---

* 一审案号:(2015)黄浦民三(知)初字第75号;二审案号:(2016)沪73民终207号。

理总局商标评审委员会提出无效宣告请求，该委于2015年11月作出裁定，认为王某某在安全头盔等五项商品上注册争议商标构成对他人在先使用并有一定影响商标的抢注，裁定争议商标在安全头盔等五项商品上予以无效宣告。针对该裁定，王某某向北京知识产权法院提起行政诉讼，本案二审判决前，行政案件尚在审理中。

王某某一审答辩和二审上诉所提理由之一为：和汇公司没有书面催告王某某行使诉权，和汇公司启动不侵权之诉不具备法定条件。

上海市黄浦区人民法院一审认为，王某某在发出警告后的合理期限内未撤回警告，也未提起过相关商标侵权诉讼，致使和汇公司行为是否构成商标侵权处于不确定状态，和汇公司提起确认不侵权诉讼符合相关法律规定，鉴于和汇公司提供的证据可以证明在涉案商标申请注册前，中文"坦克"对应于"tanked"的使用已经形成并已基本固定，中文"坦克"在这对应使用中也由此产生了一定的影响力，故王某某无权禁止和汇公司在原有范围内的使用。因此，判决确认和汇公司对其头盔产品在我国境内的业务合同和宣传推广上使用"坦克"不侵害王某某享有的第7071430号注册商标专用权。

上海知识产权法院二审认为，王某某不仅委托律师向和汇公司发出警告函，"淘宝网"也于同月收到了有关投诉，该网站因此将涉嫌侵权商品信息予以删除，和汇公司在收到警告且其被控侵权商品网上销售受到实际影响长达近8个月之后，才向一审法院提起本案诉讼。王某某虽然向一审法院提出和汇公司没有进行书面催告的答辩意见，但其在一审审理过程中以和汇公司为被告另案提起侵权之诉的行为，说明其并无撤回侵权警告的意思表示，此后王某某又申请撤回侵权之诉的行为，使和汇公司是否构成侵权仍处于不确定状态，在此情况下，一审法院继续审理本案并无不当。和汇公司对中文"坦克"的在先使用并积累了一定影响力系有证据证明的客观事实，一审法院判决确认和汇公司对其头盔产品在我国境内的业务合同和宣传推广上使用中文"坦克"不侵害王某某享有的第7071430号注册商标专用权，具有事实和法律依据。因此，判决驳回上诉，维持原判。

【法理分析】

确认不侵害知识产权纠纷是指行为人受到了来自特定知识产权权利人的

侵权警告，而权利人并未在合理期限内依照法定程序请求人民法院解决有关争议之影响，行为人以该知识产权权利人为被告提起的，请求确认其有关行为不侵犯该知识产权的诉讼。主要包括确认不侵害专利权纠纷、确认不侵害商标权纠纷和确认不侵害著作权纠纷。

本案涉及确认不侵权之诉的受理条件问题。对于该类纠纷的起诉或受理条件，迄今为止仅在《专利法司法解释（一）》第18条作了明确且严格的限定："权利人向他人发出侵犯专利权的警告，被警告人或者利害关系人经书面催告权利人行使诉权，自权利人收到该书面催告之日起一个月内或者自书面催告发出之日起二个月内，权利人不撤回警告也不提起诉讼，被警告人或者利害关系人向人民法院提起请求确认其行为不侵犯专利权的诉讼的，人民法院应当受理。"最高人民法院（2011）民提字第48号民事裁定书的裁定理由中明确上述司法解释规定的原则，应适用于涉及其他类型知识产权所提起的确认不侵权之诉。从该规定来看，提起确认不侵权之诉应履行事先书面催告权利人行使诉权的程序，该程序的设定，是为了防止被警告人随意提起确认不侵权之诉，尽可能引导当事人通过侵权诉讼解决争议，在通过书面催告方式确定权利人在合理期限内不启动纠纷解决程序时，才赋予被警告人提起确认不侵权之诉的诉权。

本案中，被警告人在提起确认不侵权之诉前并未书面催告权利人行使诉权。一审法院以权利人在发出警告后的合理期限内未撤回警告，也未提起过相关商标侵权诉讼，致被警告人行为是否构成商标侵权处于不确定状态为由，认定王某某有关和汇公司起诉不符合法定条件的辩称意见不成立，然而该判决理由并未就法定受理条件中催告程序的缺失是否影响案件的受理作出回应。二审法院充分注意到王某某针对受理条件中的催告程序所提出的异议，也关注到和汇公司在收到警告函后近8个月才提起诉讼，从该期间来看，王某某委托律师向和汇公司发出警告后，并未积极通过侵权诉讼寻求争议的解决，存在怠于诉讼之嫌，但王某某在和汇公司提起确认不侵权之诉时，是否还坚持其对和汇公司发出的侵权警告尚难作出判断。二审法院遂围绕确认不侵权之诉受理条件规定的立法本意，综合多方面因素认定在本案中被警告人未履行催告义务不影响一审法院对案件的继续审理与判决，相关因素包括被警告人在"淘宝网"上的销售受到实质影响长达数月、权利人应诉后另案提起侵权之诉说明无撤回侵权警告的意思表示、权利人在本案尚未审结前申请撤回侵权之诉的行为使被警告人是否构成侵权处于不确定状态。

【法官点评】

　　本案涉及确认不侵权之诉受理条件的把握问题。"被警告人或者利害关系人经书面催告权利人行使诉权"是法院受理专利类确认不侵权之诉的法定条件之一，在涉商标类案件中亦应参照适用。本案被警告人提起确认不侵权之诉前并未向权利人发催告函，但并不当然丧失诉权。二审法院从被警告人收到警告至提起诉讼的周期及所受到实际影响、权利人提起侵权之诉后又申请撤诉的时间节点和行为表示，综合判断权利人有关被警告人的起诉缺少催告程序的主张不能成立。本案较好地运用了确认不侵权之诉受理法定条件的规则，保证了当事人之间的利益平衡，对于同类案件具有一定的示范意义。

　　本案同时涉及在先善意使用有一定影响商标的判断问题。和汇公司作为在先权利人以与其英文注册商标的主要部分对应使用的未注册中文标识已在向其发送警告的权利人注册商标申请前具有一定影响力为由，主张不侵害涉案注册商标权人享有的商标专用权。法院通过对和汇公司中英文标识对应使用情况的分析，认定上述确认不侵权之诉的理由成立。在此情况下，法院认为不必等待行政诉讼程序中对注册商标有效与否的判断，故对王某某要求本案中止诉讼的申请未予准许。本案有效保护了已在市场上具有一定知名度但未注册的商标当事人的权益，充分发挥了司法保障营商环境建设的职能作用，且对于司法实践中如何处理好知识产权民事程序和行政程序的关系具有一定的指导作用。

（撰稿人：上海知识产权法院　刘　静）

"大润发"商标侵权纠纷案[*]

——注册商标和企业名称之间冲突问题的解决

【裁判要旨】

本案裁判明确,在处理注册商标和企业名称之间的冲突问题时,需要结合被诉侵权行为的性质和特点,衡量采用停止侵权民事责任方式后能否实现停止侵害的目的,从而确定对企业名称是否停止使用。在确定赔偿时,如果无法计算赔偿数额进而无法适用惩罚性赔偿条款时,可以考虑侵权人的主观恶意,适度增加法定赔偿数额,以实现对惩罚性赔偿的补充适用。

【案情介绍】

上诉人(原审被告):大润发投资有限公司(下称大润发公司)

被上诉人(原审原告):康成投资(中国)有限公司(下称康成公司)

2013年11月,康成公司受让取得"大润发"商标,核定服务项目第35类货物展出、推销(替他人)等,并先后开设了318家大型"大润发"超市,多年来在外资连锁企业中名列前茅。2015年1月,"大润发"商标被上海市工商行政管理局评为上海市著名商标,类别35类,认定商品或服务:推销(替他人)。

2014年10月,大润发公司成立,经营范围日用百货等销售,并成立沥林等分公司,正筹备多处特许加盟店。2015年8月,其与案外人签订《大润发特许协议》,许可后者使用大润发公司的店铺字号、服务标识等。在大润发公司网页上存在"大润发企业"字样,显示商场图片的正上方存在被控侵权标识一"大润发"。公司简介称:目前在江西省十余城市内开设分店,总营业面积达四十多万平方米。此外,在沥林等分店收据、

---

[*] 一审案号:(2015)沪知民初字第731号;二审案号:(2016)沪民终409号。

购物袋上显示有"大润发投资有限公司"等字样或者突出使用了被控侵权标识二"　"或被控侵权标识一"　"。大润发公司曾因宣称时突出使用"大润发"字样，被赣州市工商行政管理局和广州开发区市场监督管理局处以罚款。

2015年康成公司以大润发公司侵害注册商标专用权和不正当竞争为由，要求法院判令其停止侵权并支付500万元的惩罚性赔偿。一审法院判决大润发公司赔偿康成公司包括合理费用在内的经济损失300万元。一审判决后，大润发公司不服，提起上诉。

二审法院同意一审判决相关理由，驳回上诉，维持原判。

【法理分析】

（一）对企业名称如何适用停止侵权责任

虽然注册商标与企业名称中的字号均可作为商业标识，但两者却有不同的功能分工和权利边界。商标具有在其注册类别上全国范围内的强排他性，而企业名称经各地行政部门审批，其中的字号可以在特定行政区划内和指定行业内进行使用，当该字号的使用超出合理使用的范畴构成商标性使用的时候，两者之间就可能产生冲突。针对注册商标与企业名称冲突纠纷，法院在遵循保护在先权利和诚实信用、维护公平竞争原则的基础上，应区分不同情形依法处理，即根据当事人的诉请、具体案情以及适用后的效果，确定是停止使用还是规范使用企业名称。① 具体而言，分以下三种情形处理：①当企业名称的注册使用行为本身违法，即不正当地将他人具有较高知名度的在先注册商标作为字号注册登记为企业名称，无论突出使用或规范使用均难以避免产生市场混淆的，按照不正当竞争行为处理，并根据当事人的请求判决停止使用或者变更企业名称。②若被诉企业名称注册时并无恶意，系因历史等原因导致企业名称注册在先，该市场主体突出使用字号已具有一定知名度、并形成与注册商标可以区分的标识效果，不会导致相关公众混淆的，不构成侵害商标权。此时出于保护注册商标、维护公平竞争市场秩序的考虑，法院

---

① 《最高人民法院关于审理注册商标、企业名称与在先权利冲突的民事纠纷案件若干问题的规定》第4条规定："被诉企业名称侵犯注册商标专用权或者构成不正当竞争的，人民法院可以根据原告的诉讼请求和案件具体情况，确定被告承担停止使用、规范使用等民事责任。"

允许其在特定范围内使用特定方式或附加标识等方法继续使用该字号，即对企业名称的使用方式和范围作出限制，便足以制止相应的侵权行为。① ③若善意市场主体不规范使用其在后注册的企业名称，但创设字号系出于历史因素，该注册行为本身不违法，但由于在相同或者类似商品上突出使用与他人注册商标相同或相近的字号，易使相关公众产生误认，给他人注册商标权造成损害，应按侵犯商标专用权行为处理，故可根据案情和诉请规范使用企业名称或停止突出使用行为。② 综上，对企业名称是否适用停止侵权的问题，如若有多种能够有效实现停止侵害目的的手段可以适用，应选择会对被诉侵权人的合法利益造成不利影响较小的手段③，或采取能维持现有市场格局的手段。

（二）如何理解法定赔偿兼具补偿与惩罚双重功能的问题

自2013年修订的《商标法》设立惩罚性赔偿制度以来，相关案例并不多见。在本案中，法院结合案情阐述了适用惩罚性赔偿的前提条件以及适用具有惩罚性功能法定赔偿的具体考量。适用惩罚性赔偿的前提条件为《商标法》第63条第1款规定："……对恶意侵犯商标专用权，情节严重的，可以在按照上述方法确定数额的一倍以上三倍以下确定赔偿数额……"规定了适用惩罚性赔偿的前提条件。其一，存在"恶意"主观要件，相较于补偿性赔偿，惩罚性赔偿更强调对侵权行为的惩罚和遏制。因此，惩罚性赔偿责任的主观要件较补偿性赔偿责任更为严格，即"恶意"不仅要求行为人主观上为故意，且有不良的主观目的。其二，造成"情节严重"的客观结果，法律对此虽没有具体规定，但法院可根据案件的客观情况，包括侵权行为的时间、次数、规模、范围和方式，商标权人利益的损失和侵权人的获利以及对于社会产生的负面影响，以及涉诉企业的注册资金、年销售额、销售规模等因素

---

① （2016）最高法民申1405号"浙江大光明眼镜有限公司诉合肥市大光明眼镜有限责任公司侵害商标权纠纷案"，判决未认定商标侵权，但为保护注册商标、维护公平竞争市场秩序，要求合肥市大光明眼镜有限责任公司今后使用"大光明"字号时附加地域标识，从而对商品来源有所区分。
② 最高人民法院知识产权审判庭：《最高人民法院知识产权审判案例指导（第三辑）》，中国法制出版社2011年版，第254~255页。
③ 最高人民法院知识产权审判庭：《最高人民法院知识产权审判案例指导（第六辑）》，中国法制出版社2014年版，第263~264页。

来判断。除前述两个适用前提条件外，惩罚性赔偿还有一个适用基础，即我国《商标法》第63条规定中的"可以在按照上述方法确定数额……"，即只能在确切计算出权利人损失、侵权人获利或商标许可使用费倍数的损害赔偿具体数额之基础上，才能得出惩罚性赔偿的具体数额，才可适用惩罚性赔偿。然而本案商标权人无法提供能计算出三种损害赔偿数额的相关证据，从而导致惩罚性赔偿在本案不存在适用之基础。但是侵权人的恶意侵害商标权和不正当竞争的行为明显符合前述适用惩罚性赔偿的前提条件，其行为后果严重并具有明显主观恶意，因此仅采用补偿性赔偿方式填平权利人的相应损失显然并不能起到惩罚并遏制此类侵权行为再次发生的作用。对于上述应适用惩罚性赔偿却无适用基础的情形，人民法院认为，法定赔偿的功能并不仅局限于补偿权利人损失，同时也可以兼顾一定的惩罚性功能。一是，法院在确定法定赔偿侵权赔偿金时已结合了侵权人的主观状态和侵权方式等因素，该些因素也是确定惩罚性赔偿时必须考量的，因此适用法定赔偿和惩罚性赔偿时均会考量侵权人的主观恶意程度。二是，由于实践中举证困难，法院适用法定赔偿确定判赔金额的比例较高。

【法官点评】

本案系同业经营者在明知他人商标知名度的情况下，将他人商标申请为企业名称并进行全方位的使用，具有攀附他人商誉的主观故意，容易造成相关消费者的混淆误认，攫取巨大的竞争优势，构成侵害商标权和不正当竞争的典型案件。在该类案件中，人民法院应结合侵权人的主观故意和权利商标的知名度，考虑企业名称使用是否能避免使相关消费者产生两家企业之间存在关联关系的误认之客观效果；若允许此种企业名称注册及使用行为的延续，是否会破坏诚实信用及公平有序的商业道德准则的适用之必要性；从而判定是否责令侵权人停止在企业名称中使用注册商标的文字。对于惩罚性赔偿，其适用应以存在能计算出惩罚性赔偿具体数额的损害赔偿具体数额为基础。如案情不能适用惩罚性赔偿，则在适用法定赔偿时，人民法院也可以充分考虑到侵权人具有明显攀附权利商标商誉的主观恶意等侵权情节，并基于商标法确立的损害赔偿制度应当坚持填补损失和惩罚侵权的双重目标，认为在酌定损害赔偿兜底方式的法定赔偿时，适当考虑侵权人的主观恶意程度，可以在确定赔偿数额时在法定赔偿幅度内就高选取损害赔偿数额。本案判决体现了司法裁判对重复侵权、故意侵权的恶意侵权人，除了要求其停止侵权外，还可根据具体案情酌定适当高于市场价值的损害赔偿，既符合新修订《商标法》进一步加大赔偿力度，遏制商标侵权发生之立法目的；又彰显人民法院致力于提供充分司法救济，创造公平竞争的营商氛围。

（撰稿人：上海市高级人民法院　曹闻佳）

"LIFO"商标侵权纠纷案

——注册商标中通用元素作为商标标识的
正当使用的举证要求

【裁判要旨】

注册商标中含有本商品的通用元素，他人使用该通用元素属于正当使用，不构成商标侵权。被诉侵权人抗辩称其使用的标识为本商品的通用元素，应当承担举证责任。如果没有举证或举证不能，人民法院在认定被告对诉争标识的使用为商标性使用的基础上，再认定其使用行为是否侵犯他人注册商标专用权。

【案情介绍】

上诉人（原审原告）：蔡某某

被上诉人（原审被告）：张某某

第10852229号"LIFO"商标为蔡某某于2012年5月2日申请注册；核定使用商品包括：内燃机火花塞、化油器等。蔡某某的产品包装上标识有"LIFO"商标和"MODEL：LIFO""ORIGINAL LIFO PARTS"字样。

张某某于2016年2月28日申请注册第15643322号"图形+AUTO SR"注册商标。张某某销售的化油器等产品外包装正面标识由上中下排列的三个部分构成：最上部分为其商标"图形+AUTO SR"；中间部分为"Model：LIFO"，其中"Model"与"LIFO"分为上下设置，"LIFO"的字体远大于"Model"的字体；最下部分为"QTY：1 SET ORIGINAL LIFO PARTS"字样，"QTY：1 SET"与"ORIGINAL LIFO PARTS"分上下两层设置，字体远小于"LIFO"的字体。蔡某某诉至法院，请求判令张某某立即停止侵犯其"LIFO"

---

* 一审案号：（2016）粤0114民初第4800号；二审案号：（2017）粤73民终520号。

商标的侵权行为并赔偿其经济损失1 290 385元。

广州市花都区人民法院认为，被控侵权的"LIFO"使用在化油器等商品上与原告注册商标核定使用的商品为同一种商品。被控侵权商品上的"LIFO"与注册商标"LIFO"在字母组合上完全一致，字形不同，从视觉上看构成近似。从被控侵权商品包装上的"LIFO"所起的作用和整体效果看，被控侵权商品上是将"LIFO"与"Model"组合用于产品包装上，"LIFO"与"Model"为一个整体，处于同一背景和同一画面上，"LIFO"未单独突出使用。根据生活常识，商品上使用文字"Model"是表示该商品的型号，被控侵权商品使用"Model：LIFO"，其含义应当为描述产品型号的功能，而并非作为商品的商标使用。相关公众不会将"Model：LIFO"割裂而仅对其中的某一词作出单独的理解，更不会将该标识误认为是产品的商标。故被告辩称"LIFO"作为产品型号描述的抗辩理由成立，据此判决驳回原告的全部诉讼请求。

蔡某某不服一审判决，向广州知识产权法院提起上诉。广州知识产权法院经审理认为，二审争议焦点为张某某在其产品包装上使用"LIFO"标识是否侵犯蔡某某的"LIFO"的注册商标专用权。将被诉侵权产品包装上的"LIFO"标识与涉案注册商标"LIFO"进行比对，二者在字母组合上完全一致，仅字形略有不同，从视觉上看构成近似。且张某某将"LIFO"标识置于产品外包装正面的正中位置。张某某在其产品外包装上对"LIFO"标识的使用方式和使用行为会让相关公众对产品来源产生混淆，侵犯蔡某某的商标专用权。

据此，二审法院酌情判决张某某赔偿蔡某某200 000元。

【法理分析】

本案判断被告使用的"LIFO"标识是否侵犯原告"LIFO"注册商标专用权，关键在于确定被告使用的"LIFO"标识是否为本商品的通用型号。

（一）他人对商标标识的正当使用不构成商标侵权

商标专用权的保护范围仅限于禁止他人将商标用于标识商品或服务来源的作用上，不能禁止他人进行非商标性使用。如果注册商标中含有本商品的通用元素，这些通用元素属于社会成员自由使用的公共资源，商标权人无权禁止他人正当使用。商标要素的正当使用本质上并非对他人注册商标的使用，而是对他人商标中所包含的公共领域中的描述性信息的使用。[①]《商标法》第59条第1款规定："注册商标中含有的本商品的通用名称、图形、型号，或者直接表示商品的质量、主要原料、功能、用途、重量、数量及其他特点，或者含有的地名，注册商标专用权人无权禁止他人正当使用。"正当使用"虽然使用了商标中的文字或图形，但并非用其指示商品或服务的特定来源，而是对商品或服务本身进行描述"[②]，既不会让消费者误认或混淆，也不会对商标构成淡化，不构成侵犯他人商标专用权。因此，在本案中，判断被告使用"LIFO"标识的行为是否侵犯原告的注册商标专用权，应当审查"LIFO"标识是否对本商品通用型号的描述。

（二）"LIFO"标识不是本商品的通用型号

何为本商品的通用型号，什么情形法院可以认定某个标识构成通用型号，这是司法实践中常遇到的疑难问题。《最高人民法院关于审理商标授权确权行政案件若干问题的意见》第7条明确商品的通用名称包括法定的和约定俗成的通用名称两种。本商品的通用型号也可以参照通用名称的认定方法来认定，即产品通用型号包括法定的通用型号和约定俗成的通用型号。法律法规或者国家有关机关或行业协会制定的国家标准、行业标准中对产品的型号进行了明确规定的，应当认定该标识为本商品法定的通用型号。相关公众或者相关行业普遍认为某一型号能够指代某一类产品的，应当认定该型号为约定俗成的通用型号。

按照我国民事诉讼法规定的举证规则，权利人主张他人使用标识的行为侵害其注册商标专用权，被诉侵权人抗辩其使用的标识为本商品的通用型号，其使用行为属于正当使用，应当对该抗辩主张承担举证责任。如果主张该标识是法定的通用型号，当事人应当提供相关的法律法规或国家标准、行业标准来证明。如果主张该标识是约定俗成的商品通用型号，也应当对此进行相应举证，且证明标准必须达到一定的程度。

本案被告主张其在产品包装上使用的"LIFO"标识是摩托车配件产品的

[①] 朗胜主编：《中华人民共和国商标法释义》，法律出版社2013年版，第113页。
[②] 王迁著：《知识产权法教程（第五版）》，中国人民大学出版社2016年版，第479页。

一个通用型号，应当承担举证责任。但被告仅主张其产品外包装上使用了"Model（型号或样式）：LIFO"该标识就是摩托车配件的通用产品型号，而没有对该"LIFO"标识属于本商品的通用型号进行充分举证，依法应当承担举证不能的后果。事实上，英语中没有"LIFO"这样一个单词。英文短句"Last in first out"的字义"后进先出"与涉案摩托车配件产品没有关系。被告为证明其抗辩主张而提交第7076895号注册商标，恰好证明"LIFO"是他人注册商标的一个组成部分，而不是摩托车配件商品的通用型号。

（三）被告使用"LIFO"标识构成商标侵权

在本案中，判断被告对"LIFO"标识的使用是否侵害原告的注册商标专用权，应当依据法律规定与诚实信用原则，既要考察被告使用标识的目的和主观意图，还要考察其对标识的使用方式及使用后果，具体可从以下几方面进行判定。（1）客观上被告突出使用了"LIFO"标识；（2）主观上被告使用"LIFO"标识不能认定为善意；（3）结果上被告使用"LIFO"标识容易造成相关公众混淆。

【法官点评】

在商标侵权诉讼中，被诉侵权人常常抗辩称其使用的标识为注册商标中的通用元素，属于商标标识的正当使用，不构成商标侵权，应当如何确定举证责任？理论上通常认为，民事诉讼中的举证责任具有双重含义，即行为意义上的举证责任和结果意义上的举证责任。依照我国《民事诉讼法》第64条规定以及相关民事诉讼法法理，在商标侵权诉讼中，当事人主张对他人注册商标标识的使用属于正当使用，举证责任具体分为以下两部分。

一是，按照"谁主张、谁举证"的民事诉讼举证规则，当权利人主张他人使用标识的行为侵害其注册商标专用权，被诉侵权人抗辩其使用的标识为本商品的通用元素，其使用行为属于正当使用，应当对该抗辩主张承担举证责任。

二是，被诉侵权人的举证应当达到何种证明标准。如果被诉侵权人主张该标识是商品的通用元素，应当提供相关的法律法规或国家标准、行业标准来证明。法律法规或者国家有关机关或行业协会制定的国家标准、行业标准中对产品的型号进行了明确规定的，应当认定该标识为本商品法定的通用型号。如果被告主张被诉标识是约定俗成的商品通用型号，也应当对此进行相应举证，且证明标准必须达到一定的程度。相关公众或者相关行业普遍认为某一型号能够指代某一类产品的，应当认定该型号为约定俗成的通用型号。在司法实践中，当事人未证明其使用的标识属于约定俗成的商品通用型号，并提供了相关专业工具书、词典等。这些专业工具书、辞典仅能作为认定该标识是否属于约定俗成的商品通用型号的参考，而不能简单作为认定事实的唯一依据，还需要结合其他证据综合作出认定。

在本案中，被告主张其在产品包装上使用的"LIFO"标识是摩托车配件产品的一个通用型号，应当承担举证责任。但其仅主张产品外包装上使用了"Model：LIFO"，该标识就是摩托车配件的通用产品型号，而没有对该"LIFO"标识属于本商品的通用型号进行进一步举证。而第7076895号注册商标能证明"LIFO"是他人注册商标中的一个组成部分，而不是摩托车配件商品的通用型号。因此，被告举证不足以证明"LIFO"标识为本商品通用型号，应承担举证不能的后果。

（撰稿人：广州知识产权法院　刘小鹏）

"BEKO"商标侵权及不正当竞争纠纷案[*]

——驰名商标的认定规则及酌赔数额的合理性

【裁判要旨】

驰名商标的认定须符合因需认定的前提。企业亏损与否不是认定商标驰名的必要考量因素。作为侵权抓手的英文企业名称,其产生和使用均没有合法性和正当性,应予禁止使用。

【案情介绍】

上诉人(原审原告):土耳其公司 ZER 中央服务商贸股份有限公司

被上诉人(原审被告):中山欧博尔电器有限公司(下称欧博尔公司)

ZER 公司是第 1301945、1323880、1361801、7022261、7022524 号"BEKO"商标注册人,除1323880外的4项商标核定商品类别为家电尤其厨房电器类商品。欧博尔公司未经授权注册了域名 www.obeko.cn 和 www.o-beko.com,并进行相关小家电商品交易的电子商务。欧博尔公司在网站上宣传冠以 O-BEKO 商标的家电产品并在网站显著位置使用"⊛-BEKO""O-BEKO""OBEKO"标识宣传、介绍其家电产品。欧博尔公司还将其未经登记注册的英文名称"Zhongshan City O-beko Electrical Appliances Co., Ltd."用于推广和销售其家电产品。ZER 公司认为其本案商标为驰名商标,欧博尔公司构成商标侵权及不正当竞争,据此请求判令欧博尔公司停止侵害 ZER 公司本案5项商标专用权、注销域名 o-beko.com 和 obeko.cn、立即停止商标侵权及不正当竞争行为并赔偿损失及合理费用100万元。

一审法院认为 ZER 公司的主营业务收入连续5年发生亏损,其提交的证

---

[*] 一审案号:(2014)穗中法知民初字第140号;二审案号:(2016)粤民终1954号。

据不能证明其在中国的市场份额以及在相关公众中享有较高的声誉和市场知名度,"BEKO"商标为驰名商标的依据不足。一审法院判决:①欧博尔公司于判决发生法律效力之日起,立即停止使用含有"obeko""o-beko"字样的域名;②欧博尔公司于判决发生法律效力之日起,立即停止侵害 ZER 公司第 1301945 号、第 1361801 号注册商标的行为,即欧博尔公司立即停止在其网站和产品上使用"☉-BEKO"标识;③欧博尔公司于判决生效之日起 10 日内,赔偿 ZER 公司经济损失 10 万元;驳回 ZER 公司的其他诉讼请求。

双方均不服上诉。广东法院认为:一审未予审查本案商标是否符合因需认定原则直接对商标是否驰名的事实进行认定不当。一审以使用 ZER 公司"BEKO"商标的企业连续 5 年处于亏损状态为不予认定商标驰名的理由错误。欧博尔公司是否侵权或者构成不正当竞争不以本案商标是否驰名为条件。ZER 公司本案商标足以保护其权利。欧博尔公司注册使用的域名和使用的"☉-BEKO""O-BEKO""OBEKO"标识侵害了 ZER 公司商标权,未经注册使用的英文企业名称构成不正当竞争。ZER 公司的维权开支近百万,根据欧博尔公司网站宣称的销售额,欧博尔公司获利也已经明显超过百万。故判决:①维持一审判决第一项,即欧博尔公司于本判决发生法律效力之日起立即停止使用含有"obeko""o-beko"字样的域名;②撤销一审判决"驳回原告其他诉讼请求"判项;③变更一审判决第二项为:欧博尔公司于本判决发生法律效力之日起,立即停止侵害 ZER 公司第 1301945 号、第 1361801 号注册商标专用权的行为,立即停止使用"☉-BEKO""O-BEKO""OBEKO"标识;④变更一审判决第三项为:欧博尔公司于本判决发生法律效力之日起 10 日内,赔偿 ZER 公司经济损失及合理维权费用 100 万元;⑤驳回 ZER 公司其他诉讼请求。

【法理分析】

(一)企业盈利是否为认定驰名商标的必要条件

驰名商标是在中国境内为相关公众广为知晓的商标。对于驰名商标的认定应遵循被动、因需、个案、事实认定原则。《最高人民法院关于审理涉及驰名商标保护的民事纠纷案件应用法律若干问题的解释》第 5 条对于当事人主张商标驰名的,应当提供的多种事实的证明有所规定。法院应当结合认定商标驰名的多项证据,客观、全面地进行审查。驰名商标既承载了商品的知名度,也承载了商品的美誉度,关系到商品的商誉和企业的声誉。一般而言,知名度美誉度越高的商品,盈利能力越强因而盈利越多。但是企业产品是否最终盈利,与企业的整体管理运营成本、经营策略、产品的性能定价是否适销对路、市场的调整波动等密切相关,与企业是否有驰名商标没有必然的联系。企业整体是亏损还是盈利不是认定驰名商标的必要因素。商标在中国境内为相关公众广为知晓且享有良好的市场声誉才是认定驰名商标的必要事实条件。只有企业的亏损直接关系到商标的知名度和产品声誉的情况下,才可以作为考量因素。但即使在此种情况下,亏损只是果而非因,不予认定为驰名商标的原因仍然不是企业亏损,而是基于商标的知名度和产品声誉不高的事实。

(二)英文企业名称产生的合法性和使用的正当性问题

企业名称是经营主体的名称,是所有该企业标志的集合和指向,是区分市场主体的直接标志,具有最直观明确的市场识别力,容易成为商业标记侵权的抓手和平台。企业名称的登记应当符合法律和行政法规的规定。根据《企业名称登记管理规定》第6条、第8条规定,企业只准使用一个名称……英文企业名称的产生,应当具备合法性,一要与中文名称相一致……只能使用一个英文名称。英文企业名称的使用应当具备正当性,一要符合诚实信用原则,不得恶意使用;二要避让他人合法的在先权利,不得损害他人的合法权利。

(三)酌赔数额的合理性问题

赔偿难一直是困扰知识产权审判的一大难题。究其原因在于知识产权尤其是商标价值的变动性和不确定性以及其对产品利润的贡献率难以确定,因而在侵权诉讼中往往难以实现损害的准确填平。司法实践中,大量赔偿只能适用法定赔偿,需要综合考量权利人和被诉侵权人方方面面的情况作出裁决。通常情况的大额赔偿,不仅有侵权产品实物,且有侵权产品的销售记录作为酌赔的支撑。但是,举证难始终是知识产权诉讼的难题,判赔数额并不必然建立在侵权产品实物及其销售的财务依据上,对于侵权情节和后果的考量应当是重点，如侵权行为的性质和涵盖权利类型，若侵权多维、侵权程度深、情节重，则同时主观过错也大；如侵害的是高知名度的商标或者创新程度高市场价值大的技术，或侵权时间长，则侵权危害大；若侵权获利丰厚，则侵权后果严重；若案件性质导致权利人维权成本高，则对合理的、必然的维权费用应予支持。侵权人产品的产销情况，包括其生产销售产品的类别、数量、价格、生产销售方式等，是其完全有能力举证证明的。侵权人网站中对外宣传的产品销售状况和销售数量是其面对市场和公众所作的自我陈述，应当是诚实、负责任的宣告，虽非诉讼中的自认，但系产生于当事人的直接证据，在没有相反证据推翻和明显不符合常理的情况下，应予以认定。合理费用的赔偿包括必然发生的合理的律师费用。对于诉讼周期长、牵涉面广、权利人举证责任重、提交的证据多、实际开支大的涉外案件，律师费是维权费用的大头，即使权利人未提交符合法律规定的律师费用的依据，也应予以适当考虑，以避免出现权利人赢了官司输大钱的裁判效果。

【法官点评】

　　本案是中央倡导"一带一路"国家战略后广东法院受理的第一起"一带一路"国家（土耳其）知识产权司法保护案例。外方商标流转及使用情况复杂，牵涉主体众多，举证困难、举证及维权成本高昂，本案在权利人对自己的损失举证不力，又未获取被诉侵权产品实物和被诉侵权产品的实际销售依据的情况下，主要依据被告侵权的网络证据，根据诚实信用原则、证据规则，运用裁量权，作出了全额支持权利人赔偿请求的改判。企业亏损与商标驰名是否存在因果关系？未登记的英文名称使用的适用法律界限在哪？赔偿是否必须取得产品实物和销售的情况？当事人必然发生的律师费用应否考虑？本案是厘清驰名商标认定规则、彰显"创新驱动发展"国家战略司法导向、破解知识产权赔偿难题的典型案例。二审遵循法律法规和司法解释的原则精神能动地行使司法裁量权，使程序正义与实质正义并行不悖，彰显了我国保护知识产权的坚强决心。本案对于彰显我国知识产权司法保护大国视野和平等姿态，展示我国良好的知识产权保护环境，推动"一带一路"建设具有重要意义。

（撰稿人：广东省高级人民法院　欧丽华）

"UGG" 商标侵权纠纷案*

——跨境电商代购中的商标侵权问题

【裁判要旨】

　　电商平台上专门从事跨境代购业务的代购者与传统代购者存在区别,并非单纯根据下单人的任意指示完成代购行为,而是其先发布可提供代购的商品信息,下单人根据其发布的信息进行下单确认。其有义务审查其预先提供的国外代购商品是否可能侵犯国内权利人的权利,其未尽审查义务,使得普通消费者对产品来源产生混淆,损害国内商标权人权利的,属于《商标法》第57条第7项所规定的侵犯商标注册人商标专用权的行为。

【案情介绍】

　　原告:德克斯户外用品有限公司(下称德克斯公司)
　　被告:胡某、浙江淘宝网络有限公司(下称淘宝公司)

　　原告德克斯公司在中国境内注册有第880518号"UGG"商标,核定使用商品为第25类(包括鞋)。被告胡某是掌柜名为"游泳的小蕊",淘宝店铺"小粉兔澳洲代购小店"的实际经营者。该店铺主要从事代购业务,主营包括雪地靴等澳洲商品代购。被告在淘宝网的代购类目项下发布涉案商品信息,并注明代购标识及"提供的系代购服务,不支持7天无理由退货"等,经原告代理人公证下单两款产品,被告在澳大利亚相应专柜购得涉案产品后自澳大利亚直邮给原告代理人,且报关也以原告代理人名义进行。因涉案两款产品中分别带有"UGG"标识,故原告主张被告销售的该五款产品均侵犯其涉案商标权,故诉至法院,请求判令胡某立即停止侵权并赔偿原告经济损失及合理费用合计人民币20万元,同时要求被告淘宝公司立即删除涉案淘宝

---

　　* 案号:(2016)浙0110民初16168号。

店铺内被控侵权信息。庭审中，因涉案商品链接已经不存在，德克斯公司放弃针对淘宝公司的诉请。被告胡某辩称，自己并不具有侵权故意，更不具有恶意，其没有囤积货物销售，而是根据指定前往购买，根据具体情境不同甚至不构成侵权主体；其并非专职从事商业活动；原告所诉金额远超出其承受能力，请法院结合胡某个体工商户的情况和家庭情况予以考虑；请求免于赔偿或轻微判罚。

法院经审理认为，胡某的行为属于《商标法》第57条第7项所规定的侵犯原告涉案商标专用权的行为，应承担赔偿损失的民事责任。原告主张法定赔偿，法院综合考量各种因素，判决被告胡某赔偿原告德克斯公司经济损失（含合理费用）3万元并驳回原告德克斯公司其他的诉讼请求。

【法理分析】

近年来，与跨境贸易有关的知识产权纠纷日益增多，本案即涉及跨境海外代购中的商标侵权问题。本案主要从跨境电商代购行为的性质、商标权的地域性、代购者应尽的义务等角度分析，认定涉案行为属于《商标法》第57条第7项所规定的侵犯原告涉案商标专用权的行为。

值得一提的是，无论是传统跨境代购还是跨境电商代购，均应符合"代购"的特征，即商品应由委托人指示或消费者下单后再行从境外购买。若"代购者"系购买境外商品后囤积于境内或境外，并发布相应商品信息供消费者选择购买，即提供所谓"现货"，则该种行为不属于代购行为，而与普通的网络销售行为无异。

（一）跨境电商代购商品是否侵权商品的判定

判断跨境海外代购商品是否构成商标侵权时要区分以下三种情形。

（1）在跨境电商代购商品上的商标在国内无商标权人，且与国内现有商标不构成近似商标，不会造成消费者混淆、误认的情形下，涉案商标在我国当然并不构成商标侵权。

（2）在跨境电商代购商品上的商标与国内已经获准注册的商标来源于同一权利人的情形下，涉及商标的平行进口问题。对于平行进口商品一般不认定为商标侵权行为，除非造成消费者对商品的生产、来源产生合理怀疑，从而对商标权人的认可度和信赖度降低，致使商标权人的利益受损，实行商标平行进口重大差异非法原则的认定标准。

(3) 在跨境电商代购商品上的商标与国内商标权人注册的商标并非同一权利人且构成相同或者近似商标的情形下。因商标具有地域属性，跨境电商代购商品在境外可能属于合法产品，但其一旦进入我国境内即应遵循我国法律，不得侵犯我国注册商标权利人的权利。如构成在相同或类似商品上使用相同或近似商标且易导致相关公众混淆，则应认定为侵犯国内商标权利人权利的侵权产品。

本案中，德克斯公司下单的涉案两款产品中分别带有"QUGG""UGG"标识，该些标识明显起到识别商品来源的作用，属于商标使用行为。而该标识中"UGG"部分突出醒目、显著，属于涉案标识中的主要识别部分，该部分与德克斯公司主张权利的商标完全相同，以相关公众的注意力为标准可判断极易产生混淆，因此属于近似商标。而涉案商标核定使用商品包括鞋，与被控侵权商品属于相同商品。德克斯公司确认涉案产品均非其生产或其授权公司生产。本案涉案商品系从澳大利亚代购，虽然涉案产品在澳大利亚境内并不属于侵害德克斯公司注册商标专用权的商品。但如前所述，由于商标权的地域性，涉案商品在购回我国境内时，应当遵守我国的法律，不得侵犯我国商标权人的权利。而德克斯公司在我国注册了涉案"UGG"商标，故涉案产品进入我国境内流通即属于未经德克斯公司许可在相同商品上使用近似商标且易造成混淆的侵权商品。

（二）跨境电商代购者法律责任的判定

跨境电商代购行为是代购者在网络上针对不特定的消费者发布代购信息，以吸取消费者的青睐。在消费者下单后，代购者按照消费者的指示在境外购买商品，并通过中国海关的验放进入中国境内，并且代购者出于降低成本的考虑会将订单积累到一定数量后统一采购配送至消费者。与传统的进口行为相比，其具有量小、频次高的特点。尽管跨境代购者并不具备进口的资质，但跨境海外代购行为直接导致了涉案商品从受保护的法域内进入到涉嫌侵权的法域进行销售，以此谋利，与典型的进口行为并无本质区别，应认定为准进口行为。有观点认为，代购者符合《知识产权海关保护条例》关于个人少量自用及非商业性质用途的进出境商品适用侵权豁免的规定。笔者认为，跨境海外代购不同于传统的人肉代购，系一种新型的经营行为或贸易行为，代购者以赚取差价为目的，显然不符合非商业性质用途的规定，且若对代购者的行为不加以规制，那么国外商品通过化整为零的方式进入我国境内，必然对我国商标权权利人的权利造成侵害。因此，应当赋予跨境海外代购者以准进口商的审查注意义务，由其审查其预先提供的国外代购商品是否可能侵犯国内权利人的权利。由于代购商品信息系跨境电商代购者预先收集，因此，其也有能力对其预先发布的代购商品信息是否可能侵犯国内权利人的权利进行审查与判断。同时，因代购商品的生产、销售行为均在境外完成，并不涉及侵权，如果允许代购者进行合法来源抗辩，则必然使国内商标权利人的权利无法得到救济。因此，代购者（准进口商）履行的系类似于生产商的查验义务，不应适用合法来源抗辩。

【法官点评】

在全球贸易背景下，随着跨境电商的飞速发展，跨境电商代购也风起云涌。不可否认，跨境电商代购给国内消费者带来更多消费便利，但由于商标权的地域性特征，也使得因商标地域冲突而带来的侵权问题愈加明显，本案即涉及跨境海外代购中的商标侵权问题。跨境电商代购不同于传统的"人肉代购"，代购者并非单纯的根据委托人的任意指示完成代购行为，而是其先发布可提供代购的代购商品信息，之后再根据下单情况完成代购行为，如果对代购者的行为不加以规制，那么国外商品通过化整为零的方式进入我国境内，必然对我国商标权权利人的权利造成侵害。而代购者作为专业的经营者，在通过跨境代购经营行为获取利益的同时，赋予其审查其预先提供的国外代购商品是否可能侵犯国内权利人的权利的责任也符合权利义务对等原则。由于代购商品信息系跨境电商代购者预先收集，因此，其也有能力对其预先发布的代购商品信息是否可能侵犯国内权利人的权利进行审查与判断。商品在境外可能属于合法产品，但其一旦进入我国境内，如未经国内权利人许可，可能属于侵犯原告商标权的侵权产品。专业代购者未尽到相应的审查注意义务，使得侵权产品进入我国境内，属于商标侵权行为，应承担相应的侵权责任。本案对于规范跨境电商代购者的经营行为具有一定的积极意义。

（撰稿人：浙江省杭州市余杭区人民法院　成文娟、郎梦佳）

"爱情马拉松"商标侵权纠纷案*
——对商品或服务本身进行描述的使用行为属于正当使用

【裁判要旨】

他人虽然使用了与商标相同或近似的标志,但并非用其指示商品或服务的特定来源,而是对商品或服务本身进行描述,该行为并不构成商标侵权。

【案情介绍】

上诉人(原审原告):温州新泽徽文化传媒有限公司(下称新泽徽公司)

被上诉人(原审被告):新浪网技术(中国)有限公司、安乐(北京)电影发行有限公司、新浪体育有限公司

第13666664号注册商标由"爱情国际马拉松""AIQINGGUOJIMALASONG"字样上下排列组成,注册人为新泽徽公司,有效期自2015年2月14日至2025年2月13日止,核定使用商品/服务项目为第41类"体育教育;组织教育或娱乐竞赛"等。

安乐公司与新浪体育公司为宣传电影《北京遇上西雅图之不二情书》,发起了马拉松赛事活动,活动现场的巨幅广告牌的一侧显示有"北西爱情马拉松"字样。该活动对得冠者所颁发的奖牌上、分与参赛者的参赛服胸口处,都有"爱情马拉松"字样。新浪网(www.sina.com.cn)对上述赛事活动进行了报道。新泽徽公司由此诉至浙江省杭州市西湖区人民法院,认为三被告侵犯了自己的注册商标权,请求判令三被告停止侵权、赔偿损失。

法院经审理认为,从三被告的主观意图看,其活动使用"爱情马拉松"字样,意在表达称涉案马拉松活动的主题;从其活动的目的及使用方式来看,

---

* 一审案号:(2016)浙0106民初3702号;二审案号:(2017)浙01民终4431号。

三被告使用"爱情马拉松"字样的目的显而易见为宣传电影之需,且并未突出使用涉案商标;从涉案商标的显著性和知名度来看,其使用在马拉松项目上可识别性较弱,原告也未充分证明其商标因商业使用取得了较高的知名度从而提高了识别性,故而相关公众不会通过上述文字去判断活动的服务提供者。因此,三被告在主观上并没有攀附新泽徽传媒公司商誉的故意;同时,三被告使用"爱情马拉松"字样也不会使参赛者或者相关服务的营销者误以为涉案活动服务来源于原告,或认为三被告与其存在某种特定联系,并没有造成实际混淆。因此,三被告虽然使用了与原告商标近似的文字字样,但并非用其指示服务的特定来源,而是对服务的特点进行描述,不属于商标意义上的使用,亦不会导致消费者对服务来源发生混淆,故不构成对新泽徽公司享有的涉案商标权的侵犯。最终,法院驳回了新泽徽公司的全部诉讼请求。

一审判决后,新泽徽公司不服,上诉至浙江省杭州市中级人民法院。二审法院判决驳回上诉,维持原判。

【法理分析】

商标法对注册商标的保护不是绝对的,商标权利人对其商标并不能行使垄断性权利,只有在该商标成为其产品或服务来源标志的范围内才有权受到保护。故商标权人不能绝对地限制他人使用与注册商标相同或近似的标志,在特定情况下,他人合理、善意使用与注册商标相同或近似的标志,不会引起相关公众的混淆和误认的,并不构成对商标权的侵犯。《商标法》第59条第1款规定,注册商标直接表示商品的质量、主要原料、功能、用途、重量、数量及其他特点,注册商标权人无权禁止他人正当使用。根据该条规定,他人虽然使用了与商标相同或近似的标志,但并非用其指示商品或服务的特定来源,而是对商品或服务本身进行描述,该行为并不构成商标侵权。

(一)被告安乐发行公司、新浪体育公司的主观意图

首先,从活动的主题来看,案涉活动为马拉松赛事活动,规定参赛者必须情侣或二人组合并牵手冲线,以"北西爱情马拉松"或"爱情马拉松"冠名可以体现活动的爱情主题,媒体亦报道活动传递了"为爱奔跑,只为遇上Ta"的真爱宣言,故被告安乐发行公司、新浪体育公司使用"北西爱情马拉松""爱情马拉松"来指称案涉马拉松活动,意在表达活动的主题。

其次，从活动的目的及使用方式来看，被告安乐发行公司、新浪体育公司为宣传电影《北京遇上西雅图之不二情书》发起案涉马拉松活动，主演吴秀波为此接受采访，表达了爱情就像马拉松的观点。在活动现场竖立的广告牌以及奖牌，在使用"北西爱情马拉松"或"爱情马拉松"字样的同时使用了"北京遇上西雅图之不2情书"或"北京遇上西雅图2之不二情书"字样，活动现场并使用了电影主演的肖像。故案涉马拉松活动目的显而易见为宣传电影之需，且并未突出使用案涉标识。

再次，从案涉商标的显著性和知名度来看，商标标志应具有能将特定的商品或服务的提供者与其他同种或类似商品或服务的提供者加以区别的显著性。通常情况下，显著性一是取决于标志与其使用的商品或服务之间的关系。标志与它所指代的商品或服务联系越密切，则显著性越弱，反之越强。二是将标志作为一个整体并结合相关公众的认知程度来考察。本案中，"爱情"为固有名词，指两个人之间相爱的感情、情谊，"马拉松"为通用名称，指一项长跑比赛项目，两者组合在一起使用在马拉松项目上，通常用来指明马拉松活动的主题，表达了马拉松的风格特点。当"爱情国际马拉松"作为马拉松活动的名称，其与所指代的活动之间联系密切，相关公众看到"爱情国际马拉松"会想到马拉松活动本身特点，而不会认为其指示了服务的来源。况且，新泽徽传媒公司未提供有效证据来证明其商标经过商业使用获得了较高的显著性和知名度。因此，涉案注册商标被使用在马拉松项目上显著性将会减弱。被告安乐发行公司、新浪体育公司使用"北西爱情马拉松""爱情马拉松"作为马拉松活动的名称，相关公众只会想到活动是关于爱情或者二人参加的跑步活动项目，而不会通过上述文字去判断活动的服务提供者。

基于上述理由，安乐发行公司、新浪体育公司使用涉案标识字样在主观上并没有攀附新泽徽传媒公司商誉的故意。

（二）是否造成混淆

根据现场布置情况，案涉马拉松活动在使用"北西爱情马拉松"或"爱情马拉松"字样的同时使用了"北京遇上西雅图之不2情书"或"北京遇上西雅图2之不二情书"字样，此外还显示有电影主演的肖像。媒体亦报道了案涉马拉松活动的主办方为被告安乐发行公司、新浪体育公司，而非其他主体。故，马拉松参赛者或者马拉松相关服务的营销者不会误以为涉案活动服务来源于新泽徽传媒公司，或认为安乐发行公司、新浪体育公司与其存在某种特定联系。

因此，安乐发行有限公司、新浪体育公司虽然使用了与新泽徽传媒公司的案涉商标近似的文字字样，但并非用其指示服务的特定来源，而是对服务的特点进行描述，不属于商标法意义上的使用，亦不会导致消费者对服务来源发生混淆，故不构成对新泽徽公司享有的涉案商标权的侵犯。

【法官点评】

近年来，马拉松作为一项体育竞技活动，在全国各地兴起，公益性质或商业性质的马拉松活动均吸引了众多跑步爱好者。本案原告注册了"爱情马拉松赛""爱情国际马拉松"商标，并以此禁止他人使用与该商标相同或近似的标识举办马拉松活动。本案判决从案涉商标的知名度和显著性出发，结合被告使用被诉标识的主观意图、使用方式、是否构成混淆等因素，认定被告的使用行为并非指示商品或服务的特定来源，而是对商品或服务本身进行描述，属于正当使用。该案判决抓住商标的本质属性，对类似案件的审理具有一定借鉴价值。

（撰稿人：浙江省杭州市西湖区人民法院　潘素哲）

涉"太太乐"等知名调味品假冒注册商标罪案[*]

——专业分工明确的侵犯商标权犯罪

【裁判要旨】

石某某等人选择调味品领域中被认定为驰名商标的注册商标作为侵害对象,各被告人围绕涉案注册商标,自觉分工,专业制造假冒注册商标标识和生产、销售假冒注册商标的商品,形成一定规模的上下游犯罪产业链,被告人的犯罪社会危害性较大。

【案情介绍】

被告人:石某某、李某(女)、王某某、杨某某、张某某、肖某某、沈某某、眭某某、宋某某(女)

第 7406578 号、第 7406579 号、第 1506180 号"太太乐"文字、图形或文字图形组合商标,由雀巢产品有限公司注册并使用在"鸡精(调味品)商品上,是第 919410 号"莲花 LIANHUA"文字图形组合商标,由河南莲花味精股份有限公司注册并核定使用的商品范围包含味精、调味品等。两者均曾被国家工商行政管理总局认定为驰名商标。

2013 年以来,为牟取非法利益,在未取得"太太乐""莲花"等注册商标所有人许可或者授权的情况下,石某某、李某、王某某、杨某某、张某某、肖某某、沈某某、眭某某、宋某某等人分别生产、加价销售、联系销售、购买假冒涉案商标的鸡精和味精产品及其外包装等,金额巨大。

一审法院认为本案多名被告人的行为分别构成非法制造及销售非法制造的注册商标标识罪、假冒商标罪、销售假冒注册商标的商品罪,情节不等。

---

[*] 一审案号:泰州中院(2016)苏 12 刑初 43 号;二审案号:江苏高院(2017)苏刑终 161 号。

根据相关法律规定，法院分别判处各名被告人有期徒刑及罚金不等，并扣押在案的假冒他人注册商标的鸡精、味精的包装袋、包装箱、包装工具等物证，由暂存机关予以销毁，对各被告人的违法所得予以追缴，上缴国库。

一审宣判后，李某、杨某某不服，向江苏省高级人民法院提出上诉。二审法院经审理，作出终审裁定：驳回上诉，维持原判。

【法理分析】

注册商标的基本功能是市场经营活动中有效区分商品或者服务来源的标志，从而向消费者指明商品、服务的提供者，由于商标权人长期经营使用，使得注册商标成为经营者积累良好商业信誉的有形载体，因而市场知名度大的注册商标成为经营者获得市场份额的重要因素，这也导致一些不法经营者为投机取巧不惜通过冒用他人注册商标的生产、销售自己的商品或者服务，严重扰乱市场竞争秩序，既侵害了商标权人的利益，也损害了广大消费者的利益。我国《商标法》为保护商标注册人的专用权，针对侵权人侵害商标权行为的不同程度设定民事、行政、刑事责任追究机制，我国《商标法》及《刑法》对严重侵犯商标专用权的三类行为规定追究刑事责任：①未经商标注册人许可，在同一种商品上使用与其注册商标相同的商标的行为，情节严重的；②伪造、擅自制造他人注册商标标识或者销售伪造、擅自制造的注册商标标识的行为，情节严重的；③销售明知是假冒注册商标的商品的行为，销售金额数额较大的。

司法实践中对这类犯罪的处理，应注意以下几点。

首先，刑法对假冒注册商标罪、销售假冒注册商标的商品罪以及非法制造、销售非法制造的注册商标标识罪的定罪量刑标准的设定较为宏观，故应结合相关司法解释关于"情节严重""情节特别严重""数额较大""数额巨大"的具体规定作为司法裁量标准。司法实务中，对于假冒注册商标、销售假冒注册商标的商品以及非法制造、销售非法制造的注册商标标识的事实审查认定，应坚持证据裁判原则，应注重收集行为人实施犯罪所留存的书证、物证，同时结合被告人供述、证人证言，尤其是相关财务记录、银行流水、物流记录等客观证据更应全面收集，从而保证客观准确地认定案件事实。

其次，由于生产、销售假冒注册商标的商品以及非法制造、销售非法制造的注册商标标识的行为人存在相互联络，不同的行为人参与多环节犯罪，务必要正确分清上下游关系，正确区分犯罪人之间是对合犯还是共犯，如石某某、李某与张某某之间系互为交易对象的对合关系，而石某某、李某与沈某某之间则为相互通谋的共犯关系。对于存在相互通谋的共同犯罪要以其参与的全部犯罪进行定罪处罚，同时还要注意分清主从犯，以确保定罪量刑时做到法律适用的准确性和适当性。

最后，此类犯罪分子通常具有牟取非法利益的主观动机，其行为客观上危害了社会主义市场经济秩序，不仅侵害商标权人的利益，更是对广大消费者切身利益构成危害，尤其生产、销售的假冒注册商标的产品与人民群众生命、健康以及生产安全密切相关的食品、药品、化妆品、农药、种子、化肥、钢材等，如本案涉案产品为人们生活所需的调味食品，如安全卫生质量没有保证，其生产、销售行为的危害性更大，对此类行为应充分发挥刑罚的惩罚、教育相结合的功能，对犯罪分子既要从重判处自由刑，也要从高确定罚金刑的数额，切实体现出既打又罚的处罚效果，从而有效遏制此类犯罪。

【法官点评】

随着我国社会经济的迅速发展，社会分工越来越细化，在侵犯商标专用权的违法犯罪领域也自觉形成各搞一行的专业分工，从而充分利用市场资源最大化的获取不法利益。本案的查处体现出如下特点：①涉案商品虽并非高价值的商品，但属于人民群众日常生活用品，市场销量大，加之涉案注册商标又是驰名商标，更成为行为人牟取非法利益的有利渠道。②被告人利用各自经营专长相互结合，如肖某某专业制造假冒他人注册商标标识，张某某、石某某、李某承上启下贩卖他人非法制造的假冒商标的标识，石某某、李某还与沈某某共同生产假冒注册商标的商品，王某某、杨某某利用假冒驰名商标标识生产假冒产品，眭某某、宋某某则为假冒产品专业销售者，而且各被告人利用现代物流、金融体系的便利条件相互之间不需见面即形成稳定的犯罪产业链。③涉案犯罪行为涉及两省多个城市，产品销售范围广，犯罪金额数额大，而且涉案产品的生产环境恶劣，难以保证产品的安全卫生质量，其犯罪行为社会危害性较大。④涉案被告人中家庭成员参与度较高，有一定的自我掩饰性，犯罪行为不易被揭发查处。⑤被告人自我防范意识强，极难查到其非法经营的财务记录，因而难以查清各人的真实犯罪。为此，刑事司法应严格坚持证据裁判典原则，查明犯罪事实，分清主从，对各被告人充分运用自由刑与罚金刑并罚的刑事制裁措施，从而体现人民法院严厉打击严重侵害知识产权犯罪的坚强决心。

（撰稿人：江苏省高级人民法院　宋　峰）

"海螺（CONCH）水泥"涉外定牌加工商标侵权行政诉讼案*

——涉外定牌加工商标侵权判断问题

【裁判要旨】

在涉及知识产权海关执法的行政诉讼中，司法既要监督海关依法行使职权，同时对认定侵权事实证据确凿、适用法律法规正确、符合法定程序的执法行为，亦应当依法予以支持，以确保我国海关知识产权保护制度的准确实施。

从事出口贸易的国内企业接受境外委托人定单，组织国内加工企业生产加工货物再出口，其组织生产并在商品上贴附商标的过程已经形成国内商品的生产和流通，属于注册商标专用权所控制的商标使用行为，构成侵犯国内注册商标专用权的行为。

【案情介绍】

上诉人（原审原告）：浙江方爵进出口有限公司（下称方爵公司）

被上诉人（原审被告）：中华人民共和国镇江海关（下称镇江海关）

被上诉人（原审第三人）：安徽海螺集团有限责任公司（下称海螺公司）

方爵公司于2015年6月26日分三票向镇江海关申报水泥出口至加蓬共和国，共计15 000吨，申报总价为765 000美元。海螺公司向镇江海关投诉称，方爵公司在其出口水泥的包装袋上使用的"CGNAH"商标，与海螺公司在第19类水泥、水泥预制构件、建筑砖瓦等商品上核准注册的第996978号"CONCH"注册商标构成高度近似，故申请海关依法实施知识产权海关保护。

---

* 一审案号：镇江中院（2016）苏11行初48号；二审案号：江苏高院（2017）苏行终157号。

镇江海关依据我国《中华人民共和国海关法》（下称《海关法》）第 2 条和第 6 条第 2 项规定的行政检查权对涉案水泥进行查验，确认涉案水泥存在侵犯海螺公司在海关总署备案的"CONCH"注册商标专用权（海关总署备案号：T2015-40232）的嫌疑，遂决定扣留涉案货物并立案调查。镇江海关经组织方爵公司和海螺公司召开证据开示会进行举证、质证和陈述，并召开行政处罚听证会听取方爵公司陈述和申辩意见，于 2015 年 9 月 17 日作出镇关知罚字〔2015〕01 号行政处罚决定书。该行政处罚决定书认为，根据《商标法》第 57 条第 2 项规定，上述水泥属于侵犯他人注册商标专用权的货物，方爵公司出口上述水泥的行为已构成出口侵犯他人注册商标专用权货物的行为，决定对方爵公司作出如下行政处罚：①没收上述 150 00 吨侵权水泥；②科处罚款人民币 400 000 元。方爵公司不服行政处罚决定，向法院提起行政诉讼，请求撤销镇江海关作出的行政处罚决定。

一审法院认为，方爵公司未经海螺公司同意，在同一种商品上使用与其涉案注册商标相近似的商标，侵犯了海螺公司的注册商标专用权；镇江海关具有对方爵公司出口货物是否侵犯他人知识产权进行认定和处理的法定职权，其作出的行政处罚决定证据确凿，适用法律、法规正确，符合法定程序，应予维持。一审判决，驳回方爵公司的诉讼请求。

方爵公司不服，提起上诉。二审法院判决驳回上诉，维持原判决。

【法理分析】

法院审理知识产权行政诉讼案件，重点是对行政执法的合法性与正当性进行司法审查。该案涉及知识产权海关行政执法中的商标侵权判定问题，尽管实践中对知识产权海关行政执法的必要性以及是否超越 Trips 协定保护标准存在不同观点，但我国《海关法》明确规定："海关依照法律、行政法规的规定，对与进出境货物有关的知识产权实施保护。"可见，镇江海关对涉案侵权货物实施知识产权海关行政执法权具有明确的法律依据。该案中，方爵公司主张其行为属于涉外定牌加工，因而不构成商标侵权，这无疑是当前的热点问题，需要重点予以分析。

所谓涉外定牌加工，是指在来料加工、来样加工、来件装配业务中，我国加工企业接受境外委托，按照其要求加工产品，贴附其提供的商标，并将加工的产品全部交付给境外委托人，境外委托人根据约定向国内加工企业支付加工费，贴牌加工的产品不在境内销售的一种国际贸易形式。对于国内加工企业接受境外委托，生产与国内商标权人注册商标核定使用的商品相同或类似的产品，并贴附与国内商标权人注册商标相同或近似商标标识的行为，是否构成侵犯国内商标权人的注册商标专用权，我国司法实践经历了从绝对保护到相对保护的发展变化过程。这一过程本质上是我国商标司法政策为回应我国对外加工贸易发展需求所做的阶段性积极调整，同时由于该领域情况复杂，体现出司法进行分类裁判的思考。

本案中，对方爵公司诉镇江海关撤销行政处罚决定纠纷案进行司法审查的基本思路包括以下几个方面。

首先，在涉外定牌加工贸易中，对我国企业的驰名商标应予保护。该案第三人海螺公司的"CONCH"商标不仅是国内驰名商标，且为加强知识产权保护，海螺公司以水泥和型材为主要商品，在112个国家和地区进行了"CONCH"商标申请注册，尽管方爵公司提交的境外委托人委托定牌加工水泥的商标"CGNAH"也在非洲知识产权组织申请了注册，但该商标与海螺公司商标高度近似，对此，海螺公司已在非洲知识产权组织提出了异议。同时，方爵公司自行在中国申请的"CGNAH"商标也被驳回，足见方爵公司使用"CGNAH"商标，具有攀附海螺公司"CONCH"商标商誉的明显故意。

其次，涉外定牌加工贸易不构成商标侵权的特殊司法政策应当只适用于国内加工企业，而不应当扩大到适用于国内外贸企业。尽管该案中定牌加工的水泥商品拟全部出口，但出口商方爵公司并非国内加工企业而是国内外贸企业，其委托国内加工企业生产涉案被控侵权产品，在出口前已经形成了国内商品的生产和流通，因此，应当认定涉案贴附商标的行为属于我国注册商标专用权所控制的商标使用行为。需要说明的是，该案海关行政处罚行政相对人是方爵公司，并非国内加工企业，因而并不涉及通常商标侵权案件中对国内加工企业注意义务的分析。

最后，涉外定牌加工商品全部出口不在国内销售，对国内商标权人并非不存在实质性损害。该案中，海螺公司发现方爵公司侵权行为线索系因双方出口水泥同船装运，且目的港同为非洲加蓬。海螺公司的"CONCH"商标水泥在加蓬已经有多年的较高知名度，如果侵权水泥进入加蓬市场，可能导致加蓬相关公众产生误认，势必对海螺公司"CONCH"水泥产品在加蓬甚至非洲市场的利益造成损害，而海螺公司的加蓬经销商得知该案后，也担心侵权商品流入加蓬后对其代理的海螺公司商品销售产生冲击。当前，我国正在大力促进经济转型升级，推动实施品牌战略，推动知识产权优势企业"走出去"，参与"一带一路"建设。在这样的宏观背景下，以往那种认为凡产品全部出口不在国内销售，就不会对国内注册商标专用权人产生损害的观点，需要重新予以考量。

【法官点评】

该案是一起知识产权海关行政执法的典型案例，既涉及知识产权海关行政执法问题，也涉及涉外定牌加工商标侵权判断问题。根据《海关法》和《知识产权海关保护条例》的规定，海关依法对进出境货物实施知识产权保护。近年来，随着我国大力推动创新战略实施，加强重点产业知识产权海外布局，我国出口商品的质量不断提升，"中国制造"凭借较高的性价比在满足国外消费需求方面发挥了积极作用。但与此同时，我国出口商品的侵权假冒问题也日益突出，对我国企业产品的海外市场造成严重损害，有损"中国制造"的国际形象。在此背景下，我国政府自2015年开展中国制造海外形象维护"清风"行动，制定三年行动计划，对出口非洲、阿拉伯、拉美和"一带一路"沿线国家和地区的重点商品，开展专项整治。而本案海螺公司发现侵权线索正是因方爵公司侵权水泥与海螺公司水泥同船装运至加蓬。镇江海关对涉案侵权货物实施知识产权海关执法，对于加强出口环节的知识产权保护，加大对侵权假冒违法行为的处罚力度，引导企业诚信守法经营、合法开展出口加工业务和提升知识产权保护意识，促进自主品牌发展，遏制侵权假冒现象，维护正常的进出口贸易秩序，维护"中国制造"的良好国际形象，具有积极意义。

（撰稿人：江苏省高级人民法院　宋　健）

擅自使用知名商品"特种兵生榨椰子汁"特有包装、装潢纠纷案[*]

——对知名商品包装、装潢的"特有性"的认定

【裁判要旨】

知名商品特有包装、装潢与外观设计专利权发生冲突时,对知名商品包装、装潢特有性的认定,应当从相同或近似设计使用的先后顺序、使用的正当性及外观设计专利权是否对知名商品包装、装潢的特有性构成实质性影响进行判断。当知名商品包装、装潢的设计以及使用该包装、装潢的商品投入市场推广销售的时间均早于外观设计专利申请日,且无证据证明外观设计专利产品已实际投入市场销售,从而影响知名商品包装、装潢的新颖性和独创性时,应当认定该知名商品的包装、装潢能够起到区别商品来源的作用,具备"特有性"。

【案情介绍】

上诉人(原审原告):湛江市苏萨食品有限公司(下称苏萨公司)

被上诉人(原审被告):江苏恒大食品有限公司(下称恒大公司)、盐城市彭城堂酒业有限公司(下称彭城堂公司)、南京市江宁区格伦食品销售中心(下称格伦销售中心)

苏萨公司经营范围主要为食品销售,系"特种兵"商标及包括"特种兵生榨椰子汁"在内的三款饮料的包装箱和标签的所有者。箱设计平面图略作修改。2010年以来,苏萨公司将使用该种包装、装潢的"特种兵生榨椰子汁"商品投入市场销售,并曾投入大量时间、精力、物力对"特种兵生榨椰

---

[*] 一审案号:(2015)宁铁知民初字第725号;二审案号:(2016)苏01民终2553号;再审案号:(2017)苏民再215号。

子汁"商品进行广泛宣传，获得明显的市场竞争优势，具有较高的知名度和美誉度。2015年，苏萨公司发现恒大公司委托彭城堂公司生产的"生榨椰子汁"在市场上大量销售，该产品包装采用了与苏萨公司上述产品包装极为相似的包装、装潢，遂在格伦销售中心以公证购买的方式获得被控侵权商品，起诉至法院，请求判令恒大公司等立即停止侵权行为，赔偿经济损失。

2012年12月18日，案外人焦金明向国家知识产权局申请名为"饮料瓶（兵一兵生榨椰子汁1.25升）"的外观设计专利（下称"兵一兵"饮料瓶外观设计专利），于2013年6月5日获得授权。

一审法院认为：苏萨公司主张权利的"特种兵生榨椰子汁"商品包装、装潢属于知名商品特有的包装、装潢，被控侵权产品使用了与涉案产品相近似的包装、装潢，构成侵权。法院遂判决三被告分别停止其侵权行为，并责令恒大公司、彭城堂公司共同赔偿苏萨公司经济损失20万元。

恒大公司、彭城堂公司不服一审判决，上诉至南京市中级人民法院。二审法院认为：案外人焦金明所有的"兵一兵"饮料瓶外观设计专利与苏萨公司涉案商品的包装、装潢相比较，整体构成近似，"特种兵生榨椰子汁"包装、装潢的特有性不足，不属于反不正当竞争法规定的特有包装、装潢。二审法院据此判决撤销一审判决，驳回苏萨公司一审诉讼请求。

苏萨公司不服终审判决，向江苏省高级人民法院申请再审。再审法院判决撤销二审判决，维持一审判决。

【法理分析】

本案最大的争议焦点在于如何认定知名商品包装、装潢的"特有性"。《最高人民法院关于审理不正当竞争民事案件应用法律若干问题的解释》第2条规定："具有区别商品来源的显著特征的商品的名称、包装、装潢，应当认定为反不正当竞争法第五条第（二）项规定的'特有的名称、包装、装潢'……"。根据上述规定，所谓知名商品包装、装潢的特有性是指该商品包装、装潢不为相关商品所通用，能够起到区别商品来源的作用。如果商品的包装、装潢具有新颖性和独创性，将该种包装、装潢用于商业活动，则该包装、装潢通常会起到区别商品来源的作用，因而具备特有性。即使商品的包装、装潢不具有新颖性或独创性，但经过商业使用，该商品的包装、装潢具有了一定的知名度，成为相关公众区分商品来源的标识，则同样可以认定具备特有性。

本案中，苏萨公司主张的"特种兵生榨椰子汁"商品包装、装潢具有新颖性和独创性，经苏萨公司投入商业使用，使该包装、装潢具有一定知名度，能够起到区别商品来源的作用，具备特有性。具体理由包括以下几个方面。

首先，苏萨公司提供了大量证据，可以证明其于2009年12月即委托他人设计涉案"特种兵生榨椰子汁"商品的标签和纸箱，2010年11月及2012年2月对该设计进行了一些微调，主要是将装饰"特种兵"商标标识的图案，由桃形变更为五角星形，再变更为盾形，但蓝白相间的迷彩图案作为背景以及"生榨""椰子汁""果肉型""植物蛋白饮料"等字样的排列方式等均基本未变。2010年，苏萨公司将其设计完成的标签及纸箱作为包装、装潢使用在其生产的"特种兵生榨椰子汁"商品上并投入市场销售。

其次，案外人焦金明的"兵一兵"饮料瓶外观设计专利的申请日期为2012年12月18日，但苏萨公司采用蓝白相间迷彩图案作为"特种兵生榨椰子汁"商品包装、装潢的设计图稿第一版已于2009年12月完成，使用该图案的商品在2010年也已投放市场推广销售，之后两个版本的设计仅对装饰"特种兵"商标的图案略有改动，作为蓝白相间迷彩背景的整体图案未有实质性改动，这两个版本设计图稿的完成时间也均早于上述外观设计专利申请日。外观设计专利权的取得并不经过实质性审查，故"兵一兵"外观设计专利权的合法性及有效性值得存疑。本案目前并无证据证明该外观设计专利产品在专利申请日之后已经实际投入市场销售，也无其他证据表明市场上有他人早于苏萨公司在生榨椰子汁商品上采用类似的包装、装潢，故根据现有证据，应当认定苏萨公司首先将蓝白相间迷彩图案使用于"生榨椰子汁"商品的包装、装潢设计，具有独创性。苏萨公司将该包装、装潢用于其生产的商品上，并在2013年以后进行了大量的广告宣传推广和销售，从而使该商品逐渐产生知名度，为相关消费者所知悉。在此情形之下，该商品的包装、装潢起到了区别商品来源的作用，构成知名商品的特有包装、装潢。

【法官点评】

本案的典型意义在于知名商品特有的包装、装潢与他人合法的外观设计专利权发生冲突时，应当如何认定知名商品包装、装潢的特有性。本案二审审理过程中，查明案外人拥有一个图案与涉案"特种兵生榨椰子汁"商品使用的包装、装潢整体近似的外观设计专利权，二审法院据此认为苏萨公司在本案中主张的知名商品特有的包装、装潢与案外人的有效专利权相冲突。因苏萨公司提交的涉案"特种兵生榨椰子汁"商品知名度的证据均在专利申请日之后，二审法院认定苏萨公司涉案商品获得知名度之前，其包装、装潢已被他人用于椰子汁的包装、装潢，故特有性不足。但再审法院并未简单以存在一个有效的外观设计专利权，即认定涉案"特种兵生榨椰子汁"商品包装、装潢的特有性不足，而是从两个近似设计使用的先后顺序、使用的正当性及外观设计专利权是否对涉案知名商品包装、装潢的特有性构成实质性影响进行分析，认为涉案知名商品包装、装潢的设计以及使用该设计作为包装、装潢的商品投入市场推广销售的时间均早于外观设计专利申请日；外观设计专利权的取得并不经过实质性审查，其合法性及有效性值得存疑，且无证据证明在专利申请日之后、涉案"特种兵生榨椰子汁"商品产生知名度的期间内，该外观设计专利产品已经实际投入市场销售，从而影响"特种兵生榨椰子汁"商品包装、装潢的新颖性和独创性。因此，该知名商品的包装、装潢能够起到区别商品来源的作用，构成知名商品的特有包装、装潢。

（撰稿人：江苏省高级人民法院　袁　滔）

"华润"楼盘名称商标侵权及不正当竞争纠纷案[*]

——涉楼盘名称商标侵权责任的认定

【裁判要旨】

商品房开发、销售与不动产管理、建筑等服务在功能用途、消费对象、销售渠道等方面基本相同,并存在特定的联系,应当认定两者构成商品与服务之间的类似。虽然商品房销售具有一定的地域性特点,但在相关注册商标具有较高知名度的情况下,当侵权人在经营中使用与相关注册商标近似的标识进行商品房销售时,会使相关公众误认两者具有特定的联系,容易误导公众。开发商故意使用此类名称的,应当责令其停止使用。

【案情介绍】

上诉人(原审被告):江苏润石房地产开发有限公司(下称润石公司)

被上诉人(原审原告):华润(集团)有限公司(下称华润公司)

华润公司于1994年12月起经核准注册了第773121号"华润"商标,第779532号"华润"商标以及"华润与您携手改变生活"等一系列商标,核准使用范围包括住所(公寓)、建筑、不动产管理、不动产出租、不动产代理等。华润公司在江苏境内的南京、无锡等城市开发了许多的房地产项目,同时投入了大量的资金,对上述商标进行了持续的宣传和使用。华润公司认为,简称润石公司在宜兴市和宿迁市开发的楼盘上使用"华润景城"文字,涉嫌侵害华润公司涉案注册商标专用权,遂请求法院判决润石公司立即停止侵权,变更涉案楼盘名称,并赔偿经济损失及合理开支共计2 089 512元人民币。

---

[*] 一审案号:南京中院(2014)宁知民初字第232号;二审案号:江苏高院(2016)苏民终1326号。

南京中院一审认为：润石公司的行为侵犯了华润公司涉案注册商标专用权。判决润石公司立即停止侵权行为，并赔偿华润公司 2 089 512 元。

江苏高院二审判决驳回上诉，维持原判。

【法理分析】

使用与他人不动产服务商标近似的楼盘名称是否容易导致消费者的混淆，是楼盘名称商标侵权案件的难点所在。

关于混淆，根据《最高人民法院关于审理商标民事纠纷案件适用法律若干问题的解释》第9条的规定，混淆包括来源混淆与关联关系混淆。前者是指消费者难以分辨或混同两个事实上来自不同企业的商品，后者是指消费者可能清楚某一商品并非来自某一企业，但可能认为该企业与实际生产者之间具有某许可、合作、参股等关联关系，但实际上并不存在这种关联关系。因此，在认定混淆时，实际混淆并非必要条件，只要事实上存在混淆的可能性，就已经损害商标的识别功能，足以成就禁止其使用的条件。

对于混淆可能性的判断，属于事实认定问题，应由法官根据案件的具体情况综合考虑。美国第二巡回上诉法院曾在 Polaroid Corp. v. Polarad Elects. Corp. 中提出应当从以下 8 个方面加以综合考察是否可能导致相关公众混淆：①原告商标的强度，即商标的显著性与知名度；②原被告标志的相似程度；③原被告标志识别之商品或服务的相似程度；④原被告商品或服务之间差异的弥合可能性，即原告行业拓展的可能性；⑤实际混淆的证据，当然这不是必需的，但有利于证明相关公众可能混淆；⑥被告采用嫌疑标识是否诚实信用；⑦被告商品（服务）的质量；⑧购买者的经验。

在楼盘名称商标侵权案件中，被控侵权人抗辩以及一些法院判决认定被控楼盘名称不会造成消费者混淆的理由主要有两个：一是认为商品房具有高价值属性，消费者在购买时会对开发商的身份、楼盘所处的地段及其配套设施等施以较高的注意力，通常不会对商品的来源产生误认。二是认为商品房作为不动产具有较强的地域性，其面对的消费群体也往往与不动产所处的地域相关，当涉案商标权利人尚未在当地开发楼盘时，涉案商标对于当地的消费者而言不具有知名度。

上述观点，均过分强调了商品房作为不动产的个性，而背离了商标保护的基本目标和功能。随着我国经济社会的飞速发展，信息传播更加丰富快捷，不动产商标的知名度已不仅局限于不动产所在地。不动产服务商标权利人一般都会通过网络等信息媒体不断扩大其品牌的影响力，并不断在全国各地开发楼盘，而且事实上确实存在着许多消费者异地购房的现象，所以不能仅以权利人在某一地区没有开发房地产项目来否认不动产服务商标在该地区的知名度。与此同时，房地产开发商通过成立项目公司或与其他开发商合作等形式开发房地产项目亦非常常见，因此就算消费者在购房时会施以较高的注意力，仍然难以避免对两个开发商之间是否存在关联关系造成混淆。正是基于上述分析，本案最后认定当润石公司在经营中使用与华润公司涉案注册商标近似的"华润景城"标识进行商品房销售时，会使相关公众误认该楼盘与华润公司具有一定的联系，容易误导公众。

【法官点评】

随着我国市场经济的发展，房地产行业市场竞争日趋激烈，楼盘名称在房地产推广与销售中发挥了十分重要的作用。许多大型房地产企业也以自身企业字号或商标中的文字来对其开发的楼盘进行命名，并在全国各地开发了大量房地产项目，发挥着巨大的品牌效应。然而由于对于楼盘名称的审核缺乏相关的具体规定，所以仿冒他人知名楼盘名称、注册商标等商业标识，攀附其商业信誉的楼盘名称侵权纠纷不断涌现。在以往的一些案件中，最后案件判决时往往被控侵权楼盘的建筑、销售已经完成并交付使用，而部分法院在该类楼盘名称的商标侵权案件中酌定的赔偿数额普遍不高。在此情形下，楼盘名称侵权的成本可能大大低于其非法获利，因此有必要适当提高赔偿数额，从而对侵权人产生威慑，防止侵权行为的发生。本案通过细致分析认定商标侵权成立，并根据案件具体情况全额支持了权利人主张的赔偿数额，充分体现了坚决制止此类侵权行为的司法裁判导向，对于在房地产行业中严格保护知识产权，维护公平竞争的房地产市场秩序具有典型意义。

（撰稿人：江苏省高级人民法院 罗伟明）

销售假冒注册商标"NEW BALANCE"商品案[*]

——销售假冒注册商标商品案中尚未销售的商品货值金额认定

【裁判要旨】

本案系销售假冒知名品牌"NB"运动鞋商品的刑事案件。在该案中，法院对未销售的假冒注册商标商品的货值金额以被侵权商品的市场中间价认定，有利于注册商标权人商标专有权的保护，对销售假冒注册商标的商品行为也具有较大的震慑作用。

【案情介绍】

上诉人（原审被告人）：王某

原审被告人：高某

被告人高某、王某，二人于2015年12月1日因涉嫌犯销售假冒注册商标的商品罪被成都市公安局武侯区分局刑事拘留，同年12月31日被逮捕。

新平衡体育运动公司系"NEW BALANCE"（第4207906号）、"NB"（第15101421号）、"N"（第5942394号）注册商标的注册人，上述注册商标核定使用的商品包括运动鞋。

被告人高某、王某系情侣关系。自2014年7月起，高某、王某从福建省莆田市等处购进大量标有假冒"NEW BALANCE""NB""N"注册商标的运动鞋用于销售。高某负责进货，王某负责销售，二人为此于2014年9

---

[*] 一审案号：（2016）川0107刑初915号；二审案号：（2017）川01刑终683号。

月9日成立了四川博高致远贸易有限公司（下称博高致远公司），由王某担任该公司的法定代表人。王某租赁成都市武侯区太平寺东路65号仓库存放运动鞋，并雇佣王甲管理仓库以及协助将运动鞋销往成都、绵阳、杭州、济南等地。2015年，高某先后承租了位于绵阳市涪城区涪城路135号公园路2号门店用于销售运动鞋，承租了位于济南市历下区泉城路322号惠尔商厦一楼东商铺用于经营"博远运动城"。2015年11月25日15时，公安机关接举报后在成都市武侯区太平寺东路65号仓库查获尚未售出的假冒"NEW BALANCE""▧""N"注册商标的运动鞋共计2558双。上述查获的运动鞋上标有与注册商标"N"相同的商标，运动鞋的包装盒上标有与"NEW BALANCE""▧"注册商标相同的商标。经成都市武侯区物价局价格认证中心鉴定，上述被查扣的假冒注册商标的运动鞋价值人民币约222万元。在案件审理过程中，新平衡体育运动（下称新平衡公司）公司与高某、王某签署了关于赔偿新平衡体育运动公司损失的《调解协议》。

成都市武侯区人民法院于2017年3月14日作出刑事判决：①被告人高某犯销售假冒注册商标的商品罪（未遂），判处有期徒刑3年3个月，并处罚金人民币113万元；②被告人王某犯销售假冒注册商标的商品罪（未遂），判处有期徒刑3年2个月，并处罚金人民币112万元；③对扣押在案的涉案运动鞋予以没收。

一审宣判后，王某向成都市中级人民法院提出上诉。成都市中级人民法院经审理后认为，上诉人王某与原审被告人高某销售明知是假冒注册商标的商品，销售金额数额巨大，其行为已构成销售假冒注册商标的商品罪。销售金额数额巨大，王某、高某在共同犯罪中相互配合，作用相当，应按照其在共同犯罪的作用分别予以处罚。本案中查获的商品处于尚未销售的状态，王某与高某的犯罪行为因意志以外的原因未得逞，是犯罪未遂，可以比照既遂犯从轻或者减轻处罚。案发后王某、高某与被害人新平衡运动公司签署了赔偿被害人损失的调解协议，对二人可酌情予以从轻处罚。鉴于高某、王某在本案被查获前已将假冒注册商标的运动鞋销往四川省内外且经营时间近一年半的，具有酌定从重处罚情节，对二人应予从重处罚。

综合以上量刑情节，对上诉人王某、原审被告人高某予以从轻处罚。原判认定事实清楚，适用法律正确，量刑适当，审判程序合法。遂裁定驳回上诉，维持原判。

【法理分析】

（一）关于本案销售金额的认定

根据《最高人民法院、最高人民检察院关于办理侵犯知识产权刑事案件具体应用法律若干问题的解释》第12条规定："……制造、储存、运输和未销售的侵权产品的价值，按照标价或者已经查清的侵权产品的实际销售平均价格计算。侵权产品没有标价或者无法查清实际销售价格的，按照被侵权产品的市场中间价格计算。"本案中，被查获的运动鞋无标价，被告人也拒不提供实际销售价格凭证，故无法查清实际销售价格。成都市武侯区物价价格认证中心根据相关法律法规的规定以及现场勘验或市场调查取得的资料，采用市价法对涉案被查获运动鞋作出价格鉴定意见，鉴定机构和鉴定人员均具备法定资质，鉴定程序合法、内容客观真实、结果合法有效。虽然该鉴定意见未及时告知高某、王某，程序上存在瑕疵，但经庭前查阅和法庭质证，被告人及其辩护人已知悉鉴定内容并充分发表了意见，原审法院对价格鉴定意见予采信并无不当。且该鉴定意见将未能查清型号的运动鞋未计入鉴定价格，已作了有利于被告人的认定。故本案应以鉴定意见的金额来认定销售金额。

（二）关于本案犯罪主体的认定

根据《最高人民法院关于审理单位犯罪案件具体应用法律有关问题的解释》第2条规定："个人为进行违法犯罪活动而设立的公司、企业、事业单位实施犯罪的，或者公司、企业、事业单位设立后，以实施犯罪为主要活动的，不以单位犯罪论处"，而本案证据证明高某、王某在博高致远公司成立前已经着手实施销售假冒注册商标的商品的违法犯罪活动，在博高致远公司成立后高某仍以其个人名义实施销售假冒注册商标的商品的违法犯罪活动，且以实施犯罪为主要活动，因此本案应以个人犯罪而不以单位犯罪论处。

（三）关于民事赔偿与量刑关系

被告人高某、王某在案发后与被害人新平衡运动公司达成了赔偿损失的调解协议，具有从轻处罚情节，法院认定了该情节并在量刑时予以了考虑；但被告人在原审庭审中否认犯罪事实，认罪态度模糊且存在反复，未此法院未认定二被告人认罪悔罪。

【法官点评】

《中华人民共和国刑法》（下称《刑法》）第214条规定："销售明知是假冒注册商标的商品，销售金额数额较大的，处三年以下有期徒刑或者拘役，并处或单处罚金；销售金额数额巨大的，处三年以上七年以下有期徒刑，并处罚金。"而根据相关司法解释的规定，销售金额在25万元以上的，属于《刑法》第214条的数额巨大。本案中，被查获的货品尚未销售，如何认定其销售金额？根据《最高人民法院、最高人民检察院关于办理侵犯知识产权刑事案件具体应用法律若干问题的解释》第12条规定，对尚未销售的假冒注册商标的商品货值金额的认定有三种标准：一是侵权产品的标价，二是侵权产品的实际销售价格，三是被侵权产品的市场中间价。但在实际发生的假冒注册商标类案件中，因为侵权产品的标价或实际销售价格往往会远低于被侵权产品的市场中间价，特别是在一些假冒知名商标的商品的案件中，三者之间的价格差距更是悬殊，采用不同的标准认定销售金额，会对案件事实的认定及定罪量刑产生极为关键的影响。对于这三种标准，须结合案件的具体情况予以认定。虽然按标价或实际销售价格来认定销售金额会更有利于被告人，但也必须有相关证据予以印证，而不能仅凭被告人的言辞就采信其所称的实际销售价格。被告人从逃避打击的心理出发，其所称实际销售价格往往极低，如直接采信被告人的言辞，既不符合刑事证据的证明标准，也不利于保护被害人的合法权利；且有关标价和实际销售价格的证据本应掌握在被告人处，被告人如拒不提供，应有利弊衡量上的考虑，故应由其承担相应后果。因此，在标价和实际销售价格不能查清的情况下，应以鉴定机构依法出具的被侵权产品的市场中间价格来认定销售金额。做到不枉不纵，有利于知识产权权利人的合法权益和社会经济秩序的良性发展。

（撰稿人：四川省成都市中级人民法院　陈　红）

"君山"商标侵权纠纷案[*]

——"推销（替他人）"服务保护范围的认定

【裁判要旨】

在国家商标局对零售服务的可注册性态度极为明确的情况下，如将"推销（替他人）"服务视为"销售"服务，则可能使销售服务的提供者因对国家商标局关于销售服务注册上意见的信赖而遭受损失，故销售服务不应当与推销（替他人）服务构成相同服务。

【案情介绍】

上诉人（原审原告）：杨某某

被上诉人（原审被告）：湖南省君山银针茶业有限公司（下称湖南君山公司）

第1459633号""商标的注册人为长沙市芙蓉区君山茶行，该商标核定使用的类别为第35类的推销（替他人），申请日期为1999年8月23日。2008年7月28日，经国家工商行政管理总局商标局核准，该商标转让给原告杨某某。原告称，2004年4月，原告在长沙注册字号为长沙市芙蓉区湘华君山茶行，并先后在湖南省内开设多家君山茶行。而被告明知原告已经注册了"君山"商标，也知道原告已经申请并注册成立"君山茶行"字号的店铺，仍在原告高桥店面附近以"君山茶业"作为店面招牌，让原告的顾客混淆了主体，认为被告开设的"君山茶业"也是原告所开设，导致原告的顾客多次流失。原告与被告进行沟通后，被告仍置之不理，为维护原告的合法权益，故诉至法院。被告辩称，被告使用的"君山茶业"简称及"君山"注册商标均系湖南君山公司授权使用，原所有的"君山"商标注册在第35类

---

[*] 一审案号：（2015）长中民五初字第01945号；二审案号：（2017）湘民终256号。

的"推销替他人"商品类别上,不包括商品的零售、批发,与被告使用的商标类别不同,且被告使用的"君山茶业"标识与原告的"君山"商标具有明显区别,不构成商标法意义上的近似。一审法院判决被告行为不构成侵权。杨某某不服并提起上诉,在二审法院审理过程中,杨某某撤回上诉。

【法理分析】

许多企业都将自己的商标注册在第35类推销(替他人)服务上,并且获得了司法保护,但"推销(替他人)"服务与"销售"服务存在实质性区别,在司法审判中应当进行区分。

(一)在店招上使用的标识是否属于商标性使用

《商标法》第48条规定:"本法所称商标的使用,是指将商标用于商品、商品包装或者容器以及商品交易文书上,或者将商标用于广告宣传、展览以及其他商业活动中,用于识别商品来源的行为。"在店招突出使用标识的行为,一般消费者看到店招时,会与服务提供者联系起来,能起到区别服务来源的作用,一般视为商标性使用。但也存在例外情况,当店招销售的是经授权商品,而使该店招具有描述所销售商品的功能,就是一种指示性使用,而非商标性使用。在法院审理的案件中,如果当事人不能提交证据证明其在店招上使用标识的行为构成描述性使用,则一般会认定系商标使用。

(二)店招标识是"推销(替他人)"服务还是"销售"服务

在现行的《商标注册用商品和服务国际分类表》第35类注释中,在"尤其包括"项下,在原说明"为他人将各种商品(运输除外)归类,以便顾客看到和购买"后面特别增加了"这种服务可由零售、批发商店通过邮购目录和电子媒介,例如通过网站或电视购物节目提供"的说明;而在"尤其不包括"项下,则删除了原版中"其主要职能是销售商品的企业,即商业企业的活动"这一段特别说明性文字。国家商标局又于2013年1月发出了《关于申请注册新增零售或批发服务商标有关事项的通知》,通知包括在《类似商品和服务区分表》3509类似群中设立"药用、兽医用、卫生用制剂和医疗用品的零售或批发服务""药品零售或批发服务""药用制剂零售或批发服务""卫生制剂零售或批发服务""医疗用品零售或批发服务""兽药零售或批发服务"和"兽医用制剂零售或批发服务"共7个新增服务项目。新增服务与"替他人推销"等其他第35类服务原则上不类似等内容。由此可见，国家商标局在注册环节认为"推销（替他人）"不是"销售"。在国家商标局对零售服务的可注册性态度极为明确的情况下，如将"推销（替他人）"服务视为"销售"服务，则可能使销售服务的提供者因对国家商标局关于销售服务注册上意见的信赖而遭受损失，故销售服务不应当与推销（替他人）服务构成相同服务。

对于类似服务的认定，尽管在商标民事纠纷案件审理过程中，《商标注册用商品和服务国际分类表》《类似商品和服务区分表》仅作为判断类似商品或者服务的参考，人民法院认定同一种商品（服务）或类似商品（服务）不以两者为标准，而应着重考虑到服务之间的实际关联及相关公众是否会认为两服务之间存在关联等因素。"推销（替他人）"服务还是"销售"服务均应有各自保护的边界，不能简单地认定二者类似与否，还要与原告自身的替他人推销项目或商品与被控侵权的具体销售的关联性进行比对。本案中，如果原告有证据证明自己在替他人推销茶业产品服务上具体使用该商标的情况，且已经将"推销（替他人）"与"茶业的销售"形成联系，则可以认为构成类似服务，但如果原告没有提交这些证据，无法将原告的"推销（替他人）"与被告的"茶业销售"形成联系，则二者不构成类似服务。

【法官点评】

本案涉及对第35类的推销（替他人）服务保护范围的认定。该服务是一种商业辅助行为，而本案被告系自行销售茶叶，原告没有证据证明被告实施了为他人将各种商品归类的商业辅助行为，且国家商标局在注册环节亦认为"推销（替他人）"不是"销售"服务，故销售服务不应当与推销（替他人）服务构成相同服务。关于服务类别是否构成类似，因原告并没有举证证明其自身在替他人推销茶业服务上具体使用该商标的情况，故根据本案事实，无法将原告的"推销（替他人）"与被告的"茶业销售"形成联系，因此两者亦不构成类似服务。综上，由于被控侵权标识的服务与涉案第1459633号"   "商标"推销（替他人）"不构成相同和类似服务，被告在店招上使用"君山茶业"的行为未侵犯原告第1459633号"   "注册商标专用权。

（撰稿人：湖南省长沙市中级人民法院　蔡　晓）

"秦巴"商标侵权纠纷案[*]

——使用与注册商标相同文字的商标侵权认定

【裁判要旨】

被控侵权人使用的商标与注册商标虽然含有相同的文字,但二者的区别在于注册商标是单纯的文字商标,故被控侵权商标则系文字、图案、字母组合商标,二者具有明显的区别,相关公众不会对商品的来源产生混淆误认,不构成商标法意义上的商标近似,故被控侵权人使用的文字及图案组合商标不构成侵权。

【案情介绍】

原告:陕西秦巴茶业有限公司(下称秦巴公司)

被告:陕西省紫阳县秦巴山富硒茶业有限公司(下称秦巴山公司)

秦巴公司是第1149498号"秦巴"文字商标的所有者,核定使用商品第30类:茶。秦巴山公司成立于2014年10月,在其产品包装、宣传中使用"印象秦巴山及图"未注册商标,在其部分产品外包装上使用"秦巴春雨"字样。秦巴山公司在宣传资料及公司网站上除了其产品的照片外,还出现"秦巴山富硒茶""加盟秦巴山""秦巴山中国富硒茶业"字样。

秦巴公司认为,秦巴山公司未经同意,擅自在其茶叶产品包装及宣传单、网页上使用销售包含"秦巴"商标的商品,足以让消费者混淆,其行为构成侵害商标专用权,故诉至法院。

西安市中级人民法院审理认为,秦巴山公司使用的商标"印象秦巴山及图"与秦巴公司的注册商标"秦巴"相比较,虽然秦巴山公司的商标包含"秦巴"字样,但两商标差异较大,秦巴公司的商标是文字商标,风格简约,

---

[*] 案号:(2017)陕01民初442号。

秦巴山公司商标则内容繁复,包含有文字、图案、字母,相关公众不会认为两者构成近似,进而对商品的来源产生误认,故秦巴山公司使用"印象秦巴山及图"商标的行为不构成侵权。秦巴山公司在宣传资料及网站上使用的"秦巴山",与"秦巴"相比较,字数不同,含义也存在差别,前者表明的是山名,后者表明的是地域名称,且"秦巴"不属于生僻地域名称,为相关公众普遍知晓,其显著性较差,秦巴公司也未提交充分证据证明"秦巴"通过其使用已经使相关公众在"秦巴"与其之间建立起紧密的联系,因此,以相关公众的一般注意力不会将"秦巴山"与"秦巴"相混淆,秦巴公司以此主张构成商标侵权,不予支持。因秦巴山公司地处秦巴地区,生产的茶叶也产自该地区,使用"秦巴春雨"表明的是产品来源地,属于正当使用,故判决驳回秦巴公司的诉讼请求。

【法理分析】

(一) 商标近似的法律属性

《最高人民法院关于审理商标民事纠纷案件适用法律若干问题的解释》第9条规定:"商标法第五十二条第(一)项规定的商标近似,是指被控侵权的商标与原告的注册商标相比较,其文字的字形、读音、含义或者图形的构图及颜色,或者其各要素组合后的整体结构相似,或者其立体形状、颜色组合近似,易使相关公众对商品的来源产生误认或者认为其来源与原告注册商标的商品有特定的联系。"由此规定说明,构成商标近似需具备的条件有两点:其一是被控侵权的商标与原告的注册商标相比较,商标标识近似,即两个商标文字的字形、读音、含义或者图案的构图、色彩本身近似,或者其各要素组合后的整体外观结构相似,或者其立体形状、颜色组合近似;其二是被控侵权的商标与原告的注册商标使用在同一种或者类似商品上足以使相关公众对商品的来源产生混淆、误认。换言之,商标近似的内涵中一般包括了商标标识近似和易使相关公众对商品的来源产生混淆、误认两个构成要素,缺一不可。司法实践中认为,构成混淆的商标近似虽包括了商标近似的主要情形,但也有例外,即商标标识本身并不近似,但因易造成市场混淆,被认定成为构成商标近似。因此,在某种意义上讲,商标法意义上的近似系混淆性近似。

(二) 判断商标近似的法律路径

《最高人民法院关于审理商标民事纠纷案件适用法律若干问题的解释》第10条规定，认定商标相同或者近似按照以下原则进行：第一，以相关公众的一般注意力为标准；第二，既要进行对商标的整体比对，又要进行对商标主要部分的比对，比对应当在比对对象隔离的状态下分别进行；第三，判断商标是否近似，应当考虑请求保护注册商标的显著性和知名度。由商标近似的含义和此规定可以解读出判定被控侵权商标与主张权利的注册商标是否近似，应当视所涉商标或其构成要素的显著程度、市场知名度等具体情况，考虑和对比文字的字形、读音和含义，图形构图和颜色，或者各构成要素的组合结构等基础上，对其整体或者主要部分是否具有市场混淆的可能性进行综合分析判断。其整体或者主要部分具有市场混淆可能性的，可以认定构成近似；反之，则不构成近似。通常判断被控侵权的商标与原告的注册商标是否构成近似首先是相关公众的一般注意力，相关公众以普通消费者的一般注意程度作为判定标准，消费者在选购商品时，借助生活经验决定其对商品是否购买，商标是决定其对商品来源的判断依据；其次是对商标进行整体观察和商标要部进行比对，看是否造成市场混淆；再次比对应坚持隔离观察原则，消费者在购买商品时是否易将二者联系在一起，造成混淆；最后应考虑请求保护商标的显著程度和知名度。知名度和显著性越高，该商标受到保护的强度越高。具体到本案中，秦巴山公司使用的"印象秦巴山及图"与秦巴公司的注册商标"秦巴"相比较，虽然二者均包含"秦巴"字样，但两商标存在的区别在于，注册商标是简单的文字商标，秦巴山公司的商标则相对繁复，包含有文字、图案、字母，相关公众不会对商品的来源产生误认，因而"印象秦巴山及图"与"秦巴"不构成商标意义上的近似；至于"秦巴山"与"秦巴"相比较，含义存在差别，前者表明的是山名，后者表明的是地域名称，此为相关公众普遍知晓，加之"秦巴"商标显著性较低，相关公众一般不会将二者相混淆，二者也不构成商标意义上的近似。此外，"秦巴春雨"与"秦巴"二者从视觉效果上看同样也不构成近似。

(三) 消费者选购商品能识别商品来源的不构成侵害商标权

商标是消费者在购买商品或接受服务时用以区别商品或服务来源的标志。

保护商标权的最终目的是使消费者在选购商品时能够识别不同的商品、服务提供者。侵害商标权是指出于商业目的，未经商标专用权人的许可，在同一种商品或者类似商品上，擅自使用注册商标，或者将注册商标的主要部分用作自己的商标，并用于注册商标指定的或与其类似的商品上，从而产生商品混淆。商标的主要功能在于使相关公众通过商标识别不同商品的来源，避免相关公众对不同来源的商品产生混淆、误认。使相关公众误认、混淆，一般包括以下两种情况：一种是相关公众误认为被控侵权商标所标示的商品来源于商标权人；另一种是误认为被控侵权商标所标示的商品来源与商标权人之间存在特定的联系。因此是否会使相关公众对商品的来源产生误认、混淆是认定是否构成侵害商标权的关键。本案中，因"印象秦巴山及图"与"秦巴"、"秦巴山"与"秦巴"、"秦巴春雨"与"秦巴"不构成商标意义上的近似，相关公众不会将二者相混淆，故秦巴山公司使用"印象秦巴山及图""秦巴山""秦巴春雨"不构成侵害商标权。

【法官点评】

　　本案系因被控侵权人使用的商标与注册商标含有相同的文字引发的侵害商标权纠纷案，该种侵害商标权的情形司法实践中常有发生。本案首先界定了商标的功能在于识别商品来源，判定是否构成商标法意义上的近似，关键在于相关公众是否会对商品的来源产生混淆误认；其次厘清了地域名称本身并不具有指示商品来源的作用，除非地域名称通过使用与商标注册人之间建立了紧密联系，否则不构成侵权；最后，本案中被控侵权人在宣传资料及网站上使用"秦巴山"山名与"秦巴"地域名称存在差别，在某种意义上讲此种使用方式一般不会指向特定的服务者。本案裁判表明商标权的边界是由其功能界定，商标的功能是确定侵权行为标准的基础，构成侵害商标权的行为是在商业标识意义上使用相同或者近似商标的行为，被控侵权标识的使用是商标性使用。

（撰稿人：陕西省西安市新城区人民法院　姚建军）

涉"优步"商标侵权及不正当竞争纠纷案[*]

——虚构关联关系并盗用官网信息推广推荐码致使相关公众误解的构成虚假宣传

【裁判要旨】

利用专属推荐码进行业务推广的方式在互联网公司的经营中已经十分常见,网络上以虚假宣传方式大规模推广推荐码的行为人,其目的旨在获得对价,违反诚实信用原则以及公认的商业道德,损害了他人商誉,亦侵害了相关公众利益,构成虚假宣传。

【案情介绍】

上诉人(原审被告):邓某

被上诉人(原审原告):上海吾步信息技术有限公司(下称吾步信息公司)

案外人优步公司于 2009 年在美国创立,2014 年正式进入中国市场,2015 年 6 月,在中国专车业内排名第二。原告吾步信息公司是优步公司在中国的经营者,并拥有"优步""UBER""⬛"商标权。吾步信息公司通过官网向用户提供注册成为合作司机的服务,用户完成注册并被激活为合作司机后可获得唯一推荐码,该司机使用其推荐码推荐他人成为合作司机后可获得奖励。优步明确该推荐码必须合法使用,不得复制、出售或以任何形式转让等规则。被告邓某系优步合作司机,其在网友点评网及其他网站上发布信息,大规模推广其个人邀请码,在宣传中虚构其与原告的合作关系,虚构新手司机注册时使用被告推荐码可以提高通过概率及审核速度,并在网站上使用"优步""UBER""⬛"标识,使用原告优步官网页面、深度链接原告官网内部页面以及宣传被告网站为"优步中国司机注册网站""优步司机服务

---

[*] 一审案号:(2016)沪 0115 民初 52008 号;二审案号:(2017)沪 73 民终 254 号。

站"，原告认为被告的行为构成商标侵权及不正当竞争，请求判令邓某停止侵权、消除影响、赔偿经济损失及合理费用 50 万元。

浦东法院经审理认为，邓某系在同一种商品或服务项目上使用与原告注册商标相同的商标，且其系为实施虚假宣传的不正当竞争行为使用原告商标，其对原告商标的使用不具有正当目的或理由，其行为构成侵害原告商标权。据此，法院遂判决邓某停止侵权、消除影响、赔偿经济损失 10 万元及合理费用。判决后，邓某提起上诉，二审维持原判。

【法理分析】

利用专属推荐码进行业务推广的方式在互联网公司的经营中已经十分常见，而本案涉及的在网络上以虚假宣传方式大规模推广推荐码涉嫌不正当竞争和商标侵权，尚无同类案件的判决。

（一）注册用户也可能成为"经营者"

《中华人民共和国反不正当竞争法》（下称《反不正当竞争法》）第 2 条第 3 款规定，本法所称的经营者，是指从事商品生产、经营或者提供服务的自然人、法人和非法人组织。反不正当竞争法对于"经营者"的界定如何理解，在此前设计师行业协会、作家等主体的案件中引起过广泛讨论。若将此处的"经营者"依据商法视野里的"获取盈余并将盈余分配给成员或股东作为根本目的，或者是指谋取超出资本的利益并将其分配于投资者"的表述认定，显然不符合反不正当竞争法的定位。反不正当竞争法作为调整市场交易行为，维护市场经济运行秩序的重要法律，对于主体的界定应当按照经济法的路径。某一主体的活动影响到市场交易或宏观经济运行，则应当纳入经济法的调整范围，而无论其是否具备商法意义上的营利性特征。如果不影响市场交易或宏观经济运行，即使该主体具备商法意义上的营利性特征，但根据民商法的规范可以自我调整，也不纳入经济法的调整范围。

由此可见，反不正当竞争法中的"经营者"这一主体具有广泛性，强调第一个层面的"营利性"——市场交易中获得对价，而不再关注第二层面的营利性——将利润分配个投资者。

因此，在本案中，看似与优步公司处于商业运行中两个环节的注册用户完全可能成为不正当竞争的被告并被认定为侵权。优步公司鼓励司机在私人好友范围内分享推荐码，而不是将其作为经营性活动。邓某在其网友点评网等网站发布信息，以网络形式意图使网络用户大量使用被告推荐码注册优步合作司机，从而自优步公司处获得奖励款，上述行为已属从事营利性服务，故邓某是反不正当竞争法中所称的经营者。同时，邓某的虚假宣传行为涉及损害到优步公司的良好商誉，直接贬损了优步公司的竞争优势，这属于邓某经营行为的后果。

（二）本案不正当竞争行为对原告造成损害的认定

反不正当竞争法是行为法。首先，强调反不正当竞争法的行为法特性，不能把重心放在特定权益和权益合法性（归纳出一种权益并论证其合法性）上，即不能简单地从权利保护法的角度适用法律，而应当着重根据有关行为本身正当性的考虑因素，判断竞争行为的正当性。其次，对于行为的判断应当符合或者立足于竞争特点和规律，需要结合案件具体情况，根据竞争的相关价值和因素进行判断，具体案件具体分析。

具体到本案中，邓某辩称其行为未对优步公司造成损害，其大规模的推广行为使原告优步合作司机数大量增加只会给原告带来收益，因此原告反而会获利。这也是本案审判纠结的"难点"之一。法院认为，原告推出其推荐码政策，意在通过经济利益驱动，促使现有优步合作司机积极推广、招徕他人成为新的优步合作司机，从而扩大原告注册司机数量。但无论是依据法律规定，还是根据原告推荐码的使用规则约定，推荐码的使用方式必须在指定被告通过实施虚假宣传行为使网络用户误解被告与优步公司存在合作关系或其他授权关系，吸引网络用户在不知情的情况下使用被告推荐码注册优步合作司机，并虚假宣传使用被告推荐码可加快注册司机审核速度并提高通过概率，该行为业已违背诚实信用原则，属于在损害原告商誉的前提下恶意追求自身利益的行为。同时，被告该行为漠视普遍的商业惯例以及消费者福利，违反了公认的商业道德，具有不正当性及可责性。

（三）商标性使用的问题

2013年修订的《商标法》新增了"商标的使用"这一条款，在吸收《商标法实施条例》第3条基本内容的基础上，该条款的内容增加了"用于识别商品来源"的目的效果要件。这一实质性界定要求的增加，进一步深化了对"商标的使用"的认识,对在实践中判定商标性使用提供了明确的依据。

目前,关于商标的使用,司法实践中有许多不同习惯称呼的混用,如商标性使用、商标法意义上的使用,还有商业标识意义上的使用,这导致有些学者形成了概念指向上的混淆。实际上,这些称呼指向一致,都是以商标标识性为根据的说法。法律规定中的"商标的使用"、商标性使用都是指在商业活动中使用他人商标,用以发挥商标识别功能的行为。

本案中,邓某在网站推广注册优步合作司机信息过程中使用了"优步""UBER""uber"及"⬚"等标识,指示了其推广商品的来源,因此该使用上述标识的行为属于商标性使用。被告使用的"uber"与原告的第G1173898A号"UBER"商标文字仅是大小写之差,故两者构成相同。故被告行为属未经原告许可,在同一种商品或服务项目上使用与原告注册商标相同的商标,且被告系为实施虚假宣传的不正当竞争行为使用原告商标,其对原告商标的使用不具有正当目的或理由,被告行为构成侵害原告注册商标专用权。

【专家点评】

尽管使用推荐码进行推广的营销模式已经被互联网企业熟练运用,但利用企业官网信息和商标并辅之与企业虚构的关联关系,在网络上大规模推广推荐码构成不正当竞争的案件并没有先例。作为首例案件,本案立足于反不正当竞争法维护良好商业竞争秩序和保护消费者福利的立法本意,明确了互联网营商环境下上述不正当竞争行为的判断规则。在商标侵权行为的判定上,本案判决则紧扣"商标性使用"的概念和商标"用于识别商品来源"的属性和目的要件,对不正当的商标使用行为作出准确判断。本案不仅对日后互联网经济领域同类案件的处理有借鉴意义,也对注册用户推广行为的边界作出了示范性的规制。

(撰稿人:上海市浦东新区人民法院　杨　捷;
上海交通大学法学院　陈　萍)

"卡骆驰"知名商品侵权纠纷案[*]

——反不正当竞争法保护的特有装潢的认定标准

【裁判要旨】

反不正当竞争法意义上的包装装潢保护的是包装装潢的识别性,而不是包装装潢本身,因此,包装装潢有其附着的实物载体,但并不当然意味着载体上附载的全部内容均属于包装装潢的构成元素和保护范围。具有区别服务来源的显著性的商业装潢可以作为特有装潢受到保护,对不构成特有装潢的商业装潢不宜再适用反不正当竞争法一般条款予以保护。

【案情介绍】

原告:卡骆驰公司、卡骆驰鞋饰(上海)有限公司

被告:厦门卡骆驰贸易有限公司、卡骆驰(晋江)商贸有限公司、林某某等

原告卡骆驰公司设立于美国,2006年起,卡骆驰公司授权代理商在中国大陆地区代理、销售、宣传"CROCS"品牌的系列产品,设立了多家经销商、品牌店铺等,并持续进行大量广告宣传及推广。

被告厦门卡骆驰公司授权的淘宝网"COQUI专卖店"的店铺、经营的天猫网"COQUI"品牌旗舰店以及天猫网的三家专营店店铺的网页,均发现销售"COQUI"品牌鞋类产品。经将原告主张的7款装潢与涉嫌侵权的"COQUI"品牌鞋类产品7款装潢一一进行比对,均基本相同。同时,被告在经营过程中所使用的店铺装潢颜色等与原告近似。被告厦门卡骆驰贸易有限公司等借用原告卡骆驰公司的发展历程对其自己公司的创办历史进行宣传,且未经两原告许可,将卡骆驰文字作为企业字号登记并在经营中使用。

在该系列案件中,两原告请求对"卡漫""卡骆班""猛犸""迪特"等

---

[*] 案号:(2013)沪二中民五(知)初字第172、173、174号。

7款鞋类产品给予知名商品特有装潢认定及保护。两原告同时请求对"卡漫""卡骆班""猛犸"等10款鞋类产品名称给予知名商品特有名称认定及保护。此外，两原告亦认为其商业装潢，包括用于销售、宣传"CROCS""卡骆驰"品牌系列产品的商业标识、店铺装潢、图标、说明图、材料分析文字、网站设计风格、产品手册的布局、广告宣传内容、卡通形象等内容是"卡骆驰"品牌具有独特风格的整体营业形象，构成知名商品特有装潢，并要求对其所主张的商业装潢适用《反不正当竞争法》第2条予以保护。

法院判令各被告停止侵权、消除影响并赔偿原告经济损失三案共计52万元和合理费用三案共计11万元。

【法理分析】

（一）受法律保护的名称、包装、装潢应当具有特有性

1993年《反不正当竞争法》第5条第2项明确要求保护的商品名称、包装和装潢必须具有特有性。《最高人民法院关于审理不正当竞争民事案件应用法律若干问题的解释》第2条第1款对商品特有的包装、装潢认定也有规定。知名商品特有装潢的认定应当具备两个基本条件：商品具有知名度、装潢具有特有性。新修订的《反不正当竞争法》第6条第1项将原法律第5条第2项知名商品特有的名称包装装潢修改为有一定影响的商品名称包装装潢等标识，虽然扩大了商业标识的范围，以"一定影响"代替了"知名"，但标识本身的法律属性没有改变。笔者认为，首先，有一定影响与此前的知名商品的认定标准没有实质性区别。无论是知名还是有一定影响，都不是一种精确的量化概念，而是一种抽象的和相对性的描述，有一定影响同样强调必须有一定的知名度。其次，知名商品特有名称、包装、装潢具有识别商品来源的功能和作用是其能够获得保护的前提条件。新修法虽未明确规定特有的要件，但反不正当竞争法以特有体现显著性，法律规定的特有性是为了使其具有独立的识别意义，强调的是其具有足以识别来源的显著性，故司法实践仍应考虑特有性的要求。因此，从法理的角度看，无论是1993年《反不正当竞争法》中的知名商品特有的包装装潢，还是新修订法律中规定的一定影响的商品包装装潢等标识，其内涵没有本质上的差异。

本案中，原告主张的鞋类产品众多，且每款鞋子的具体装潢的构成元

素均不相同，如何认定受反不正当竞争法保护的装潢是本案审理的重点。法院在原告主张的多款鞋类产品的包装装潢中提取了三个所有鞋款均具有的共同特征的装潢，即鞋头宽大呈圆弧形、斜面均匀分布圆形孔洞、后端活动绑带，并认为上述三个共同特征的装潢是原告主张的多款鞋类产品装潢中最突出、最具识别性的部分，使用上述三个特征的装潢具有显著的整体形象，经过原告长期宣传和反复使用，足以使相关公众将使用上述共同特征的装潢的鞋类产品与原告产品相联系，具有了区别商品来源的功能，属于特有装潢。

（二）关于商业装潢的保护

反不正当竞争法规定的包装装潢应当同样适用于服务。《最高人民法院关于审理不正当竞争民事案件应用法律若干问题的解释》第 3 条规定："由经营者营业场所的装饰、营业用具的式样、营业人员的服饰等构成的具有独特风格的整体营业形象，可以认定为反不正当竞争法第五条第（二）项规定的装潢。"虽然营业场所的装饰、营业用具的式样和营业人员的服饰等构成的具有独特风格的整体营业形象与通常意义上所说的装潢有所不同，但这只是装潢在服务上的一种特殊表现形式，本质上仍然属于装潢的范畴。根据上述司法解释的规定，对于具有商业标识意义的服务整体形象应当按照《反不正当竞争法》第 5 条第 2 项规定予以保护，以保护服务经营者在商业标识上的合法权益。

本案中，原告主张其商业标识、店铺装潢、图标、说明书、材料分析文字、网站设计风格、产品手册的布局、广告宣传语、卡通形象等内容属于其具有独特风格的整体营业形象，属于反不正当竞争法关于特有装潢的保护范围。按照前述分析，整体营业形象要作为特有装潢受到保护同样需要具有区别商品来源的显著特征。本案中，原告主张的商业装潢要素之一的店铺装潢即店铺的营业场所装饰，以绿白色为主，本身不具有显著性，鞋类产品的悬挂方式也并非两原告所独有。"Crocs"作为卡骆驰公司的注册商标，将商标用在店铺招牌、柜台的用法在商业经营中也属常见。因此，上述组合虽然具有一定的设计风格，但其显著性不足，尚不足以使相关公众区分服务的来源，不符合法律规定的特有装潢的要件。此外，原告所主张的在经营中使用的商业标识、图标、说明图、材料分析文字、网站设计风格、产品手册布局、广告宣传语、卡通形象等内容，与构成商业装潢的要素缺乏关联性，不符合法律规定的商业装潢的构成要件。其中属于商标、作品或者外观设计专利权的内容可以另行通过著作权法、专利法等其他法律寻求保护。

【法官点评】

　　特有包装装潢只有达到足以识别商品来源的程度才有必要纳入反不正当竞争法予以保护。这是特有包装装潢与外观设计、美术作品等权利保护的根本区别。特有包装装潢的构成元素并不固定化，具有较大的灵活性，其中凡能够具有识别性的因素即可受保护，它既可能是包装装潢中的部分元素，而不要求特定商品包装装潢的全部都纳入保护范围，又可能是超越个别元素之上的整体形象，如各个构成元素本身未必符合保护条件，但其构成的整体具有识别性时，仍符合保护的条件。特有包装装潢受反不正当竞争法保护首先是基于事实而不是权利，这是禁止此类行为的法律逻辑，分析和确定知名商品特有名称包装装潢的构成元素不是为了确定权利范围，而是为了确定其是否具有足以识别商品来源的意义。知名商品特有包装和装潢的保护更多地取决于对是否符合具体条件的具体衡量，包括其构成元素和利益范围需要根据使用场景进行具体确定，且其知名度等情况是动态的，对其保护也要动态地看待。

　　本系列案是涉及世界著名的鞋类品牌"卡骆驰"的不正当竞争纠纷，其特殊之处在于不仅在于卡骆驰品牌众多鞋类产品本身的外观装潢和该品牌众多系列产品的产品名称，还涉及该品牌在经营过程中所使用的商业装潢包括商业标识、店铺装潢、平面设计、卡通形象、广告宣传等。面对如此众多的商业元素，如何认定知名商品的特有装潢是本案审理的难点。本案裁判的突出意义在于对知名商品装潢特有性的认定进行了较为详尽的分析，对具有显著区别性的共同设计特征予以认定，而非对原告的每款产品分别予以认定，该种认定方式突破常规，在审理思路上进行了较大的创新。此外，本系列案判决亦对反不正当竞争法一般条款的适用进行了积极的探索，明确了一般条款与特殊条款的关系，对于类似案件的审理具有较好的借鉴和指导意义。

（撰稿人：上海知识产权法院　杨馥宇）

"NTN"域名及商标侵权纠纷案[*]

——非合理使用商标情形下综合认定侵权行为的具体性质

【裁判要旨】

将他人商标注册为域名但未进行相关商品交易的电子商务的不宜认定商标侵权,但符合《最高人民法院关于审理涉及计算机网络域名民事纠纷案件适用法律若干问题的解释》第4条规定的,在网站上突出使用他人标识、使用与他人网站相同或近似的文字、图片,足以使相关公众产生网站由他人经营或经他人许可的混淆和误认的行为,应认定构成不正当竞争。

【案情介绍】

上诉人(原审被告):上海勃曼工业控制技术有限公司(下称勃曼公司)、张向阳、上海斯将利传动机械有限公司(下称斯将公司)

被上诉人(原审原告):恩梯恩(中国)投资有限公司(下称恩梯恩公司)

原告以三被告恶意抢注"NTN"域名,在网站上突出使用"NTN"商标,恶意模仿原告网站,并进行专业代理"NTN"轴承的宣传等行为,侵害了原告涉案商标权,并构成不正当竞争为由向一审法院提起诉讼。

一审法院认为,三被告注册涉案域名,共同在使用涉案域名的网站上进行广告宣传,并在宣传中大量使用"NTN"的行为,均侵害了恩梯恩公司的涉案商标权,且三被告的上述行为属于攀附恩梯恩公司"NTN"的商誉、搭乘恩梯恩公司"NTN"商品的品牌便车,构成对恩梯恩公司的不正当竞争。

二审法院认为,张向阳不构成商标侵权。三被告在涉案网站突出使用"NTN"标识,指示了涉案网站经营者的身份,造成相关公众涉案网站经营

---

[*] 一审案号:(2016)沪0107民初12844号;二审案号:(2017)沪73民终289号。

者与恩梯恩公司有关的混淆和误认，故不属于对涉案商标的合理使用，损害了恩梯恩公司的合法权益，构成对恩梯恩公司的虚假宣传等不正当竞争行为。

【法理分析】

（一）关于商标使用情况的性质认定

在被控侵权人使用他人商标不属于对他人商标合理使用的情况下，并不能径直认为被控侵权人构成对该商标的侵权，而是应当根据《商标法》《反不正当竞争法》的具体规定，分析确认该侵权行为的具体性质。

根据《商标法》对商标使用的规定，将商标用于广告宣传、展览以及其他商业活动中，用于识别商品来源的行为也可以认为是商标的使用行为。因此，公司网站作为展示产品的平台，在公司网站上的使用即为对于商品注册商标的使用。这样的想法在分析他人使用该商标是否构成侵权时，却遇到了重大分歧。商标侵权判定中的一个重要依据就是判断两个商标的使用是否在相同或类似商品、服务上。有种观点认为，既然商品的专用权范围除了包含在商品上使用，也包含将商标用于广告宣传、展览以及其他商业活动中，那么如果他人将权利人的商品商标用于网站宣传，那么自然应该落入商标专用权人专用权的保护范围之内，而这种使用势必不存在商标正当使用的情形，应当认定为商标侵权行为。

笔者认为，这种观点有失偏颇，赋予商标权人专用权的意义在于连接商品与商品来源之间的关系，将商标权利人的提供的商品或者服务与市场上其他主体提供的商品或者服务加以区分。因此商标侵权中有个重要的概念就是"混淆"，混淆就是他人在相同或者类似的商品或服务商使用了与商标权人相同或近似的商标使得他人无法将商标权人提供的商品或者服务与他人提供的相区别。即使是非正当性地使用商标，但如他人所出售的商品仍为正品时，这一连接并没有被割裂，商标所指功能并未受到破坏，相关公众也不会产生混淆，而此时如果认为该种行为系商标侵权行为与商标法的立法目的不符。

在他人使用商标权利人的商标作为自己网站的主要标识时，相关公众产生混淆的点在于认为该网站系由该商标的专用权人或者与商标权人存在关联或授权的主体提供，认为自己如果和该网站主建立买卖合同，一方面能够获得正牌商品，另一方面能够获得因建立买卖关系而带来的附随服务，如更快捷的配送速度、更优质的售后服务等。因此，如果网站主实际并未商品商标的持有人，其切断的并不是商品来源于商品之间连接，而是切断了销售这一服务提供者与该销售服务之间的联系，而由于该商标并未在服务类别上注册，可以说这是权利人的一个"未注册商标"，因此一般而言这并不能构成商标法意义上的侵权。

对于未正当使用商标的行为如果不能以商标侵权认定，如果这种行为落入了反不正当竞争法保护的范围中，则可以通过反不正当竞争法予以规制。如果将他人的商品商标作为自己网站上的主要标识，暗示自己即为商标权人或与商标权人存在关联关系，引起了公众对该网站经营者身份的误认，反不正当竞争法中关于虚假宣传的规制不失为一种解决该种行为的路径。

(二) 关于域名注册侵权行为性质的认定

就现有法律规定而言，域名注册侵权行为涉及两个司法解释的规定，分别为《最高人民法院关于审理涉及计算机网络域名民事纠纷案件适用法律若干问题的解释》和《最高人民法院关于审理商标民事纠纷案件适用法律若干问题的解释》第1条第3项的规定，其中前者规定，原告请求保护的民事权益合法有效；被告域名或其主要部分构成对原告驰名商标的复制、模仿、翻译或音译；或者与原告的注册商标、域名等相同或近似，足以造成相关公众的误认；被告对该域名或其主要部分不享有权益，也无注册、使用该域名的正当理由；被告对该域名的注册、使用具有恶意，应当认定被告注册、使用域名等行为构成侵权或者不正当竞争。而后者规定将与他人注册商标相同或者相近似的文字注册为域名，并且通过该域名进行相关商品交易规定的电子商务，容易使相关公众产生误认的，属于《商标法》第52条第5项规定的给他人注册商标专用权造成其他损害的行为。

两部司法解释对于注册、使用域名的侵权行为规制有一定的重叠，但亦又各有侧重，对于商标侵权而言，并不考虑主观过错，一般认为只要落入了商标专用权的保护范围，就应当承担侵权责任，至于主观过错仅是判断是否承担赔偿责任时所考虑的因素。但由于反不正当竞争法系行为法，因此通过反不正当竞争法规制的侵权行为，则需要有恶意等主观要求，并且在该法的第5条就规定了判断恶意的几种情形。

在知识产权侵权领域，侵权行为的判断因先考虑是否构成商标侵权，但根据法律的规定，落入商标法规制的域名侵权行为应当满足"通过该域名进行相关商品交易的电子商务"的要件，本案中的被告仅仅通过网站进行宣传，并不存在"通过该域名进行相关商品交易的电子商务"的事实，故本案侵权行为不宜认定为商标侵权。其次，《最高人民法院关于审理涉及计算机网络域名民事纠纷案件适用法律若干问题的解释》第4条中并没有对如何判定被控域名注册行为属于何种"侵权"或"不正当竞争"进行规定。对此，笔者认为，此时在判断被控域名注册行为的侵权性质时，应当根据原告的诉讼主张，以及针对原告主张侵权行为的法律规定的构成要件，进行综合判断，在既符合商标侵权行为法律规定要件，又符合上述司法解释规定要件的情况下，以商标侵权认定。在仅符合上述司法解释规定要件，不符合侵权行为法律规定要件的情况下，以不正当竞争处理为宜。

【法官点评】

在被控侵权人使用他人商标不属于对他人商标合理使用的情况下，并不能径直认为被控侵权人构成对该商标的侵权，而是应当根据《商标法》《反不正当竞争法》的具体规定，依法认定该侵权行为的具体性质。

此外，在判断被控域名注册行为的侵权性质时，应当根据原告的诉讼主张，以及针对原告主张侵权行为的法律规定的构成要件，进行综合判断，在既符合商标侵权法律规定要件，又符合《最高人民法院关于审理涉及计算机网络域名民事纠纷案件适用法律若干问题的解释》规定要件的情况下，以商标侵权认定。在仅符合《最高人民法院关于审理涉及计算机网络域名民事纠纷案件适用法律若干问题的解释》规定要件，不符合商标侵权法律规定要件的情况下，以不正当竞争处理为宜。本案中，涉案域名所属网站提供的是商品信息、服务信息，故张向阳的行为仍属于为商业目的注册、使用与恩梯恩公司注册商标近似的域名，故意造成与恩梯恩公司提供的服务或者网站相混淆，不属于对"NTN"商品来源的混淆和误认，故本案中应当认定张向阳的行为构成不正当竞争。

（撰稿人：上海知识产权法院　何　渊、刘　名）

"好奇"商标侵权及不正当竞争纠纷案[*]

——域外登记注册的企业名称在中国使用受中国法律约束

【裁判要旨】

香港注册企业名称中包含他人注册商标,在中国使用,误导公众,违反《商标法》第58条、《反不正当竞争法》[①] 第2条,该企业本身以及使用该企业名称的侵权产品的生产商均构成不正当竞争。

侵权产品授权方与侵权产品生产商承担共同侵权责任。

人民法院依法保护在先的合法权益,被告以在后的外观设计专利对抗原告享有的在先合法权益的诉讼主张缺乏法律依据。

在无证据证明网络平台服务商明知或应知被控侵权行为的存在,且在收到应诉通知后,删除涉案侵权商标的相关信息,依法不承担侵权责任。

【案情介绍】

原告:金佰利国际公司

被告:湖南索菲卫生用品有限公司(下称湖南索菲公司)、韩国好奇儿童用品有限公司(下称韩国好奇公司)、北京搜斗士信息技术有限公司(下称搜斗士公司)

金佰利国际公司是第619312号"好奇"商标、第619311号"HAOQI"商标、第602376号"HUGGIES"商标等商标的专用权人,前述商标核定使用在一次性婴儿尿裤、尿片等商品上。被诉侵权产品由湖南索菲公司生产、销售,产品包装显示"韩国好奇儿童用品有限公司授权出品"及"HAOQIHAODONG""好奇好动"商标,产品包装由红色与浅色搭配、白色字体注明品牌、穿着

---

[*] 案号:(2014)一中民初字第1704号。
[①] 本案例中适用的《中华人民共和国反不正当竞争法》为1993年12月1日起施行版本。

纸尿裤的婴儿形象等元素组成。

金佰利国际公司起诉主要事实与理由为：金佰利国际公司"好奇"系列商标经过长期使用与宣传具有极高的知名度和美誉度，湖南索菲公司未经许可生产、销售被诉纸尿裤产品，使用"韩国好奇儿童用品有限公司"企业名称，使用与金佰利国际公司知名商品"好奇纸尿裤"特有包装装潢相似的产品包装装潢，构成商标侵权及不正当竞争；韩国好奇公司登记注册、使用"好奇"字号构成不正当竞争，作为侵权产品授权方，同样构成商标侵权；搜斗士公司在其经营的马可波罗网上宣传、销售、许诺销售被诉侵权产品构成商标侵权。

法院经审理查明，原告从 2013 年、2014 年、2016 年分三次从淘宝网购买了被诉侵权产品，被诉侵权行为至少从 2013 年起诉前持续至 2016 年；2013 年湖南索菲公司曾因生产了外包装用大号字体标有"韩国好奇儿童用品有限公司""日本花王纸品有限公司"等字样的纸尿裤产品被工商行政管理部门予以行政处罚。韩国好奇公司成立于香港，公司创办人为林碎良，同时为公司唯一董事和股东。此外，林碎良在香港注册了香港好奇儿童用品有限公司、台湾好奇儿童用品集团有限公司、美国好奇儿童用品集团有限公司。金佰利公司针对前述四家"好奇"公司向香港特别行政区高等法院原讼法庭起诉，法庭于 2014 年 3 月 12 日发出书面命令禁止四公司及相关人员使用"好奇""Haoqi"名称成立公司或经营业务。根据法院判决韩国好奇公司被强制更名为"公司注册编号 1744963 有限公司"。

法院认为：①被告一湖南索菲公司的被控侵犯注册商标权及不正当竞争行为成立，湖南索菲公司未经原告许可的相关生产销售行为，足以导致公众对商品来源的混淆；②被告二韩国好奇公司的被控侵犯注册商标权及不正当竞争行为成立。被告韩国好奇公司将原告"好奇"注册商标作为企业名称中的字号登记注册并实际使用，误导公众，违反了《商标法》第 58 条及《反不正当竞争法》第 2 条的规定。因侵权产品显示韩国好奇公司系授权方，故湖南索菲公司的生产、销售行为及使用产品包装装潢的行为，亦可视为韩国好奇公司的行为，故韩国好奇公司同样违反了《商标法》第 57 条第 2 项、第 3 项以及《反不正当竞争法》第 5 条第 2 项的规定；③被告三搜斗士公司的被控侵权行为不成立。本案中，搜斗士公司并未实施原告指控的侵权行为，在提供网络服务时亦不存在侵犯原告注册商标权相关的过错，依法不承担侵权责任。对于金佰利公司提出的为制止侵权行为所支付的合理开支，法院依法予以支持。

【法理分析】

本案典型之处在于法院全额支持原告高额赔偿请求，且在域外企业名称在中国大陆使用的定性、产品授权生产方的责任认定方面进行了有益探索。

（一）域外登记注册的企业名称在中国大陆使用仍受中国法律约束

《商标法》第58条明确规定，将他人注册商标作为企业名称中的字号使用，误导公众，构成不正当竞争行为的，依照《反不正当竞争法》处理。虽然《反不正当竞争法》尚无具体法律规定与之衔接，但根据《反不正当竞争法》第2条，可对违反诚实信用原则，攀附他人名牌的行为予以规制。从《商标法》第58条及《反不正当竞争法》第5条第3项的规定来看，使用企业名称需遵守我国法律。即使为域外"合法"登记注册的企业名称，在中国大陆使用，混淆误导公众，即可构成不正当竞争行为。

企业名称的使用行为受法律规制，该域外企业本身在中国构成不正当竞争无疑，对于国内企业在其产品上使用类似本案"韩国好奇儿童用品有限公司授权出品"字样的行为是否也构成不正当竞争，可以结合证据考虑该国内企业与域外企业的关系，国内企业的主观过错，如果类似本案中湖南索菲公司为韩国好奇公司关联企业，且湖南索菲公司存在明显攀附恶意的情况下，可以认定湖南索菲公司有使用"韩国好奇儿童用品有限公司"企业名称，误导公众的故意，同样构成不正当竞争。

（二）侵权产品授权方与侵权产品生产商承担共同侵权责任

共同侵权成立的前提是具有共同实施侵权行为的主观意思联络。本案中韩国好奇公司授权湖南索菲公司生产、销售被诉侵权产品，虽然授权的具体标的并不明晰，但湖南索菲公司及韩国好奇公司均未否认双方授权关系，即使韩国好奇公司非产品具体的生产者及销售者，但通过"授权出品"可推定其为该产品的实际经营者之一，被诉侵权产品在韩国好奇公司主观意图范围内使用了与原告商标及产品包装相同或近似的商标及包装，对此授权方及被授权方构成共同侵权，因此法院判令两被告就本案全部赔偿金额承担共同赔偿责任。

【专家点评】

知识产权侵权成本低、维权难长期以来困扰权利人,但近年来,加大知识产权侵权违法行为惩治力度成为知识产权立法、司法、行政领域的工作重点。司法实践中,出现越来越多高额判赔的侵权案件。

本案法院在酌定赔偿金额时,除考虑原告商标及产品知名度外,还考虑了被告在香港被法院颁布禁令、受到工商行政处罚后仍持续侵权,攀附恶意明显,且拒不提供与侵权行为相关的财务账簿、资料等因素,全额支持原告主张的 400 万元经济损害赔偿金额。

类似本案这样的国内企业利用国外企业"绕道侵权",恶意持续攀附知名品牌,误导公众的行为愈发多见。知识产权具有独立性和地域性,傍名牌行为只要发生在国内,并不能因披上国外的"合法外衣"而逃脱国内法律的制裁,因此,加大对恶意侵权、情节严重的行为的惩罚力度,彰显知识产权的保护力度和决心成为法院的必然选择。

(撰稿人:北京恒都律师事务所　江锋涛、文　其)

"优普"等商标侵权及不正当竞争纠纷案[*]

——通用型号和名称与商标的关系

【裁判要旨】

通用名称和通用型号应当是国家或者某一行业所共用的,并且符合一定的标准,指代明确。主张已经获得商标授权的标识构成商品通用名称或通用型号的,应当证明系争标识作为产品型号或名称为国家标准或行业标准收录,或是行业内已经约定俗成将其作为产品通用型号或名称使用的。

【案情介绍】

原告:四川优普超纯科技有限公司(下称优普超纯公司)

被告:成都优普电子产品有限公司(下称优普电子公司)

成都超纯科技有限公司(下称超纯科技公司)为第4461800号"优普"商标所有人,后依法将上述商标转让给优普超纯公司。优普超纯公司又依法取得了第11860314号"UPT"、第11860399号"UPE"、第11855947号"UPE"、第11860489号"UPH"、第11855980号"UPH"、第11860785号"ULUP"、第11856011号"ULUP"注册商标专用权。超纯科技公司原员工李永军离职后创立了优普电子公司且为该公司股东。优普电子公司在网站和宣传资料中宣称自己生产的超纯水机为"优普牌",并将前述UPT等字母商标作为产品型号加粗放大使用。优普超纯公司认为优普电子公司的行为构成商标侵权,故诉至法院。

最终,法院判决:优普电子公司立即停止使用涉案商标,优普电子公司在其官方网站(www.ccdupp.com)首页连续刊登声明一个月,消除影响;优

---

[*] 案号:(2016)川01民初908号。

普电子公司向相应的行政主管部门递交变更企业名称申请，变更后的企业名称中不得使用"优普"字样；优普电子公司赔偿优普超纯公司经济损失及合理开支共计20万元；驳回优普超纯有限公司其余诉讼请求。

【法理分析】

（一）型号与商标的关系

型号的原始用途是表示产品的技术特征，不具有区分产品来源的功能。在市场环境中，型号与商标均是具有特定识别作用的商业符号，只是其功能侧重点不同。同一件产品上用于区分其来源功能的标识为商标，型号则是用于区分同一来源下的不同产品。根据《商标法》第59条第1款的规定，注册商标中含有的本商品的通用名称、图形、型号，或者直接表示商品的质量、主要原料、功能、用途、重量、数量及其他特点，或者含有的地名，注册商标专用权人无权禁止他人正当使用。因此，符合该条规定的型号是不能作为商标注册的。但是型号与商标并非泾渭分明，对于两种特定情况下的型号，是可以转化为商标的。一是企业为了保护其自编型号而将其作为商标申请注册，如我国国产大飞机的型号C919获准注册为商标。另一种情况是型号通过长期使用与企业产生了对应关系，因而企业寻求对该型号的商标或知名商品特有名称保护，如恩智浦公司的型号为TEF6621T的半导体芯片获得知名商品特有名称的保护。而将商标作为企业型号用以区分不同规格或者不同市场定位的产品，如格力旗下的"五谷丰登"空调，实际上就是作为型号在使用。

型号是否具备显著性决定了其是否能够获得商标保护。商标的显著性又称为商标的识别性，在我国商标法中表述为"具有显著特征，便于识别"，也就是说特定的标识应当具备足以使相关公众区分商品来源的特征。

因此，商标与型号的关系，实际上就是特定标识显著性的取得与丧失的问题。特定标识如果已经构成通用型号，实质上是其显著性丧失，不能作为商标保护；特定标识在作为产品型号的同时，因相关市场主体的使用而获得显著性则可以取得商标授权。因此，显著性是商标型号化或型号商标化之间的连接点。

（二）通用型号的认定规则

法定的通用型号一般是指国家标准或行业标准中已经有明确规定的型号命名方式，这种情况一边比较容易找到相应的证据予以支撑。实践中难以认定的是，特定标识是否属于约定俗成的通用名称。对此，我们认为应当围绕标识显著性的问题进行判断。

1. 举证责任的要求

"谁主张，谁举证"是民事诉讼法上的一般举证责任分配原则。在商标侵权案件中，对主张已经获得商标授权的标识主张属于通用型号而要求豁免的被告，应当举证证明该标识已经丧失显著性，属于通用型号。

2. 以相关公众作为判断主体

已授权商标是否构成通用型号，应当以相关公众作为判断主体。这里的相关公众，应当与商标法中显著性判断的主体一致。《最高人民法院关于审理商标民事纠纷案件适用法律若干问题的解释》第8条规定，《商标法》所称相关公众，是指与商标所标识的某类商品或者服务有关的消费者和与前述商品或者服务的营销有密切关系的其他经营者。根据上述规定，因只有与商品或服务相关的消费者才会对特定商品或服务具有一定认知，从而影响商品或服务提供者利益的实现，因此相关公众不同于广义的消费者，其所指向的仅为具体商品或服务的相关消费者。因此，相关公众普遍认为某一型号能够指代一类商品的，应当认定为约定俗成的通用型号。被专业工具书、辞典等列为通用型号的，可以作为认定约定俗成的通用型号的参考。

3. "约定俗成"的时间点

对"约定俗成"的时间节点的认定有两种观点：一种认为应当以商标注册申请日为准，也就是在商标注册申请日之前，已经为相关公众约定俗成认定为通用型号；一种观点认为应当以侵权行为发生时作为时间节点来判断。我们认为，对通用型号的判断可以参考通用名称的判断标准，即"一般以商标申请日时的事实状态为准。核准注册时事实状态发生变化的，以核准注册时的事实状态判断其是否属于通用名称。"也就是说，如果商标注册申请日之前已经有证据证明广泛成为通用型号，按照《商标法》的规定自然不应当允许注册，除非权利人能够举证证明其对该型号的适用已经使其获得了第二含义,也就是具有了获得显著性,否则不应当得到商标专用权的保护。而如果在商标注册申请日之前并非通用名称,但因为在使用过程中被淡化导致成为通用型号的,应当区别对待。如果是权利人自身将该商标作为型号使用且放任他人也将该商标作为型号使用,那么仍然属于通用型号,不应当予以保护。如果权利人积极努力制止他人将其已经获得商标作为通用型号使用,则该因侵权行为导致的商标变为通用型号的结果,不应当由权利人承担,因此这种情况下,应当对权利人的商标进行保护,不宜以商标已构成通用型号为由认定不构成侵权。

4. "约定俗成"的地域范围

"约定俗成"的通用型号判断的地域范围,可以参考《最高人民法院关于审理商标授权确权行政案件若干问题的意见》第10条第2款关于通用名称的地域范围的规定,即"约定俗成的通用名称一般以全国范围内相关公众的通常认识为判断标准。对于由于历史传统、风土人情、地理环境等原因形成的相关市场固定的商品,在该相关市场内通用的称谓,人民法院可以认定为通用名称。"因此,"约定俗成"的通用性好的地域范围,一般以全国范围内相关公众的相关常识作为判断的标准。如本案涉及的纯水分析仪器,因其销售的范围是遍及全国,因此,应当以争议的商标是否在全国范围内构成通用型号为判断标准。但是参照全国范围的判断标准并非是硬性规定,如果某些商品所对应的相关市场范围相对固定在某个区域,则可以以该地区为范围。也就是说具有地域性的商品或服务,应当以特定的产品在该特定地域是否构成通用型号作为判断标准。

【法官点评】

型号,即产品型号,通常用来表示产品的尺寸、功能、规格以及性能、原料等特点。根据制定型号的不同标准,又分为通用型号和非通用型号。通用型号包括法定的通用型号和约定俗成的通用型号。法定的通用型号主要是指国家强制标准中关于型号的表述;约定俗成的通用型号主要是指该行业通用的关于型号的表述。非通用型号则是指由企业自行编制的型号。

《商标法》第59条第1款规定,注册商标中含有的本商品的通用名称、图形、型号,或者直接表示商品的质量、主要原料、功能、用途、重量、数量及其他特点，或者含有的地名，注册商标专用权人无权禁止他人正当使用。《商标审查标准》中也指出"本条中的通用名称、图形、型号，是指国家标准、行业标准规定的或者约定俗成的名称、图形、型号"。因此，通用的型号应该具有广泛性和规范性的特点，应当是国家或者某一行业所共用的，并且符合一定的标准，指代明确。因此，主张已经获得商标授权的标识构成商品通用名称或通用型号的，应当证明该标识作为产品型号或名称为国家标准或行业标准收录，或是行业内已经约定俗成将其作为产品通用名称使用。如果其仅举证证明有经营者将已经获得商标授权的标识作为型号使用，其使用通用型号不构成商标侵权的辩称不应得到支持。

（撰稿人：四川省成都市中级人民法院　王　敏）

"BORDEAVX 波尔多"地理标志集体商标侵权及不正当竞争纠纷案[*]

——侵权商品生产行为的认定及多项不正当竞争行为的评判

【裁判要旨】

对于被告是否具有生产侵权商品的行为,应根据"谁主张谁举证"的原则,由原告进行举证,不能仅根据商品标注信息就直接认定作为经销商的被告实施了生产商品的行为;关于伪造产地的行为,当商标与产地名称重合时,须先分析该标识所起作用;关于虚假宣传行为,在《商标法》已经对"将未注册商标冒充注册商标使用"的行为加以规定且原告未举证证明被告的该行为会对原告造成损害时,不宜再适用《反不正当竞争法》(1993)第9条来保护。

【案情介绍】

原告:波尔多葡萄酒行业联合委员会

被告:湖南玛德堡商贸有限公司

原告波尔多葡萄酒行业联合委员会系第10474883号"BORDEAUX 波尔多"商标(地理标志集体商标)的注册人,核定使用商品为第33类的葡萄酒,注册有效期限自2012年7月14日至2022年7月13日止。"BORDEAUX 波尔多"商标在多地均有行政保护记录,多个杂志、电视栏目都对"波尔多"葡萄酒进行过宣传,国家图书馆中亦有收录介绍"波尔多"葡萄酒的文献。"BORDEAUX 波尔多"商标具有较高的知名度。

被告湖南玛歌堡商贸有限公司成立于2013年7月9日,经营范围包括预

---

[*] 案号:(2016)湘01民初1775号。

包装食品、散装食品批发兼零售。原告曾于2014年3月在一展会上购买了三瓶标注有"玛歌堡　干红葡萄酒"等字样的葡萄酒；原告还于2016年5月在"淘宝网"上公证购买了一瓶葡萄酒，该酒瓶盖上有"MARGAUX GRAND VIN DE BORDEAUX"标识，瓶颈及瓶身的标贴均有"MARGAUX"标识，瓶身正面的标贴显示"GRAND VIN DE BORDEAUX"，背面的英文标贴显示商品编码为3700631920582，背面的中文标贴显示"玛歌堡®""产区：波尔多""生产厂商：BORDF MAROUREX""地址：AF 33503 PAR B. P. E 3390 FRANCE""进口商：湖南玛歌堡商贸有限公司"等信息。另外，"玛歌堡"商标的申请人为龙惠斌（被告法定代表人），该商标于2013年7月29日被撤销。被告于2015年12月因销售标有"玛歌堡"注册商标的葡萄酒受到行政处罚。

原告认为，被诉侵权商品上标明了"进口商：湖南玛歌堡商贸有限公司"，且商品上标注的生产厂商经查询不存在，"玛歌堡"商标未被撤销前的注册人系被告的法定代表人，故可以认定被告有使用被诉侵权标识"BORDEAUX""MARGAUX""玛歌堡®"和销售被诉侵权商品的行为。被告使用上述标识的行为分别构成商标侵权行为、伪造产地和虚假宣传的不正当竞争行为。故诉至法院。法院判决：被告湖南玛歌堡商贸有限公司立即停止侵犯原告波尔多葡萄酒行业联合委员会第10474883号"BORDEAUX 波尔多"注册商标专用权的行为；被告湖南玛歌堡商贸有限公司于本判决生效之日起10日内赔偿原告波尔多葡萄酒行业联合委员会经济损失150 000元；驳回原告波尔多葡萄酒行业联合委员会的其他诉讼请求。

【法理分析】

商标侵权案件中，侵权商品生产者的认定，既是解决被告主体是否适格的程序问题，亦是判断被告是否实施了侵权行为的实体问题。在实务审判中，原告该如何进行举证？举证需达到什么样的证明标准？以下将结合于2002年7月11日公布的《最高人民法院关于产品侵权案件的受害人能否以产品的商标所有人为被告提起民事诉讼的批复》一并进行解读。

民事案件中，对于生产者的举证，相较于销售者而言，通常较难。确定销售者，原告仅需要通过购买的形式，即可以锁定。但对于生产者的确定，一般而言，要想找到直接证据，如发现生产场地、现场施工行为进而固定证据，概率非常之小。更为常见的方式是通过商品上所标注的生产信息来确定生产者。《最高人民法院关于产品侵权案件的受害人能否以产品的商标所有人为被告提起民事诉讼的批复》的规定，任何将自己的姓名、名称、商标或者可资识别的其他标识体现在产品上，表示其为产品制造者的企业或个人，均属于《中华人民共和国民法通则》（下称《民法通则》）第122条规定的"产品制造者"和《中华人民共和国产品质量法》规定的"生产者"，该条规定意在解决被告身份，即程序问题，而在实体认定中，该条并不能作为法律依据直接适用，但对于该条所体现的价值取向，对于实体审理却有非常重要的参考意义。一般而言，正常的企业想要生存、扩大，往往通过其提供的服务或者商品与消费者建立联系，从而打造自己的品牌，树立商业形象。而与消费者建立联系最直接的方式就是在其提供的服务或者生产的商品上标注自己的商标、企业名称等表明其身份的信息。故通常情况下，在原告提交了标注有完整的企业名称、地址、联系方式的被诉侵权商品时，即可以认定其完成了初步的举证责任。当然，在现实情况中，不乏企业专门生产假冒或者仿冒商品，通过仿冒他人企业名称获得不当利益，故完全依照商品标注的信息来认定生产者亦存在一定的错误率。对于这种情况，该如何解决？前文说到，在原告已经完成初步的举证责任的情况下，此时被告想要否认其生产行为，举证责任应合理地转移至被告，由被告就其反驳理由提交相应的证据，如标注的厂名、厂址与其工商登记不一致，商品编码与其备案登记的不一致，他人曾假冒其厂名厂址的记录及其他打假维权记录等证据。以上是对于国内商品的生产者的一般认定标准。对于进口商品，实际情况稍有不同。进口商品上标注的中国企业往往是"进口商"，标注的生产厂商则是外国企业。由于是外国企业，故往往很难确定其是否真实存在。在这种情况下，是否可以直接认定该"进口商"实施了生产被诉商品的行为？这显然是不合适的。在上述情况下，想要认定标注为"进口商"的被告实施了生产行为，原告应当举证证明商品标注的外国企业不存在；原告还可以结合被告曾对商品所做的宣传以及商品上标注的其他信息，如商标、产品编码、质量认证标志等与被告具有对应关系进行综合举证。

需要说明的是，以上关于认定生产者的证明标准仅针对民事诉讼，在行政案件中，通常会有更为严格的标准，这是基本民事主体权利义务对等性，在诉讼对抗中，双方的举证义务应建立在平等的基础上，因此民事诉讼中采用的是"高度盖然性"的证明标准,《最高人民法院关于适用〈中华人民共和国民事诉讼法〉的解释》第 108 条规定对负有举证证明责任的当事人提供的证据,人民法院经审查并结合相关事实,确信待证事实的存在具有高度可能性的,应当认定该事实存在;而行政机关通常拥有一定的行政执法权,其在必要时,可实地调查核实证据,这就对行政行为合法性的认定提出了更高的要求,证明标准亦相应较高。

【法官点评】

本案涉及的法律关系较多,法官剥茧抽丝,由繁入简,从对被告实施的行为类型认定入手,再根据原告的诉请逐项评判每一个行为所涉及的法律问题。本案焦点之一在于被告生产行为的认定。原告依据被诉侵权商品上标注的"经销商"的信息,以及"玛歌"中文商标原注册人是被告的法定代表人,从而主张被告具有生产被诉侵权商品的行为。该案体现出在认定侵权商品的生产者时,仍应遵循"谁主张谁举证"的原则。法律对举证责任倒置的情形有明确规定,生产侵权商品的行为并不在此列,该行为只是一种普通的侵权行为。虽然生产行为具有一定的隐蔽性,但原告仍然可以通过一定的途径获取证据,故仍应当由原告举证,不能仅因标注为经销商的被告实施了销售侵权商品的行为,而被告又未对此提出反驳证据,就推定被告实施了生产侵权商品的行为。本案焦点之二在于假冒注册商标的行为是否构成虚假宣传的不正当竞争行为。法院认为,商标法重在调整妨碍商标功能发挥的行为,而反不正当竞争法是以"诚实信用"为原则,对知识产权领域专门法调整以外的行为进行补充保护。在特别法对某一行为已有明确规定的情况下,一般不再适用反不正当竞争法的保护。另外,不正当竞争行为本质上亦是一种侵权行为,以反不正当竞争法作为法律依据提起民事诉讼,不仅须有危害行为的发生,还须有损害结果的出现,故并非所有违反诚实信用原则的行为都可以用反法来约束。具体到本案中,被诉侵权行为是"将未注册商标冒充注册商标使用"的行为,该行为在《商标法》第 52 条已有明确规定。且原告亦未举证证明被告在其注册商标被撤销后仍使用"®"标识的行为会对原告的经营造成损害,故该行为不再适用《反不正当竞争法》第 9 条去保护。

(撰稿人:湖南省长沙市中级人民法院 程 婧)

"山特"商标侵权与不正当竞争纠纷案*

——商标侵权公司与股东承担连带责任的裁判规则

【裁判要旨】

在公司侵犯他人商标权时,公司股东是否与公司构成共同侵权,应从是否符合《侵权责任法》第8条有关共同侵权的法律规定要件予以判断,即共同侵权的数个行为人主观上应当具备共同的意思联络,其行为应具有互相配合、互相支持的协作性,其行为造成的损害后果应当是与共同意思相统一的整体。具体来讲,公司股东成立多家公司,该多家公司从申请注册与知名商品近似的商标到侵权商品生产销售各环节分工合作,可以认定该公司股东与公司存在意思联络,构成共同侵权。

【案情介绍】

上诉人(原审被告):叶维锐、佛山市瑞芯工业电子有限公司(下称佛山瑞芯公司)、深圳市伯瑞节能科技有限公司(原深圳市山特科技有限公司,下称深圳山特公司)、深圳市通用电力科技有限公司(原深圳市伊顿山特科技有限公司,下称深圳伊顿山特公司)等

被上诉人(原审原告):山特电子(深圳)有限公司(下称山特电子公司)、佛山市中科新能电子有限公司(下称佛山中科新能公司)、南京州盟电子有限公司(下称南京州盟公司)

山特电子公司是一家生产经营不间断电源、计算机周边设备及相关配件的大型跨国企业,是注册号为512382、512383、7825275、619938、7892420号的" "、" "、" SANTAK "、" SANTAK "、" STK "商标的

---

* 一审案号:(2015)成知民初字第573号;二审案号:(2016)川民终940号。

专用权人，前述商标均在有效期内。山特电子公司生产的 SANTAK（SANTAK 品牌为英文 SANTAK，固定缩写为 STK，中文为山特的品牌集成）品牌 UPS，自 1999～2014 年以来国内同行业销售额排名前三位，其总销售量在中国市场位居第一，该企业是我国 UPS 行业的重点企业。

叶维锐自 2004 年开始，即开始委托他人代工生产不间断电源产品，其后，又陆续与他人共同出资设立佛山瑞芯公司、佛山中科新能公司、深圳山特公司、深圳伊顿山特公司，大规模的生产"STKUPS""ISTKI""SITIK""OSTKO""SANTAK""SANTAK"等品牌不间断电源产品，并以发展区域代理商的形式销售前述产品。此外，叶维锐还授意南京州盟公司多次反复申请注册"STKUPS""ISTKI""SITIK""OSTKO"等商标。

成都市中级人民法院审理认为，山特电子公司的第 512383 号"山特"商标是具有较高知名度的注册商标，深圳山特公司、深圳伊顿山特公司将"山特"作为其企业名称中的字号，违反诚实信用的原则和公认的商业道德，无论是否突出使用均难以避免产生市场混淆，损害山特电子公司的合法权益，扰乱社会经济秩序，属于《反不正当竞争法》第 2 条规定的不正当竞争行为。结合侵权时间、侵权规模、侵权获利、被告主观恶意以及山特电子公司为制止侵权而支出的合理开支等因素，判决叶维锐、佛山瑞芯公司、南京州盟公司、深圳山特公司、深圳伊顿山特公司停止侵权，并连带赔偿山特电子公司损失 500 万元，佛山中科新能公司赔偿山特电子公司损失 100 万元。

被告叶维锐等不服一审判决，向四川省高级人民法院提起上诉，二审判决驳回上诉，维持原判。

【法理分析】

（一）关于是否构成商标侵权的问题

与传统较为常见的原告就某一注册商标起诉某一被告的行为侵犯商标权案件不同，本案涉及原告多个注册商标，多个被告在不同时间阶段实施了涉嫌侵权行为。同时需要注意的是，本案被告曾就案涉被诉侵权标识多次反复申请商标注册，一些标识在某段时间内曾经商标局获准注册，经原告向商标局提出异议，有一些标识被商标局裁定撤销，但有一些标识被商标局裁定维持。因此，在判断本案被告擅自使用与原告注册商标相同或近似标识是否构成商标侵权时，需要注意以下几个方面。

第一，在法律适用上，与2001年10月27日第二次修正的《商标法》相比，2014年5月1日施行的《商标法》在条文设置、规定内容等方面都进行了大量的修订和补充。本案中，根据已确认事实，2006年10月至2014年7月期间，被告在被诉侵权商品上使用有"STKUPS""ISTKI""SITIK""OSTKO"四种标识，假冒的山特电子公司的注册商标"SANTAK""SANTAK"，鉴于涉案被诉侵权行为均持续至2014年《商标法》施行以后，应适用《商标法》（2014）予以处理。但是需要强调的是，某些案件的多个被诉侵权行为中，有些是在2014年商标法施行之前，有些持续到2014年《商标法》施行之后，这种情况下，就要根据不同行为的时间段，区别对待，分别适用《商标法》（2001）和《商标法》（2014）予以处理。

第二，将被告使用标识与原告主张的商标进行相似性判断是确认被诉行为是否构成侵犯商标权的前提之一，在进行商标比对时，正如本案中涉及的，如果被告使用的标识以及原告主张的商标皆有多个的，应该将被告使用的各个标识与原告商标分别一一比对，判断是否相似，能否导致混淆。同时需要注意，由于原告不同商标获准注册时间不同，即取得权利的时间不一，被告使用不同标识的时间段也不甚相同，进行比对时，应确保被告使用某标识时，原告就对比商标已经获得授权。

（二）关于赔偿金额的确定问题

《商标法》（2014）第63条对侵犯商标权赔偿金额的计算做了原则性规定，严格来说，本案适用了该63条第1款和第2款，从优势证据规则出发，确认被告因侵权所获利益，结合原告诉讼请求，从而判定被告赔偿金额。总体来说，本案在判定赔偿金额时考察了以下几个方面：

第一，《最高人民法院关于审理商标民事纠纷案件适用法律若干问题的解释》第14条规定，《商标法》第56条第1款规定的侵权所获得的利益，可以根据侵权商品销售量与该商品单位利润乘积计算；该商品单位利润无法查明的，按照注册商标商品的单位利润计算。本案虽然缺乏具体、准确的侵权产品销售量数据，但是结合被告公司客户联络表、财务软件统计数据等客观证据,以及被告本人、被告公司工作人员有关销售数量的主观陈述等证据,可以对被告侵权产品销售数量做一个合理预估。同时,根据原告提供的其注册商标商品单位利润,最终计算得出被告侵权收益。

第二,本案所涉系复合侵权行为,被告行为不仅侵犯了原告注册商标专用权,同时被告行为构成不正当竞争。而且,本案侵权时间长,侵权恶意明显,侵权情节严重。综合考虑上述因素,本案对原告有关赔偿金额的请求予以支持,有事实和法律依据。

第三,从社会意义上讲,本案权利人是具有极高知名度的大型企业,在其行业内外和普通社会公众之间都具有很大影响力。"搭便车""傍名牌"是当今市场中存在的较为常见的不正当竞争行为,不仅扰乱了市场秩序,更打击了其他社会主体的创新和发展积极性,长此以往,也将对我国的改革创新和知识产权战略实施产生不利影响。本案终审判决均对各侵权人判处了较高的侵权赔偿,不仅能对权利人损失进行有效弥补,而且对有利于改善市场上侵权成本低的不良现状。本案判决切实保障了商标权权利人的利益,打击了搭便车行为,彰显了我国法律保护知识产权权利人利益的决心,具有良好的社会示范导向意义。

【法官点评】

本案是四川法院判赔金额最高的商标侵权及不正当竞争案件,涉及侵害商标权及不正当竞争,属于复合侵权行为。人民法院根据侵权行为的性质、持续时间、影响范围以及侵权产品利润率等情况,判断叶维锐以及南京州盟公司等被告从事侵权行为所导致权利人的损失或其获利数额已经明显超过法定赔偿最高限额,故在法定最高限额300万元以上确定本案的赔偿金额。此外,针对股东利用公司实施侵权行为,并以职务行为为借口逃避承担责任的情况,二审法院以侵权责任法对共同侵权规定的要件入手,确定了股东与公司承担连带责任的裁判规则,对同类案件的处理具有重要参考意义。

(撰稿人:四川省高级人民法院 赵文文)

"八达"知名商号权行政纠纷案*

——使用知名商号的权利冲突问题

【裁判要旨】

人民法院审理企业名称变更登记行政案件,审查市场监管部门对名称变更事由和内容是否已尽审慎审查职责,但基于实质性解决争议考虑,可以对当事人涉及的企业名称纠纷一并审理和认定。

《浙江省企业商号管理和保护规定》第11条取消了知名商号保护的地域和行业范围限定,即企业基于浙江省知名商号,在浙江省所有行业内具有一般的排除他人登记使用相同或近似商号的权利。但在具体个案中,对知名商号排除他人使用和在后登记企业自主选择商号的权利冲突,应当根据维护公平竞争秩序、诚实信用原则和禁止混淆原则进行平衡,审慎处理。

【案情介绍】

上诉人(原审原告):八达机电有限公司

被上诉人(原审被告):温州市市场监管局

被上诉人(原审第三人):乐清市八达光电科技股份有限公司

八达机电有限公司成立于1993年11月,从事机电工具配件制造及销售等。2005年,浙江省工商行政管理局向八达机电有限公司颁发浙江省知名商号证书,上载:"经认定,你单位八达(机电)企业商号为浙江省知名商号"。八达电气有限公司成立于1993年4月,从事配电开关控制设备制造等。

2012年,八达电气有限公司和24名自然人共同投资成立乐清市八达光电科技有限公司,该公司经营范围包括电力电子元器件、高低压电器及配件制造、销售等。2014年12月31日,乐清市八达光电科技有限公司召开股东

---

* 一审案号:(2016)浙0302行初156号;二审案号:(2016)浙03行终422号。

会并形成决议,将公司类型由"有限责任公司"整体变更为"股份有限公司",公司名称变更为"乐清市八达光电科技股份有限公司"。2015年3月6日,乐清市八达光电科技股份有限公司向温州市市场监督管理局提出企业性质和名称变更登记申请。温州市市场监管局经审查,对上述变更登记予以核准。八达机电有限公司认为温州市市场监管局核准企业名称变更登记的行政行为侵害其知名商号权,向鹿城法院起诉,请求撤销该变更登记。

鹿城法院经审理后,认为温州市市场监管局作出的变更登记并无不当,据此判决驳回八达机电有限公司的诉讼请求。

八达机电有限公司不服,上诉至温州中院。温州中院认为:(1)乐清市八达光电科技股份有限公司系因公司性质变更而在企业名称中增加"股份"二字,市场监管局只需对变更事由进行审查,"八达"商号的使用不属于本次变更内容,无须审查。(2)基于实质性解决争议考虑,在各方当事人围绕"八达"商号之争各自提供证据并着重发表意见的情况下,法院可以对该民事纠纷进行认定和评判。(3)《浙江省企业商号管理和保护规定》第11条取消了对知名商号保护的地域和行业范围限定。八达机电有限公司的知名商号证书中有关"(机电)"的表述不具有限定知名商号保护行业的含义和效力。(4)八达电气有限公司通过长期经营在"八达"商号上积累了商誉,该公司投资成立原"乐清市八达光电科技有限公司"时,将其"八达"商号由后者承继使用,不违背诚实信用原则,没有攀附八达机电有限公司商号,符合商业惯例和市场规律,可以认定为合理的继续使用"八达"商号。只要该公司规范使用企业名称,并不会导致公众对企业主体或企业间投资关系等产生误认、误解,侵犯八达机电有限公司的权益。故据此判决驳回上诉,维持原判。

【法理分析】

(一)基于实质性解决争议考虑,人民法院在审查行政行为的同时可对企业名称民事纠纷一并审理和认定

本案中,原"乐清市八达光电科技有限公司"经股东会决议将原企业名称中有关"有限公司"的字样改为"股份有限公司",符合《中华人民共和国公司法》第8条的规定。温州市市场监管局根据该规定要求原"乐清市八达光电科技有限公司"提供相关材料,并依法定程序对变更企业名称的事由

和内容进行审查，在确认变更事由和内容真实且符合法律规定的情况下核准变更登记，该变更登记行为已尽审慎审查职责，程序合法，结论正确。

原"乐清市八达光电科技有限公司"的企业名称在公司设立时即已注册登记，该企业名称及商号被行政行为法律效力确定，受法律保护。该公司在本案申请变更的仅为企业名称中的组织形式表述，"八达"商号并非变更内容。故本案合法性审查的对象是企业变更核准登记行为。因此，温州市市场监管局无须考虑已由先前登记行为确认的"八达"商号本身是否合法，其只要对企业性质变更的事实进行审查，即已完成审查职责。一审判决将此作为对被诉行政行为合法性审查内容，加重了登记机关在变更企业名称登记中的审查职责，没有法律依据。

但本案审理如止步于此，八达机电有限公司与乐清市八达光电科技股份有限公司间关于后者使用"八达"商号是否侵犯其知名商号权益的实质性问题显然并未解决，今后还可能引发更多的民事或行政诉讼，不利于妥善化解矛盾，稳定法律关系，节约司法资源。《中华人民共和国行政诉讼法》第61条第1款规定："在涉及行政许可、登记、征收、征用和行政机关对民事争议所作的裁决的行政诉讼中，当事人申请一并解决民事争议的，人民法院可以一并审理。"在本案中，各方当事人虽没明确提出一并解决民事争议的申请，但围绕乐清市八达光电科技股份有限公司使用"八达"商号是否对八达机电有限公司构成侵权这一问题，已各自提供证据并着重发表了意见，各方当事人就"八达"商号之争进行积极举证、辩论的诉讼行为足以说明他们期待法院在本案中一并解决该基础争议。二审法院在认真审理相关事实并充分听取各方意见后，根据上述法条规定，决定予以一并审理，并认为对该争议予以评判的条件已经成熟。

（二）《浙江省企业商号管理和保护规定》第11条取消了对浙江省知名商号保护的地域和行业限定

《企业名称登记管理规定》第6条、第8条和《浙江省企业商号管理和保护规定》第11条对企业名称和商号均进行了规定，但两者存在着不一致。那么，后者作为下位法，是否违反了前者的规定？

上下位法就同一事项规定不一致并不必然属于相冲突。这里需要区分上位法的"上限规范"和"下限规范"。如果上位法旨在保障规范对象的基本权利，界定公权行为干涉的全国统一上限，以防止地方规定过度干预，则为"上限规范"。如果上位法的主要目的在于保障规范对象获得全国一致性之最低标准，则为"下限规范"。在此下限之上，地方性法规为使公益更好实现，可以为更严格的管制，而不属于与上位法抵触。区分"上限规范"和"下限规范"，要以上位法侧重保障对象为标准。本案中，《企业名称登记管理规定》第6条、第8条为保护已注册登记的企业名称，规定其他企业在登记主管机关辖区和同行业内不得与在先登记的企业名称相同或近似。《浙江省企业商号管理和保护规定》第11条取消对知名商号保护的地域和行业限定，进一步加大对企业知名商号的保护力度，二者的立法目的一致，因此，不存在冲突和抵触，在浙江省范围内适用于知名商号保护。

对于涉案知名商号证书上载明的"八达（机电）企业商号为浙江省知名商号"，虽有关"（机电）"表述在整句中不能得出唯一、确定的解释，但根据《企业名称登记管理规定》第7条、《浙江省企业商号管理和保护规定》第3条的规定，八达机电有限公司的商号显属"八达"而非"八达（机电）"。温州市市场监管局作为行政机关无权自行重新限制知名商号的保护范围。因此，八达机电有限公司获得的知名商号，其保护范围适用《浙江省企业商号管理和保护规定》第11条的规定，即在浙江省地域范围内一般地排除其他在后企业登记使用"八达"商号。

（三）将维护公平竞争秩序、诚实信用、禁止混淆原则作为评判企业商号是否具有正当性及是否对在先商号构成侵权的标准

1. 在先企业名称使用和在后企业名称选择之间的权利冲突

《浙江省企业商号管理和保护规定》的立法目的是"加强企业商号管理，保护企业合法权益，维护公平竞争秩序"，即在商号选择和使用方面，既加强对已登记企业排除他人使用相同或近似商号权利的保护力度，也要求对其他企业自主选择商号的权利给予充分尊重与保护。故已登记注册商号（包括知名商号）排除他人使用相同或近似商号的权利和企业自主选择商号的权利之间存在着冲突，对前者保护力度过大势必影响后者，而后者选择自由过大也会造成对前者保护不利。这两种权利均不能绝对化，知名商号的排他权同

样如此。虽然《浙江省企业商号管理和保护规定》第 11 条取消了对知名商号保护的地域和行业限定，但获得知名商号的企业并非因此有权绝对排除他人使用相同或近似的商号。对上述二者的冲突，应结合具体个案，根据有关原则进行平衡，审慎处理。

2. 处理冲突的基本原则及适用

在《浙江省企业商号管理和保护规定》第 1 条规定的立法目的中，"保护企业合法权益"偏重于对企业个体有关商号的权益保护，"维护公平竞争秩序"系着眼于整体市场活动。在个体保护中一旦出现上述已注册登记商号保护与其他企业自主选择商号的权利冲突，"维护公平竞争秩序"可作为解决冲突的宏观目标。《浙江省企业商号管理和保护规定》第 6 条第 2 款规定，申请和使用企业名称，应当遵循诚实信用原则，避免使公众对企业主体或企业间投资关系等产生误认、误解。上述诚实信用原则和禁止混淆原则虽系对企业申请和使用名称的要求，在已注册登记商号排他权与企业商号选择权发生冲突时，上述原则也应作为判断企业选择和使用商号是否具有正当性及是否对在先商号构成侵权的标准。

【法官点评】

本案属于行政与民事交叉案件，涉及两个当下特别值得关注的法律问题，一是在新行政诉讼法框架下，如何把握对行政行为的合法性审查，同时兼顾实质性化解行政争议。二是对于法律规范创设的知名商号权，如何运用法律原则，通过解释法律规则，厘清其权利边界，以实现既加大对商号的保护，又不至于对商号使用的过于垄断的目的。本案判决指出，在行政诉讼中履行对行政行为合法性审查的同时，基于当事人的积极举证和诉辩，可一并解决基础性民事纠纷。同时，明确了《浙江省企业商号管理和保护规定》有关知名商号跨行业保护的法律效力和范围，归纳出商号保护的维护公平竞争秩序、诚实信用、禁止混淆原则，并运用三项法律原则对相关条文进行解释，实现对知名商号的合理保护。

（撰稿人：浙江省温州市中级人民法院　章禾舟、黄萍萍）

"太太乐"商标侵权行政处罚撤销纠纷案[*]

——委托加工关系下商标侵权的认定

【裁判要旨】

注册商标的组成部分与他人的注册商标构成相同或近似,使用在相同或类似的商品或服务上,综合考虑商标使用方式、商业惯例、使用的必要性、权利商标的知名度等因素判断对组成部分的独立使用是否合理。排除合理使用的情形下,应认定构成商标侵权。

【案情介绍】

上诉人(原审原告):绍兴市酒乡红酒业有限公司(下称酒乡红公司)

被上诉人(原审被告):浙江省工商行政管理局(下称浙江省工商局)

原审第三人:绍兴太太乐食品有限公司(下称太太乐公司)、雀巢产品有限公司(下称雀巢公司)

2015年10月21日,绍兴市监管局作出绍市监袍案字〔2015〕56号行政处罚决定书,认为酒乡红公司在加工生产的太太乐系列料酒上使用"太太乐"商标与第三人雀巢公司在第30类调味品上的"太太乐"、"太太乐"注册商标中的显著识别文字"太太乐"相同;且料酒与味精、鸡精调味料等其他调味品同属于国家标准调味品分类(GBT 20903-2007),同时太太乐系列料酒与第三人雀巢公司的鸡精等调味品在商品的功能用途、销售渠道、消费群体等方面有着较强的关联性,属于类似商品。第三人雀巢公司注册并使用在"鸡精(调味品)"商品上的"太太乐"商标在2009年4月被商标局认定为驰名商标。酒乡红公司在未有第三人雀巢公司授权许可的情况下,在类似商品料酒上使用近似商标"太太乐"商标的行为,属于侵犯注册商标专用权的行为。绍兴市监管

---

[*] 一审案号:(2016)浙0106行初86号;二审案号:(2017)浙01行终1号。

局经研究决定责令原告酒乡红公司立即停止侵权行为,并决定对原告酒乡红公司处以罚款 900 000 元。

酒乡红公司不服上述行政处罚决定,于 2015 年 12 月 17 日向浙江省工商局申请行政复议。2016 年 3 月 14 日,浙江省工商局作出浙工商复〔2015〕42 号《行政复议决定书》,决定予以维持。

第三人太太乐公司系第 3198511 号"太太乐及图"注册商标的注册人,注册有效期限至 2023 年 6 月 20 日。2014 年 1 月 1 日,第三人太太乐公司出具《授权书》,授权原告酒乡红公司加工生产"太太乐"系列料酒产品,授权期限为 2014 年 1 月 1 日至 2015 年 12 月 30 日。

酒乡红公司认为,其加工生产的料酒商品上使用的"太太乐"标志系第 3198511 号商标"太太乐及图"的显著部分,其使用"太太乐"商标的行为未改变该商标的显著部分,应当视为是第 3198511 号"太太乐及图"商标的使用。酒乡红公司受太太乐公司委托加工料酒,且该料酒全部销售给太太乐公司,酒乡红公司赚取的利润只是加工费。因此酒乡红公司不是真正的生产者、销售者,并非商标法意义上的商标使用行为。故请求判令撤销行政处罚决定书、撤销复议决定书等。一审法院经审理判决驳回酒乡红公司的诉讼请求。酒乡红公司不服,提起上诉。二审法院判决驳回上诉,维持原判。

【法理分析】

(一) 注册商标的权利边界

我国采取商标注册制,注册程序建立了商标的公示制度,注册商标公示商标权的存在并明确了权利的边界和范围。《商标法》第 56 条规定,注册商标的专用权,以核准注册的商标和核定使用的商品为限。该条规定明确限定我国注册商标专用权的保护范围,包括以下两个方面:一是商标所有人仅可在核定使用的商品上使用或许可他人使用核准注册的商标;二是一定范围内仅可排斥他人使用相同或近似的核准注册商标。在这范围之外,商标注册人使用商标不享有独占权。

实际使用的商标与获得注册的商标不一致的,属于变造商标。《商标法》第 49 条规定,商标注册人在使用注册商标的过程中,自行改变注册商标的,由地方工商行政管理部门责令限期改正;期满不改正的,由商标局撤销其注册商标。同时,《最高人民法院关于审理商标授权确权行政案件若干问题的意见》第 20 条规定,实际使用的商标与核准注册的商标虽有区别,但未改变其显著特征的,可视为注册商标的使用。因此,商标获得注册后,应严格按照注册时的完整标识或者未改变显著特征进行使用,否则将破坏商标作为识别符号的本质属性。本案中,原告酒乡红公司的注册商标 (太太乐及图),一个女性形象在整体布局约占 3/4 的面积,"太太乐"文字呈纵向排列,位于右上角,约占 1/8。显然, (太太乐及图)注册商标的显著部分为女性形象,而非"太太乐"文字。因此,原告酒乡红公司使用的文字部分 ,属于变造商标,将不受我国商标法的保护。

(二)商标合理使用

商标的功能在于指示特定商品或服务的来源,也即特定的商誉。商誉的范围是由商品类别划定,不会扩张到一个符号的所有含义。有些商标本来处于公有领域中,因商标权人将其与特定的商品或服务长期联系在一起使用,使其被赋予了第二含义。这种兼具第二含义的商标在现实中非常普遍,通常称为暗示性商标或描述性商标。商标法只保护第二含义,而不保护第一含义。

使用第二种含义的商标不一定都构成侵权。商标的本质属性在于识别商品或服务的来源,若使用相同或近似商标的相同或类似商品或服务来源于完全没有联系的两个经营者,导致消费者对商品或服务的出处产生混淆,则商标失去了其本应有的功能。相反,即使在相同商品或服务上使用了与他人商标相同的标志,只要不会导致消费者混淆,则不构成对商标权的侵权。因此,是否存在混淆的可能成为判定侵权的关键,只能从具体个案中综合把握。通常情况下,考量因素包括商品或服务的相关性、标志的近似程度、已产生混淆的证据、所使用的营销渠道、消费者的关注程度、被告选择该标志的意图、产品系列扩张的可能性、商品的价格等。《商标法》第 57 条规定,未经商标注册人的许可,在同一种商品上使用与其注册商标近似的商标,或者在类似商品上使用与其注册商标相同或者近似的商标,容易导致混淆的,属侵犯注册商标专用权。

本案 、 商标为臆造性标志,对消费者来说没有任何先天特定的含义。原告酒乡红公司使用 太太乐 显然并非利用其第一含义来描述其特征。在使用第二含义的情形下，根据混淆性可能标准，第一，从文字、整体视觉感受等方面进行比对，酒乡红公司使用的 太太乐 商标和雀巢公司的注册商标为近似商标。第二，从商品的用途、销售渠道、消费对象等方面分析，酒乡红公司生产的料酒商品和雀巢公司注册商标核定使用的佐料、调味品商品为类似商品。第三，从商标使用方式入手，结合商业惯例、使用的必要性、权利商标的知名度等因素判断酒乡红公司对 太太乐 的独立使用是否合理：（1）从商标的使用方式来看，酒乡红公司在其加工生产的系列料酒商品上存在同时使用注册商标 （太太乐及图）和 太太乐 的情形，并不符合商业惯例。（2） 太太乐 商标使用在涉诉商品的显著位置，突出使用了太太乐文字，而 （太太乐及图）注册商标却置于整个标贴的边角，视觉不明显。（3）太太乐公司的 太太乐 、 太太乐 商标在使用中已积累了较高的知名度。因此，原告酒乡红公司使用 太太乐 商标主观上不具有善意，客观上将会造成相关公众误认为原告酒乡红公司与第三人雀巢公司存在特定联系，根据商标的本质特征在于标示商品及服务的来源，故原告酒乡红公司使用太太乐商标的行为不具有正当性，已构成侵权。

（三）委托加工关系下的侵权责任

酒乡红公司系受太太乐公司的委托授权加工生产侵权商标和商品。双方之间形成了委托代理关系（承揽合同关系）。根据《中华人民共和国民法总则》第 167 条规定，代理人知道或者应当知道代理事项违法仍然实施代理行为，被代理人和代理人应当承担连带责任。因此，酒乡红公司理应知道其授权加工事项侵犯了雀巢公司的注册商标专用权，确仍实施该行为，应与太太乐公司承担连带责任。

此外，《侵权责任法》第 8 条规定，二人以上共同实施侵权行为，造成他人损害的，应当承担连带责任。此处的"共同"应当理解为二人以上，明知且意欲协力导致损害结果的发生，申言之，数个行为人在实施侵害他人权益的过程中，应当具有共同追求的目标，相互意识到彼此的存在，并且客观上为达到此目的而协力，付出了共同的努力，各自承担了有一定的数量的、相互之间有一定联系的行为部分。[①] 本案中，酒乡红公司受太太乐公司委托加工生产商标和商品，主观上具有共同追求的目标，客观上共同努力，已构成共同侵权，应承担连带责任。

本案系行政案件，酒乡红公司系受太太乐公司委托加工生产侵权商品，其作为生产者的身份明确，即是侵权商标的直接使用者，应当依法承担相应法律责任。绍兴市监管局对其作出行政处罚并无不妥。

【法官点评】

本案系知识产权行政案件，在"三合一"模式下由知识产权审判庭审理。本案值得探讨的问题有两点，一是酒乡红公司在其商品上使用其注册商标的文字部分"太太乐"商标是否正当，此处涉及注册商标的权利边界和商标合理使用问题。二是委托加工关系中，委托人和受托人侵权责任如何承担。酒乡红公司认为"太太乐"是（太太乐及图）的文字部分，构成合理使用，其受太太乐公司的委托授权加工生产侵权商品，其非真正的生产者、销售者，不是商标意义上的使用行为。该案争议的法律问题具有典型性，对原告提出的合理使用抗辩，从商标的使用方式着手，结合商业惯例、使用的必要性、第三人商标的知名度等事实，判定酒乡红公司使用"太太乐"商标的行为，存在不正当性。本案紧紧抓住商标的本质，体现了"三合一"模式的优势，对商标侵权的行政案件具有较强的示范参考价值。

（撰稿人：浙江省杭州市西湖区人民法院　李红萍、潘素哲）

[①] 程啸：《侵权责任法》，法律出版社2015年版，第348页。

著作权篇

华盖创意图片作品著作权权属纠纷案

——权利声明和水印能否作为证明著作权属的初步证据

【裁判要旨】

权利声明和水印，构成证明著作权权属的初步证据，在没有相反证据的情况下，可以作为享有著作权的证明。提供相反证明的程度应当达到足以动摇"在作品上署名的公民、法人或者其他组织的为作者"这一待证事实高度可能性的地位。在被告同样提交权利声明和水印作为相反证据的情况下，原告应当进一步举证证明待证事实。原始著作权权属证明是继受取得著作权证明的根本，其证据强度决定了整个权属证据链的强度。

【案情介绍】

上诉人（原审被告）：北京当归远志文化发展有限公司（下称当归远志公司）

被上诉人（原审原告）：华盖创意（北京）图像技术有限公司（下称华盖创意公司）

Getty 公司系美国专业提供图片的企业。Getty 公司授权华盖创意公司在中华人民共和国境内展示、销售和许可他人使用附件 A 所列品牌相关的所有图像。华盖创意公司认为当归远志公司擅自在其运营的新浪官方微博"当归中医学堂"中使用原告享有权利的编号为 dv528036、200478629-001 的两幅摄影作品，侵害了原告享有的信息网络传播权，请求判令当归远志公司停止侵权，赔偿经济损失 12 000 元及包括公证费和交通费在内的诉讼合理支出 2000 元。

北京市朝阳区人民法院认为，涉案作品通过 www.gettyimages.ca 和 www.

---

* 一审案号：（2016）京 0105 民初 18793 号；二审案号：（2016）京 73 民终 909 号。

gettyimages.cn 网站上进行了公开展示，华盖创意公司网站上亦标注有版权声明，且上述内容与 Getty 公司对华盖创意公司的确认授权书内容能够相互印证。在无相反证明的情况下，可以认定 Getty 公司系涉案作品的著作权人。华盖创意公司作为 Getty 公司在中国大陆地区的授权代表，依据其授权有权在中国大陆地区展示、销售和许可他人使用涉案作品，也有权在中国大陆地区以自己的名义就侵犯涉案作品著作权的行为提起诉讼。

当归远志公司未经许可在其经营的微博上使用了涉案作品，侵犯了华盖创意公司享有的信息网络传播权，当归远志公司应承担停止侵权、赔偿损失等民事责任。鉴于当归远志公司已经删除涉案作品，判决当归远志公司赔偿华盖创意公司经济损失1600元及诉讼合理支出1000元。

一审判决作出后，当归远志公司不服一审判决，提出上诉。北京知识产权法院经审理认为，当归远志公司提交的证据证明的直接内容为"除 Getty 公司外，还存在其他主体对涉案图片进行水印印制或版权声明的行为"，该部分内容是对"Getty 公司在涉案图片上标注水印的行为即为其进行受署名权控制的署名行为"这一推定的否认。从证据强度上来看，本案仅能确认有多个主体对涉案图片进行水印印制或版权声明的行为这一事实，且根据现有证据无法确认哪一主体对涉案图片进行水印印制或版权声明的时间最早。因此，待证事实进入真伪不明的状态，当归远志公司提交的证据可以构成相反证明。进而应由华盖创意公司承担举证证明责任，而其提供的证明不足以证明其事实主张，应承担不利后果。对 Getty 公司享有涉案图片著作权这一待证事实不予认可。

在考虑继受取得著作权的权属证明情况时，继受取得著作权人一般需要提供原始著作权权属证明以及授权证明，以此分别证明原始著作权人享有著作权以及继受取得著作权人合法取得授权这两部分事实。原始著作权权属证明是继受取得著作权证明的根本，其证据强度决定了整个权属证据链的强度。由于法院不认可 Getty 公司享有涉案图片著作权这一待证事实，所以无论授权是否全面、合法，法院亦不认可华盖创意公司通过 Getty 公司授权取得涉案图片著作权这一待证事实。

综上，北京知识产权法院判决撤销一审判决。

【法理分析】

（一）美国 Getty 公司是否享有涉案图片的著作权

《中华人民共和国著作权法》（下称《著作权法》）第 11 条规定，著作权属于作者，该法另有规定的除外。创作作品的公民是作者。由法人或者其他组织主持，代表法人或者其他组织意志创作，并由法人或者其他组织承担责任的作品，法人或者其他组织视为作者。如无相反证明，在作品上署名的公民、法人或者其他组织为作者。华盖创意公司认为，Getty 公司官网在涉案图片上印有 gettyimages 水印并登载了权利声明，上述权利昭示方式即是对作品的署名。

一审判决认为权利声明和水印可以视为署名的方式，二审法院对此予以认可。但具体到本案中，华盖创意公司未提交展示涉案图片水印和权利声明的 Getty 公司官网截图的翻译件，该公司官网为外文网站，网站内容全部为外文，根据《最高人民法院关于适用〈中华人民共和国民事诉讼法〉的解释》第 527 条第 1 款，当事人向人民法院提交的书面材料是外文的，应当同时向人民法院提交中文翻译件。虽然华盖创意公司主张其提交的公司网站对涉案图片进行展示时，亦标注有水印和中文的权利声明，且经过 Getty 公司官网亦可跳转到华盖创意公司官网，但无法表明其网站系 Getty 公司的官方中文网站，该部分证据不符合法律要求。综上，对于内容对案件具有直接影响的权利声明部分，二审法院不予认可，对于水印部分，虽然为外文，但由于该部分主要起标识作用，不需要对内容进行实质理解，因此，二审法院初步认可 Getty 公司在涉案图片上以水印的方式进行署名的主张。

《最高人民法院关于适用〈中华人民共和国民事诉讼法〉的解释》第 108 条规定，对负有举证证明责任的当事人提供的证据，人民法院经审查并结合相关事实，确信待证事实的存在具有高度可能性的，应当认定该事实存在。对一方当事人为反驳负有举证证明责任当事人所主张事实而提供的证据，人民法院经审查并结合相关事实，认为待证事实真伪不明的，应当认定该事实不存在。法律对于待证事实所应达到的证明标准另有规定的，从其规定。因此，提供相反证明的程度应当达到足以动摇"在作品上署名的公民、法人或者其他组织的为作者"这一待证事实具有高度可能性的地位，从而使该待证事实成为真伪不明的状态。

当归远志公司提交的证据证明的直接内容为"除 Getty 公司外，还存在其他主体对涉案图片进行水印印制或版权声明的行为"，该部分内容是对"Getty 公司在涉案图片上标注水印的行为即为其进行受署名权控制的署名行为"这一推定的否认。从证据强度上来看，结合当归远志公司提交的证据，本案仅能确认有多个主体对涉案图片进行水印印制或版权声明的行为这一事实，且根据现有证据无法确认哪一主体对涉案图片进行水印印制或版权声明的时间最早。因此，待证事实进入真伪不明的状态，当归远志公司提交的证据可以构成相反证明。进而应由华盖创意公司承担举证证明责任，而其提供的证明不足以证明其事实主张，应承担不利后果。对 Getty 公司享有涉案图片著作权这一待证事实不予认可。

（二）华盖创意公司是否通过 Getty 公司授权合法取得涉案图片著作权

继受取得著作权人一般需要提供原始著作权权属证明以及授权证明，以此分别证明原始著作权人享有著作权以及继受取得著作权人合法取得授权这两部分事实。原始著作权权属证明是继受取得著作权证明的根本，其证据强度决定了整个权属证据链的强度。本案中，华盖创意公司授权证据较为完备、全面，但该部分证据与原始著作权权属证明事实无关，其证据强度仅影响继受著作权人合法取得授权这部分事实。由于二审法院不认可 Getty 公司享有涉案图片著作权，所以无论授权是否全面、合法，二审法院亦不认可华盖创意公司通过 Getty 公司授权取得涉案图片著作权。

【法官点评】

著作权侵权案件审理中，由于著作权于创作完成即自动取得，欠缺具备相当公信力的昭示方式，导致著作权权属具有难以证明的特点。为了解决上述问题，结合著作权权利行使的习惯以及增强确权的便利性，《著作权法》第 11 条作出了法律推定，即可以将客观在作品上署名的行为推定为署名权控制之下的署名行为，并推定该署名行为是署名的公民、法人或者其他组织享有原始著作权的体现。但由于上述推定属于法律拟制，其适用应当严格，因此著作权法设立了推定的前提，即需在无相反证明的情况下才可适用，也就是说，著作权权属的确认时刻需要受到证据规则的调整。法院在审理此类案件时，尤其应当注意在被诉的一方当事人提交否定著作权的相反证据时，不应轻率地否定相反证据的证明力，应当结合证据的形式、内容、形成时间，综合判断证据效力的大小，作出符合客观事实的判决。

（撰稿人：北京知识产权法院　杨　洁）

"版式设计"信息网络传播权纠纷案[*]

——版式设计权的权利范围及保护

【裁判要旨】

版式设计是对印刷品的版面格式的设计,包括对版心、排式、用字、行距、标点等版面布局因素的安排。版式设计是出版者在编辑加工作品时完成的劳动成果,属于邻接权保护范围。版式设计与作品不同,版式设计难以达到独创性的要求,无法作为作品受到狭义著作权的保护。

【案情介绍】

上诉人(原审原告):中国建筑工业出版社(下称建工出版社)

被上诉人(原审被告):北京怡生乐居信息服务有限公司(下称怡生乐居公司)

建工出版社对《建设工程项目管理(第四版)》教材作品享有专有出版权。建工出版社认为怡生乐居公司未经许可,在其经营的网站"新浪地产"中向公众提供该作品的下载服务,侵犯了建工出版社的版式设计权。建工出版社认为,《著作权法》第36条规定的是出版者有权许可或者禁止他人使用其出版的图书、期刊的版式设计,该法律规定的"使用"并非局限于"复制","复制"只是使用的一个环节,并非全部,上诉人作为出版者,既有权禁止他人通过传统纸质方式复制、销售、传播等方式使用涉案图书的版式设计,也有权禁止他人通过扫描成电子版图书、通过网络传播的方式使用涉案图书的版式设计。综上,建工出版社要求怡生乐居公司支付侵权赔偿金3万元及合理开支1万元。

北京市海淀区人民法院经一审认为:版式设计是对印刷品的版面格式的

---

[*] 一审案号:(2016)京0108民初5561号;二审案号:(2017)京73民终164号。

设计，版式设计是出版者在编辑加工作品时完成的劳动成果，属于邻接权保护范围。出版者有权许可或者禁止他人使用其出版的图书、期刊的版式设计。结合版式设计的含义、用途和出版行业惯例等因素综合考虑，版式设计权的保护范围比较狭小，一般仅以专有复制权为限。信息网络传播权的权利客体限于作品、表演、录音录像制品，版式设计并非信息网络传播权的权利客体，故一审法院驳回建工出版社的诉讼请求。

二审法院审理后认为：版式设计与作品不同，版式设计难以达到独创性的要求，无法作为作品受到狭义著作权的保护，即版式设计不享有《著作权法》第10条规定的全部17个权项，其保护范围一般仅限于复制权。北京知识产权法院二审维持一审判决。

【法理分析】

要正确理解版式设计权的保护范围，必须回到版式设计权所属的范畴即邻接权，从邻接权产生的渊源及保护邻接权的目的的层面来理解版式设计权。

（一）著作权与邻接权的区别

著作权最早可以追溯到15世纪封建君主赋予出版商出版书籍的垄断权，也称特许出版权[①]。其与现代意义的著作权不同，与作者的权利无关。

除了传统的印刷出版和表演外，随着传播技术的发展，录音录像技术和无线电广播技术大大促进了作品的传播，如何保护传播者为传播作品而投入的大量劳动和资金成为立法的重要议题，邻接权也随之诞生。

从邻接权产生的渊源可知，邻接权是基于作者的权利而产生的，没有作品就没有作品的传播。因此，邻接权的保护范围不可能超过作者的权利，邻接权的权利范围是受到一定限制的。我国著作权法对著作权及邻接权进行了严格区分。邻接权包括版式设计权、表演者权、录音录像制作者权及广播组织权。

（二）版式设计的内涵

版式设计是对印刷品的版面格式的设计，包括对版心、排式、用字行距、标点等版面布局因素的安排，版式设计是出版者在编辑加工作品时完成的劳

[①] 王迁著：《著作权法》，中国人民大学出版社2015年版，第4页。

动成果。① 因此版式设计权的主体专指图书、报刊出版者。版式设计权保护的是传播者在传播作品过程中付出的劳动成果，因此版式设计权有独立的保护客体。一旦作品的保护期届满，版式设计权仍可以继续存续，不因作品的保护期届满而当然导致版式设计的保护期届满。我国《著作权法》规定的版式设计权的保护期是 10 年，自使用该版式设计的图书、期刊首次出版时起算。而专有出版权的有效期取决于合同当事人之间的约定，只要作品的保护期仍然存续，当事人可以在作品保护期内自由约定专有出版权的保护期。

（三）版式设计权的权利范围

《著作权法》第 36 条第 1 款规定："出版者有权许可或者禁止他人使用其出版的图书、期刊的版式设计。"在此，立法者在描述版式设计权时采用了"使用"一词，有观点认为"使用"一词外延宽泛，这就涉及应当如何理解版式设计权的权利范围的问题。

版式设计权属于邻接权的一种，从邻接权的产生渊源可知，邻接权保护的客体是传播者的劳动成果和投资，这种劳动成果不具有独创性，不符合作品的构成要件。因此，邻接权的保护范围不可能大于作品的保护范围，否则就违背了著作权法鼓励创作的立法初衷。版式设计权作为邻接权，其保护范围也是受限的，虽然立法者没有就版式设计权的具体权限范围进行明确的规定，但通常认为版式设计权仅限于复制权，即除了出版者自己可以随意使用其版式设计外，他人未经许可不得擅自按原样复制，或者简单的、改动很小的复制以及变化了比例的复制。②

如果仅对版式设计进行复制，但未进行后续利用，是否构成对版式设计权的侵权？笔者认为答案是肯定的。正如仅对作品进行复制，但未予发行，同样构成对作品复制权的侵犯。北京市高级人民法院在 2018 年 4 月 20 日颁布的《侵害作品著作权案件审理指南》第 5.1 条规定："未经许可复制他人作品但未发行或者以其他方式传播的，构成侵害复制权，但法律另有规定的除外。"版式设计也是同理。之所以提出这样的问题，是因为在网络环境下，扫描并上传电子书是目前侵犯版式设计权的一种常见表现形式。就作品而言，扫描并上传图书当然构成对作品著作权的侵犯，此时，侵权人实施的具体侵

---

① 姚红主编：《中华人民共和国著作权法释义》，群众出版社 2001 年版，第 217 页。
② 姚红主编：《中华人民共和国著作权法释义》，群众出版社 2001 年版，第 217 页。

权行为包括两项，一是扫描，即复制行为；二是上传到网络，即信息网络传播行为。此时，我们仅认定侵权人侵犯了作者对作品享有的信息网络传播权即可，而不再单独认定构成侵犯复制权。但就扫描并上传电子书的版式设计而言，情况则不尽相同。被控侵权人也实施了两个行为，一是复制，二是上传，但版式设计权仅控制复制行为，并不控制上传行为。因此，如果扫描的主体与上传的主体并非同一主体的情况下，版式设计权人仅能向实施复制行为的主体主张侵犯版式设计权，而不能就实施网络传播行为的主体主张侵犯版式设计权。北京市高级人民法院《侵害作品著作权案件审理指南》第6.6条规定："将图书、报刊扫描复制后在互联网上传播的，构成侵害版式设计权。"需要说明的是，此处虽提及在互联网上传播的行为，但侵害版式设计权是因为被控侵权人实施了扫描复制行为，如果没有扫描复制行为存在，仅上传行为是不构成侵犯版式设计权的。由此可见，版式设计权无法控制信息网络传播行为，因此，网络服务提供者的帮助侵权行为自然也无从谈起。

【法官点评】

目前，有出版社希望通过扩大解释版式设计权的权利范围以期对被控侵权人上传电子书的信息网络传播行为进行规制。笔者认为，这种解释不符合著作权法的立法原意，此时还是应当通过主张侵犯作品的信息网络传播权对自身的权利进行保护，而非通过主张版式设计权的方式进行维权。可以明确的是，版式设计的保护范围是非常狭小的，版式设计不可能享有《著作权法》第10条规定的所有17个权利，其保护范围一般仅限于复制权。如果将版式设计理解为与作品一样享有包含信息网络传播权在内的《著作权法》第10条规定的所有17个权利，则不符合著作权法对狭义著作权与邻接权予以区分保护的立法目的。而且，版式设计权也不能控制信息网络传播行为，版式设计权利人无权就他人将版式设计置于信息网络中的行为主张侵权责任，亦无权就网络服务提供者的过错行为主张帮助侵权责任。因此，出版社在维权时，应当向法院提供其获得作者对作品的信息网络传播权的授权的相关证据，并通过主张被控侵权人侵害了作品的信息网络传播权的方式寻求对自身权利的保护。

（撰稿人：北京知识产权法院 兰国红）

"易查网"侵犯著作权罪案[*]

——对作品"转码"后的存储与提供构成著作权侵权

【裁判要旨】

对网页的"转码"过程必然导致对作品的部分或全部存储,该存储是否侵犯他人著作权取决于经营者在转码过程中所实施的具体行为。若网络服务商以转码为借口,实施了超越转码技术所必需的、属于著作权法专有权利保护范围的行为,则应当承担侵权责任,在情节严重的情况下,构成侵犯著作权罪。本案中,经营者将转码后的内容传输给触发转码的用户后,还将该内容存储在自己的服务器中供其他用户直接获取,该存储行为并未随着用户浏览网页这一技术过程的结束而终结,具有独立的经济价值,属于对他人作品的复制和信息网络传播,构成侵权。本案入选2017年度上海法院十大优秀裁判文书。

【案情介绍】

被告人:北京易查无限信息技术有限公司(下称易查公司)、于某

玄霆公司享有《仙傲——雾外江山》等文字作品的独家信息网络传播权,并将上述作品在其经营的"起点中文网"上登载。易查公司成立于2006年,系"易查网"(域名:yicha.cn)的经营者,该网站设有小说、新闻、美图等多个频道。于某系该公司股东,负责技术工作,并担任法定代表人。2012年,为提高该网站的用户数量,于某提出开发触屏版小说产品,即将HTML格式的小说网页转码成WAP格式的网页供移动用户阅读。开发完成后,用户可在小说频道内搜索、阅读小说,阅读页面的网址显示为"易查网"的服务器地址。经司法鉴定,从易查公司处扣押的服务器硬盘中存储有

---

[*] 案号:(2015)浦刑(知)初字第12号。

相应小说内容，使用上述硬盘搭建出局域网环境的"易查网"后可搜索、阅读上述小说，其中有588部与"起点中文网"的同名小说存在实质性相似。2014年4月21日，于某向公安机关投案，并如实供述了上述事实。同年8月21日，易查公司向玄霆公司支付800万元。

浦东法院经审理认为，"易查网"在提供小说阅读服务过程中，不仅进行了网页的格式转换，还在其服务器中存储了经过格式转换的网页内容，使后来的用户可以直接从其服务器中获得，上述行为已明显超出转码技术的必要过程，被告人与辩护人所谓"临时复制"的内容已具备独立的经济价值。因此，易查公司的小说服务模式构成对作品内容的直接提供，其未经许可，通过"易查网"传播玄霆公司享有信息网络传播权的588部涉案小说，情节严重，构成侵犯著作权罪。于某作为易查公司直接负责的主管人员，应以侵犯著作权罪追究其刑事责任。易查公司、于某均系自首，依法对其从轻处罚。案发后，易查公司对玄霆公司进行了赔偿并获得谅解，可以酌情从轻处罚。据此，法院根据被告人的犯罪情节、社会危害性、认罪悔罪态度等，判决易查公司犯侵犯著作权罪，判处罚金20 000元；于某犯侵犯著作权罪，判处拘役3个月，缓刑3个月，罚金5000元；违法所得予以追缴；扣押的硬盘予以没收。

【法理分析】

本案的主要争议焦点在于，"易查网"小说频道提供的究竟是内容服务，还是单纯的搜索、转码服务。被告人所称的转码技术系随着手机阅读的逐渐普及而产生的一项技术。一般的小说阅读网站系针对台式机、笔记本电脑等配有较大显示屏和较强多媒体处理能力的传统终端而设计，网页采用的是HTML格式（即Hypertext Markup Language，超文本标记语言）。而对于使用手机上网的用户而言，由于手机的屏幕小、多媒体处理能力较弱，若直接进入网站浏览，往往难以显示全部内容，并可能出现乱码，网页中的图片、视频等内容也会消耗过多的时间和流量，用户体验较差。为解决上述问题，将网页从HTML格式转换成适用于手机阅读的WML格式（即Wireless Markup Language，无线标记语言）的转码技术应运而生。作为一项中立的技术，法律对该技术本身应当持中立态度。但若网络服务商以转码为借口，实施了超越转码技术所必需的、属于著作权法专有权利保护范围的行为，则应当承担侵权责任，在情节严重的情况下，构成侵犯著作权罪。对于何为超越转码技术所必需的行为，需要结合技术事实进行判断，存在一定的认定难度。

（一）对作品"转码"后的存储与提供构成侵权

在网页转码技术中，HTML格式的网页内容需存储在服务器内存或硬盘上才能进行处理转换，该过程必然涉及对网页中作品的"复制"。然而，这种在服务器内存或硬盘上的临时存储并不必然导致对复制权的侵权。我国立法尚未明确将"临时复制"规定为复制行为，关于承认"临时复制"为"复制"的意见也未被最终采纳①。根据技术中立原则，若将附随手机阅读转码技术而生的"临时复制"纳入著作权保护范围，则所有未经许可的"临时复制"都构成对权利人的侵权，手机阅读转码技术将无生存空间。这会直接遏制这一技术的发展，与著作权法促进社会主义科学事业的发展与繁荣的宗旨相违背。因此，应当根据案件不同的实施情况来判断手机阅读转码所涉及的复制是否侵权。

本案中，"易查网"小说频道系针对移动端而开发的小说网站，被告人及辩护人提出该网站仅提供搜索、转码服务的抗辩意见。鉴于该网站已变更服务模式，难以再现被控侵权行为，故无法对该网站的服务模式进行技术分析或鉴定。但根据公安机关固定的该网站小说阅读界面及鉴定过程中反映的相应事实，仍可对被告人的上述抗辩是否属实进行判定。

（二）"避风港"规则对于直接提供作品内容的情况不适用

《信息网络传播权保护条例》第23条的规定为网络搜索链接提供者提供了"避风港"，即网络服务提供者为服务对象提供搜索或者链接服务，在接到权利人的通知书后，根据条例规定断开与侵权作品链接的，不承担赔偿责任。但是，明知或应知所链接的作品侵权的，应当承担共同侵权责任。需要注意的是，该条规定适用的对象是为侵权作品上传者提供传播便利、通过设置搜索链接服务，使侵权作品得到进一步传播的网络服务提供者，该网络服务提供者的服务器中不应当存有相关作品，而仅是链接存储于他人服务器中

---

① 王迁："'今日头条'著作权侵权问题研究"，载《中国版权》2014年第4期。

的侵权作品。若直接提供了侵权作品，则不适用该条规定的"避风港"。

本案中，被告人于某的辩护人提出，"易查网"设有法律部门负责处理涉嫌侵权作品的"通知－删除"工作，在收到玄霆公司发来的侵权通知函后即联系对方，要求补充提供侵权链接及版权证明，但未收到任何反馈，玄霆公司的通知函不能构成有效通知，因此易查公司未侵犯玄霆公司对涉案作品享有的著作权。但根据本案证据，"易查网"作为涉案作品的直接提供者而非链接服务提供者，故并不适用信息网络传播权保护条例规定的"避风港"规则。"易查网"即便设置了所谓的删除机制，并完成了"通知与移除"程序，也不能免除责任。

【法官点评】

互联网新技术的不断产生给著作权法带来了诸多挑战，"转码"技术即是一例。我国立法并未明确将"转码"过程中的"复制"规定为复制行为，但根据技术中立原则，若将附随手机阅读转码技术而生的"复制"纳入著作权保护范围，则所有未经许可的转码技术过程中附带的"复制"都构成对权利人的侵权，手机阅读转码技术将无生存空间。这会直接遏制这一技术的发展，与著作权法促进社会主义科学事业的发展与繁荣的宗旨相违背。故而若只是转码技术所必需的临时复制，并不必然构成侵权。但若以转码为借口，实施了超越转码技术必要过程的行为，则有可能因踏入他人著作权的禁止权范围而构成侵权。

本案系首例移动阅读网站使用转码技术入刑的案件。该判决从信息网络传播行为的本质出发，就对转码技术的使用在何种情况下构成侵权进行了充分论述，对此类案件的审理有较强的参考意义。

（撰稿人：上海市浦东新区人民法院　叶菊芬）

"奇迹MU"网络游戏著作权侵权纠纷案[*]
——角色扮演类网络游戏整体画面认定"类电影作品"的路径

【裁判要旨】

网络游戏整体画面的表现形式、创作方式与电影作品相似,当具有独创性时,可认定为类电影作品进行保护。游戏玩家的互动性操作会产生不同的连续动态画面,但不可能超出游戏开发者的预设,不影响对游戏画面的定性。应坚持整体比对原则,以相关公众的一般注意力为标准来判断游戏画面的相似度,可以通过比对情节、角色、地图、场景、武器装备、怪物等游戏素材来认定。

【案情介绍】

上诉人(原审被告):广州硕星信息科技有限公司(下称硕星公司)、广州维动网络科技有限公司(下称维动公司)

被上诉人(原审原告):上海壮游信息科技有限公司(下称壮游公司)

原审被告:上海哈网信息技术有限公司(下称哈网公司)

壮游公司为网络游戏《奇迹MU》在中国大陆的独家运营权人,该游戏于2003年开始在中国运营。硕星公司于2013年12月开发完成网页游戏《奇迹神话》,于次年1月授权维动公司在中国独家运营,哈网公司的"99YOU"网站上有该游戏运营网站的链接。两款游戏均为韩式风格、魔幻背景、升级打怪的角色扮演游戏。经比对,《奇迹神话》在400级之前的18个地图名称与《奇迹MU》的相应地图名称及等级限制相同或基本相同,大量场景的位置设置、构成要素及整体外观一致,角色名称、图标相同或基本相同,大量怪物、武器、装备的名称、造型相同或高度近似。《奇迹神话》的宣传文章

---

[*] 一审案号:(2015)浦民三(知)初字第529号;二审案号:(2016)沪73民终190号。

中有"时光仿佛倒流到10年前""十年神话,奇迹再现……"等宣传用语。《奇迹神话》官网论坛中,不少用户认为该游戏为《奇迹MU》的页游版。另查明,原告授权他人将《奇迹MU》改编为页游,基本授权费300多万元或800多万元,同时根据每月营收进行分成。原告认为,被告的行为侵犯了原告对《奇迹MU》游戏画面享有的著作权,对"MU"商标享有的商标权,并构成擅自使用知名商品特有名称、虚假宣传等不正当竞争。故诉请判令各被告停止侵权、赔偿损失1000万元及合理开支105 000元并消除影响。被告辩称,《奇迹MU》游戏画面不构成类电影作品或其他作品,两款游戏不构成实质性相似。

浦东法院经审理认为,网络游戏画面具有独创性且能以有形形式复制,应受著作权法的保护,其在创作过程、表现形式等方面与电影作品相似,可作为"类电影作品"进行保护。可通过比对游戏中的情节、人物、场景等相关素材来认定游戏画面的相似度。经比对,可以认定《奇迹神话》的整体画面与《奇迹MU》构成实质性相似,侵犯了原告的复制权、信息网络传播权。此外,两被告的行为还构成擅自使用原告的知名商品特有名称及虚假宣传的不正当竞争。由于被告侵权行为给原告造成的损失已超过了法定赔偿的最高限额,法院综合考虑原告游戏商业价值、侵权程度等因素,在法定赔偿最高限额之上确定赔偿数额。法院遂判决两被告停止侵害原告对涉案游戏享有的著作权的行为,停止擅自使用涉案知名商品特有名称及虚假宣传的不正当竞争行为,两被告赔偿经济损失500万元及合理开支104 990元并消除影响。

一审判决后,被告硕星公司、维动公司提起上诉。二审审理中,上诉人申请撤回关于擅自使用知名商品特有名称的诉请,二审法院予以准许,并据此最终判决两被上诉人停止侵害原告著作权的行为、停止虚假宣传的不正当竞争行为,两被上诉人赔偿经济损失400万元及合理开支104 990元并消除影响。

【法理分析】

由于著作权法并未将网络游戏单独作为一个客体进行保护,因而以往的司法实践均系对其构成要素从不同角度分别保护。本案中,原告将屏幕端呈现的一系列画面的整体作为类电影作品进行主张,在作品类型及实质性相似的认定方面均有一定的创新性。

(一) 网络游戏画面作品类型的认定

1. 网络游戏画面符合类电影作品的定义

《著作权法实施条例》规定,电影作品和以类似摄制电影的方法创作的作品,是指摄制在一定介质上,由一系列有伴音或者无伴音的画面组成,借助适当装置放映或者以其他方式传播的作品。因此,类电影作品除满足独创性要求外,还需具备以下特征:①以某种介质为载体,如胶片、磁盘等;②以一系列画面为表现形式,可以有伴音或无伴音;③借助某种设备传播。从文义上理解,类电影作品在创作方式上还应满足"摄制"这一特征,而根据《伯尔尼公约》关于类电影作品的描述,其本质在于表现形式而非创作方法[1]。我国作为《伯尔尼公约》的成员国,对类电影作品的保护不应与该公约的精神相抵触。况且,坚守"摄制"这一创作方式,将会使得许多利用新技术制作的视听类作品无法纳入其中。我国《著作权法修订草案(送审稿)》对视听作品的规定也已删除了"摄制在一定介质上"的条件,说明立法者已意识到这一问题。因此,在满足类电影作品其他要件的情况下,认定类电影作品的关键在于其表现形式。

就原告主张的游戏整体画面而言,系游戏玩家操作游戏角色,遵循一定的游戏规则在游戏场景中升级打怪,游戏引擎按照其软件的功能设计调用故事情节、图片、音乐、界面设计等游戏素材后,在屏幕端呈现出文字、图片、声音等组合而成的连续动态的图像。《奇迹MU》作为一款角色扮演游戏,具有一定的故事情节,构成画面主体内容的图片、音乐、界面设计等集合了多个部门游戏开发人员的创作。游戏整体画面是全体开发人员智力创造的结晶,具有独创性,并能以有形形式予以复制,是应受著作权法保护的作品。

关于作品类型,涉案游戏画面从表现形式上看,系由故事情节、画面、音乐等多种内容所集合而成的整体画面,随着玩家的操作,游戏人物在场景中不断展开游戏剧情,从而产生连续动态的一系列游戏画面,给人以视听的体验,具有和电影作品相似的表现形式。除表现形式外,涉案网络游戏还具有和类电影作品类似的创作过程,具有一定的故事情节,综合了导

---

[1] 《伯尔尼公约》第2条第(1)项对类电影作品的表达为"assimilated works expressed by a process analogous to cinematography",即以类似摄制电影的方法"表现"的作品。

演、编剧、美工、音乐等多个创作手段,其表现形式和创作过程均与传统的电影高度相似,可以将其整体画面认定为类电影作品从而进行保护。

当然,网络游戏整体画面可纳入类电影作品的类型予以保护,并不意味着任何一个网络游戏的画面均可认定为类电影作品,仍需对其是否具备独创性进行判断。对于网络游戏整体画面的独创性判断,应根据类电影作品的独创性判断标准,结合网络游戏的整体视听效果、故事情节和游戏类型等进行个案认定。即便不能认定为类电影作品,网络游戏画面的组成部分,如单幅画面、文字、图片、音乐等只要符合独创性要求,仍可分别认定为不同作品获得保护。

2. 玩家的交互性操作不影响对网络游戏整体画面的定性

目前,影响网络游戏整体画面性质认定的主要原因在于玩家的交互性操作。诚然,与传统的电影作品相比,网络游戏具有双向性及互动性,但不能仅因此就否定其类电影作品的性质,理由在于:①玩家操作网络游戏所呈现的画面内容中,地图、场景、怪物、NPC等素材所组成的画面以静止的状态出现,构成游戏中所有故事、事件发生的场景,其在游戏中的位置、功能等不因不同玩家或不同时间的操作而发生变化。同时,由于具有统一的故事线索和主线任务,游戏的绝大部分故事情节、人物角色、游戏画面、音乐等都是重复出现的。可见,虽然不同玩家操作网络游戏所呈现的连续画面可能有一些差别,但其主体部分是相同的。②即便因操作不同而产生出不同的连续画面,也均系由开发商的既定程序预先设置好,具有有限的可能性,玩家不可能超出游戏开发者的预设对画面作出修改或增加。不同玩家只要选择相同的角色,使用相同的武器、装备、技能,以相同的路线、进程完成相同的任务,就可以得出完全相同的一系列动态画面。③玩家的交互性操作本身并不构成著作权法意义上的创作行为。产生作品的劳动过程必须能够体现出劳动者的智力创造过程,若仅按照既定的规则机械完成,即使劳动者必须具备某种技能或知识,由此形成的成果也不是作品。涉案游戏作为大型的角色扮演类网络游戏,开发商创作了大量游戏素材,编写了大量的功能模块,并非仅提供游戏工具。玩家操作行为的实质是在游戏开发商创作好的场景中,按照设计好的游戏规则进行娱乐。上述过程中,游戏画面由游戏引擎按照既定规则调取开发商预先创作的游戏素材自动生成，只要触发特定条件，无论何时由谁操作，屏幕上所显示的视听效果都是一样的。因此，玩家的行为并不具备作品创作的特征，不会对网络游戏整体画面的独创性认定产生实质性影响。

（二）网络游戏画面实质性相似的判断

由于网络游戏的画面繁多，且需要依赖于玩家的操作而产生，故实践中难以进行一帧帧的比对。但游戏画面由游戏人物、怪物等在游戏场景中不断展开一系列情节而呈现的连续画面所构成，其中情节表现为地图的等级设计、角色技能、武器装备的属性、怪物的战斗力等。因此，在比对对象方面，可以通过比对两款游戏的上述素材来对两款游戏画面的相似度进行判断。在实际比对中，由于游戏画面的构成素材成千上万，呈现方式也具有动态性和不确定性，其比对有赖于当事人双方尤其是被告一方的配合，双方均应提供充分的游戏素材以供比对。在实质性相似的判断标准方面，对于此类组成元素极多的集合性作品，应坚持整体比对原则，以相关公众的一般注意力为标准来判断整体画面的相似度。

【法官点评】

网络游戏是目前我国极具潜力并具有广阔发展前景的朝阳产业，随着网络游戏的发展特别是一些具有较强的故事情节、画面精良的角色扮演类网络游戏的出现，给传统的网络游戏司法保护方式带来挑战。在网络游戏的著作权保护中，作品类型主要从两种角度进行界定：从游戏引擎角度，由计算机程序和文档构成，属于计算机软件作品；从屏幕端呈现的视听界面的角度，由文字、图片、音乐、视频等不同游戏素材构成，分别属于文字作品、美术作品、音乐作品、类电影作品等。本案首次将角色扮演类网络游戏的整体画面认定为"类电影作品"，将其作为有机整体所享有的合法权益进行界定、保护，明晰角色扮演类网络游戏在这一跨界融合发展模式中的作品定位，有利于经营者在权利流转过程中建立明确预期，促进文化创意产业有序、繁荣发展。

（撰稿人：上海市浦东新区人民法院　叶菊芬）

"酷狗音乐"侵害表演者权纠纷案*
——著作权集体管理活动及侵权对比的认定

【裁判要旨】

在侵害表演者权纠纷案件中，表演者的身份、侵权的比对常常是案件审理的焦点问题。在确认表演者身份时，由于独立音乐人的表演制品常常没有正式出版发行，在没有相反证据的情况下，可以根据网络发表时的署名来认定表演者身份。在不委托专业机构鉴定的情况下进行侵权比对，可将侵权乐曲与主张权利的乐曲以波形比对的方式进行对比。同时，不能仅因音乐管理公司从多个权利人处获得授权并以自己名义进行维权，就认定其从事了著作权集体管理活动，而应将著作权的集体管理活动和著作权的授权、许可行为进行区分，保护著作权可以依法授权、许可的权利。

【案情介绍】

上诉人（原审被告）：广州酷狗计算机科技有限公司（下称酷狗科技公司）

被上诉人（原审原告）：看见网络科技（上海）有限公司（下称看见网络公司）

原审被告：海洋互动（北京）科技有限公司（下称海洋互动科技公司）

专辑《幸福时光》包含《初相遇》等15首乐曲，本案涉及其中12首乐曲，表演者均为姚某某。看见网络公司经姚某某授权获得专辑《幸福时光》的专有信息网络传播权及非交互式的网络播放权。酷狗科技公司是酷狗音乐平台的经营者。看见网络公司通过公证手机下载酷狗音乐平台涉案12首乐曲，同时用Charles软件实时抓取涉案公证手机通过酷狗音乐APP服务进行

---

* 一审案号：（2016）沪0110民初15577号；二审案号：（2017）沪73民终203号。

的所有下载专辑/歌曲的相关数据并保存。在其后,看见网络公司当庭通过 Adobe Audition CS6 软件对涉案音频与看见音乐官网上乐曲音频进行波形比对,比对结果为基本一致。海洋互动科技公司为网站 omusic.cc 的主办单位,网站首页公司介绍一栏显示"海洋音乐集团是一家致力于提供正版音乐资源与服务的互联网公司……同时,集团下属酷狗公司、酷我公司也是中国版权协会、网络版权联盟的成员单位。"

看见网络公司认为酷狗科技公司、海洋互动科技公司共同经营的酷狗音乐系国内知名的一家网络音乐提供和传播平台,该平台未经许可向公众提供并传播涉案乐曲,侵害了表演者享有的信息网络传播权,遂诉至上海杨浦法院,请求判令酷狗科技公司、海洋互动科技公司停止侵权并赔偿损失。

审理中,看见网络公司确认涉案乐曲已删除,故撤回第一项诉讼请求。杨浦区法院一审判决酷狗公司赔偿看见网络公司经济损失及合理费用10 000元,并驳回看见网络公司的其余诉讼请求。

一审判决后,酷狗公司不服判决,提出上诉。上海知识产权法院二审驳回上诉,维持原判。

【法理分析】

本案主要的争议焦点包括以下几个方面。

(1) 姚某某是否为涉案乐曲的表演者,原告是否有权提起涉案之诉。根据我国《著作权法》的规定,在作品或者制品上署名的自然人、法人或者其他组织视为著作权以及有关权益的权利人,但有相反证明的除外。当事人提供的涉及著作权的底稿、原件、合法出版物、著作权登记证书、认证机构出具的证明、取得权利的合同等,可以作为认定著作权的证据。独立音乐人的作品或制品常常没有公开出版过,也没有经过著作权权属登记,同时在底稿的保存方面也常有瑕疵,因此网络发表时的署名常作认定表演者身份的主要证据。同时由于存在同名等其他情况,法院可以结合表演者与网络平台间的合同、网络平台的后台信息、制品制作过程中的文档等证据进行综合认定。本案中,台湾地区 ISRC 国际标准录音录影资料查询代码查询系统、QQ 音乐、看见音乐及酷狗音乐均显示涉案 12 首乐曲的表演者为姚某某,原告亦提供了其与姚某某之间的授权合同,故在没有相反证据的情况下可以认定涉案乐曲的表演者为姚某某。

（2）原告是否从事非法著作权集体管理活动。根据著作权集体管理条例的规定，除著作权集体管理组织外，任何组织和个人不得从事著作权集体管理活动。《著作权法》第10条规定，著作权人可以转让或许可他人行使著作财产权，并依照约定或者著作权法有关规定获得报酬。这种转让或许可的自由，既是合同法中的契约自由原则在著作权行使当中的直接体现，也是著作权法鼓励作品传播、促进文化发展与繁荣的应有之义。法院不能仅依据音乐管理公司获得多个权利人多个作品的授权并进行维权便认定其从事了著作权集体管理活动，否则著作权人依照《著作权法》第10条规定所享有的对著作财产权的依法授权与转让、并基于此获得相应对价的权利将被不合理地限制。本案中，看见网络公司虽然从多个权利人处获得信息网络传播权和以自己名义维权的权利，但根据看见网络公司提供的证据，其获得作品或制品的信息网络传播权后通过看见音乐平台提供在线播放服务，并利用渠道资源为部分音乐人提供订制化商业应用机会，并非简单的"授权＋维权"行为，不属于著作权集体管理活动。故酷狗科技公司主张看见网络公司实际履行了著作权集体管理组织的职能与事实不符，看见网络公司经授权有权以自己名义提起本案诉讼。

（3）两被告是否构成侵权。在侵权比对方面，即使是同一首曲子，不同的演奏版本也会有所不同，让非音乐专业人士进行比对鉴别难度较大，而委托鉴定一方面延长案件审理的期限，另一方面又增加了当事人诉讼成本。从技术角度来看，乐曲的弹奏是以数字音乐的形式固定，数字音乐是可以用波形来表现的一段声音，不同的数字音乐表现出来的波形并不一致。数字音乐的波形可以通过计算机软件进行呈现，故通过计算机软件将主张权利的音乐的波形与涉嫌侵权的音乐的波形进行比对，可以直观地表现两者的异同点，从而实现非专业人士亦可简单比对的效果。本案中，在经当事人同意后，通过 Adobe Audition CS6 软件，采用将侵权乐曲与主张权利的乐曲进行波形比对的方式进行对比，比对结果基本一致，故可以认定酷狗科技公司未经许可在其经营的酷狗音乐手机应用程序上提供涉案音频的在线播放及下载，直接侵害了看见音乐公司对涉案乐曲享有的信息网络传播权，应承担相应的侵权责任。

【法官点评】

  音乐产业随着"互联网+"时代的来临因而面临众多考验和转型，其中一个趋势是独立音乐人的兴起和传统出版发行模式的革新。音乐著作权本来就是著作权法制度设计中较为繁杂的领域，涉及众多权利主体、权利类型，而互联网的革新又给音乐著作权案件的审理带来新的挑战。本案关于表演者身份的认定、著作权集体管理活动、侵害表演者权侵权比对的裁判结果对类案具有一定借鉴意义。本案中涉案制品并未公开出版过，也没有经过著作权权属登记，在作品的原件提供亦有困难的情况下，本案综合网络发表时的署名、ISRC 国际标准录音录影资料查询代码查询系统查询结果、表演者与音乐平台的授权书确认涉案乐曲表演者的身份。对于著作权集体管理活动的认定，著作权可以依法授权、转让的权利既是合同法中的契约自由原则在著作权行使当中的直接体现，也是著作权法鼓励作品传播、促进文化发展与繁荣的应有之义，不能简单地因为音乐管理公司从多个权利人处获得授权并以自己名义维权就认定为其从事的是著作权集体管理活动，应将著作权集体管理活动与著作权授权、转让行为予以区分。在侵权比对方面，本案在经当事人同意后，通过 Adobe Audition CS6 软件，采用将侵权乐曲与主张权利的乐曲进行波形比对的方式进行对比，比对结果基本一致且原、被告双方均予以确认，从而省去了委托鉴定的程序，节约诉讼成本。

（撰稿人：上海市杨浦区人民法院 刘燕萍、倪贤锋）

"金刚 1024 电脑灯控制台主程序 V2.0" 计算机软件著作权侵权纠纷案[*]

——对计算机程序和计算机文档是否具有独立保护地位的认定

【裁判要旨】

相同的功能与运行界面,完全可以通过不同的计算机程序实现。若运行界面并未显示原告的软件名称或者其他暗记,亦无被告程序开发人员接触原告源程序的事实,则两款软件的程序功能、运行界面、使用方法相同不能作为认定两款软件程序相同或者实质相似的初步证据,被告此时尚不负有提交被诉侵权软件源代码进行比对的举证责任。

在计算机程序不构成侵权时,计算机文档仍然可以作为计算机软件作品予以独立保护,但其独创性的认定标准以及侵权比对的判定方法均要视其内容的具体表达方式而定。囿于描述程序的特定功能或者目的,计算机文档的独创性门槛不宜设定过高。

【案情介绍】

上诉人(原审原告):广州市明静舞台灯光设备有限公司(下称明静公司)

被上诉人(原审被告):广州市白云区石井欧朗舞台灯光音响设备厂(下称欧朗设备厂)

明静公司系"金刚 1024 电脑灯控制台主程序 V2.0"计算机软件在版权中心登记的著作权人。明静公司购买了 2 台由欧朗设备厂制造、销售的被诉侵权产品并获得该产品的用户手册一套,称被诉侵权产品与安装了其公司软件的产品在使用过程中的屏幕显示、功能、功能键、使用方法均基本一致。

---

[*] 一审案号:(2016)粤 73 民初 1205 号;二审案号:(2017)粤民终 2207 号。

请求判令：（1）欧朗设备厂立即停止侵权，包括复制、发行的侵权行为，销毁侵权复制品；（2）欧朗设备厂赔偿其经济损失及为制止侵权行为所支出的合理费用共20万元等。

欧朗设备厂确认其用户手册参考了明静公司的用户手册，但主张该两台产品使用的是其自行开发的"POWER1024舞台灯控制台主控软件V1.03"程序，故不构成侵权。在本案诉讼过程中，明静公司就被诉侵权软件与其软件的同一性问题提出司法鉴定申请。但其在收到选定鉴定评估中心交纳20万元鉴定费的通知后，以欧朗设备厂不提交源代码导致鉴定费增加为主要理由拒绝预交该项费用，一审法院视为其撤回鉴定申请。

一审法院认为，因明静公司的原因导致司法鉴定程序无法开展，依据现有证据亦无法对被诉侵权产品使用的软件代码与涉案计算机软件代码是否相同或存在实质性近似作出判断，故其应当承担举证不能的责任。本案并不能单纯从用户手册及产品外观、功能、功能键、使用方法等方面的相似性上对两者软件代码是否具有同一性作出判断，而用户手册的编写方式或产品外观、功能键的设置等方面是否应受著作权法保护，也并非本案侵害计算机软件著作权纠纷所审查的范围。因此，其判决驳回明静公司的诉讼请求。

明静公司不服，上诉至广东高院。二审法院在关于欧朗设备厂是否构成计算机程序侵权的问题上与一审法院意见相同。而二审中，明静公司仍坚持若欧朗设备厂不提供源代码就拒绝鉴定的意见，故其应承担举证不能的不利后果。

关于欧朗设备厂是否构成计算机文档侵权的问题。与计算机程序不同，计算机文档系以普通人可以理解的自然语言编写而成，明静公司拒绝司法鉴定的行为，并不影响法院查明与文档侵权判定有关的事实。二审法院认为，既然法律已将计算机程序及其文档均纳入软件的框架下保护，那么即使程序不构成侵权或者不能被证明构成侵权，文档仍应受到保护，而一审法院错误地理解了文档的法律属性。二审法院据此撤销一审判决，改判欧朗设备厂立即停止复制、发行侵犯明静公司文档著作权的产品用户手册，销毁库存的侵权用户手册并赔偿明静公司经济损失3万元。

【法理分析】

根据《计算机软件保护条例》第2条的规定，计算机程序及其有关文档均应受到法律保护。众所周知，计算机程序包括源程序与目标程序。在审判实践中，原告为证明被告侵权，向法院提交的证据通常是被告制造的被诉侵权产品。对于该产品中所使用的软件与原告主张权利的软件是否一致的"同一性"判断，由于涉及的问题过于专业，很难绕开司法鉴定。若以被告能否提供被诉侵权产品的完整源代码供鉴定为标准，该类司法鉴定可分为源代码比对鉴定与目标代码比对鉴定。因源代码比对鉴定具有费用相对低廉、误差风险相对可控等优势，原告往往倾向于选择该鉴定方式。但是，在当前证据开示配套措施不完善以及诚信诉讼理念缺失的国情之下，被告则更容易倾向于作出相反的选择。在双方就检材产生分歧导致鉴定无法继续、事实无法查明的时候，法院需要判断的关键问题在于，原告是否已经完成了证明被告程序侵权的初步举证责任？本案中，明静公司请求法院保护的程序为版权保护中心登记的程序源代码，该源代码还需编译成可执行程序才能运行。其运行之后的屏幕界面如何、可以实现何种功能，以及如何操作使用，均不能通过在案证据确定。即使如明静公司所言，被诉侵权软件与其主张权利的软件运行界面、程序功能、操作方法、按键均相同，因相同的程序功能与运行界面完全可能经不同的程序实现，故亦不能从上述因素相同直接推测出两款软件程序相同或者实质相似，除非还有其他可以结合考虑的案件事实，例如，两款软件有相同的错误、暗记、被告软件界面显示了原告的软件名称等指向性信息，或者被告软件开发人员已被证明接触过原告源代码。就本案而言，明静公司自身的举证责任尚未完成，其请求法院责令欧朗设备厂提交源代码反证两款软件有何区别的主张缺乏事实与法律依据。

明静公司与欧朗设备厂的用户手册，均系通过文字与图表等方式，向用户介绍该款程序的安装、操作、配接、控制、设置等事项的计算机文档。明静公司的文档能否成为受著作权法保护的计算机软件作品，还取决于其是否具备独创性。对于该类作品的独创性，考虑到其内容客观上受到作品功能的限制，其独创性主要体现在文字与图表的具体描述方式以及编排组合等方面，故门槛不宜设置过高。明静公司的用户手册在内容的组织、架构方面一定程度体现了其自我选择和安排的烙印，且其语言体现上大量采用了个性色彩鲜明的表达，具有独创性。至于计算机文档作品侵权比对的方式，应视其内容的具体表达形式确定，即文字部分按照文字作品方式比对，示意图部分按照图形作品方式比对。经比对，欧朗设备厂的用户手册大量抄袭了明静公司用户手册中具有个性化的文字与图形表达。一审法院认为文档依附于计算机程序，单独的文档侵权并非本案审查的范围。二审法院明确指出，文档是计算机软件的重要组成部分，在计算机程序不侵权的情况下，文档仍然具有被独立保护的价值。二审法院据此改判明静公司关于计算机文档部分侵权的主张成立。

【法官点评】

　　权利人能否以及在何种条件下可以两款软件的运行界面、用户手册以及程序功能、使用方法均基本相同，作为推定其程序相同或者实质相似的初步证据，从而绕开源代码或者目标代码比对的烦琐流程即可轻松实现将举证责任转移至被告？在程序不侵权的情况下，文档是以文字作品还是以计算机软件作品予以保护以及其作为作品的独创性、侵权对比标准该如何把握？司法实践对此一直存在分歧。本案对上述问题作出的有益的探索，为同类型案件的解决提供了值得借鉴的裁判思路。

（撰稿人：广东省高级人民法院　王　静、李　艳）

《芈月传》作品署名权纠纷案*
——影视作品中编剧的特定称谓及其作用

【裁判要旨】

在合同未约定署名形式的情况下,制片方在影视作品上为编剧署名时冠以特定称谓以体现各编剧不同的分工和作用,这种做法本身并未被著作权法或其他法律所禁止。在合作作品中,每位作者的创作对作品要素影响复杂,不能简单通过不同版本剧本在人物设置、关系、情节等方面的数据比对,计算不同作者对定稿作品的贡献比例。署名权的行使应以作品为载体。影视作品海报、片花系制片方为宣传影视作品需要而制作,既不是影视作品本身,其目的和功能也非表明编剧身份。

【案情介绍】

上诉人(原审原告):蒋某某

被上诉人(原审被告):王某某、东阳市乐视花儿影视文化有限公司(下称花儿影视公司)

2012年8月始,花儿影视公司和蒋某某为创作电视剧《芈月传》剧本,约定:花儿影视公司聘任蒋某某为电视剧《芈月传》编剧;蒋某某依公司要求修改创作,若经修改仍不能达到要求,公司有权聘请他人在蒋某某剧本基础上进行修改创作;编剧署名排序由公司确定;蒋某某同意在电视剧《芈月传》片头中被署名为"原创编剧"。在《芈月传》剧本创作期间,因蒋某某提交的剧本经修改后仍不能达到花儿影视公司的要求,该公司遂于2013年8月与王某某签订委托创作合同,委托王某某在蒋某某剧本基础上进行修改创作。在制片人的协调下,《芈月传》剧本大部分内容创作模式是:蒋某某创

---

* 一审案号:(2015)温鹿知初字第74号;二审案号:(2017)浙03民终351号。

作初稿，将稿件发送给制片人，王某某进行进一步修改创作。王某某自2013年10月至2014年10月，陆续提交了《芈月传》电视剧拍摄剧本。2014年9月，电视剧《芈月传》开机，王某某在拍摄现场对剧本作进一步修改。2015年11月30日，电视剧《芈月传》在东方卫视和北京卫视开播。电视剧《芈月传》视频片头、DVD出版物包装盒、宣传册封面等载明"原创编剧：蒋某某""总编剧：王某某"。蒋某某认为，花儿影视公司、王某某在上述载体、媒体宣传及其他资料上将"王某某"作为《芈月传》电视剧剧本的第一编剧及"总编剧"，花儿影视公司在部分海报、片花上未载明"根据蒋某某《芈月传》同名小说改编"及未署名蒋某某编剧身份，上述行为均侵害了其署名权，故诉至法院。

一审法院经审理认为本案中，花儿影视公司与王某某的做法并未违反合同约定，王某某"总编剧"的署名方式也未贬损蒋某某作为原创编剧的身份和对剧本的贡献，二被告并未侵犯原告的署名权，故判决驳回蒋某某的诉讼请求。

一审宣判后，蒋某某不服，上诉至温州中级人民法院。二审法院判决驳回上诉，维持原判。

【法理分析】

本案涉及两个疑难法律问题，相关法律无明确规定，在审判实践中争议较大，现具体分析如下。

（一）"总编剧"不直接等同于"最大贡献"的编剧

本案中涉及的"总编剧"既不是法律概念，也不是合同约定名词，在影视行业中也不存在有关"总编剧"署名规则的行业惯例。那么，在合同未约定署名形式的情况下，制片方可否在影视作品中为某编剧署名时冠以"总编剧"称谓；"总编剧"是否比其他编剧如"原创编剧"贡献更高、地位更显著；这种署名方式是否会使相关公众误认为"总编剧"就是编剧之最、编剧之首、编剧之主，由此贬损其他编剧对作品的贡献，进而侵害其署名权。著作权法及相关司法解释并无相应规定，上述问题在司法实践中也无定论。本文将从署名权的含义以及"署名淡化"理论的角度出发，从正反两方面对该问题进行评述。

1. 从署名权的含义角度进行评判

我国《著作权法》规定，署名权，即表明作者身份，在作品上署名的权利。由此可知，在作品上进行署名，其目的在于表明作者身份，真实反映作品与作者之间的"血缘"关系。这既是对作者创作行为的尊重,也是满足社会公众知情权的保障。作者也正是通过署名的方式来彰显其与作品间的关系,以及其对作品作出的贡献,这是署名权赋予作者的一项权利,也是署名权作为一种著作人身权的含义。在合作创作的影视剧本中,对剧本的结构、情节、人物设计等方面产生实质性影响并付出独创性劳动的创作人员,都是影视剧本的编剧,其作者身份都应当在剧本中以署名的方式得以体现。

本案中,制片方为王某某、蒋某某署名时冠以"总编剧""原创编剧"称谓,正是从二位编剧的客观创作事实、与作品的密切联系程度及各自发挥的作用、作出的贡献等进行综合考虑。"原创编剧"与"总编剧"虽不是同一个层面的概念,但从不同的层面与角度反映不同编剧在创作中的工作性质和分工侧重,均肯定了二位编剧对剧本的贡献及作者与剧本间的关联关系。因此,制片方的这种署名方式并未侵害蒋某某的署名权。

2. 从"署名淡化"理论角度进行评判

署名权的意义在于表明作者与其智力成果间的关联,这种关联的表达是否准确、适当,是署名权保护的范围。而未经作者许可,对这种关联进行改变、破坏,则侵入了署名权的边界。"署名淡化"理论认为,任何违背作者意图的,淡化、破坏、改变作者与其作品间的关系,影响作者通过署名对其作者身份的昭显的行为,均是侵害署名权的行为。故对作品进行署名时,不能淡化、削弱、模糊甚至切断作者与作品间的联系,当然,也不能错误搭建或过分增强作者与作品间的关联。作为一种侵权判定规则,"署名淡化"理论是用行为产生的后果反推和判断行为是否构成侵权。

本案中,制片方为王某某署名时冠以"总编剧"称谓,并未淡化蒋某某作为"原创编剧"与剧本之间的关系。首先,从行业惯例而言,在影视剧本创作中,制片方组织两名以上编剧参与共同创作,此种做法有利于聚合创作智慧,提高创作效率和质量。制片方在影视作品上为编剧署名时冠以特定称谓以体现每位编剧不同的分工和作用,这种做法本身并未被著作权法或其他法律所禁止,在不违背善良风俗,侵害国家利益、公共利益和他人合法权益的情况下,制片方可实施上述行为。其次,特定称谓的署名方式不仅不会淡化作者与作品间的关系,反而更能体现作者在作品上各自凝结的智力劳动及作出的不同贡献。制片方为王某某、蒋某某署名时冠以"总编剧""原创编剧"称谓,既没有割裂、削弱、淡化蒋某某与剧本之间的密切联系,也没有让人误认为王某某就是"贡献最大"的编剧。因此,花儿影视公司的署名行为并无不当,未侵害蒋某某的署名权。

(二)影视作品海报、片花并非编剧署名权的必要载体

根据《著作权法》的规定,署名权的载体应足以指示、彰显和区分对应于特定作品的作者身份,能表明作者身份与该作品特定的密切联系。因此,作品是作者享有署名权的前提和载体,离开作品,就不存在侵害著作权法意义上的署名权。海报、片花是影视作品的广告宣传资料,不是影视作品本身,也不是影视作品的缩写本和封面页,其目的和功能并非表明编剧身份。若海报、片花具有独创性,应当构成独立的作品,但其作者应为海报、片花的设计者、制作者,而非海报、片花所宣传的影视作品的编剧。故制片方未在影视作品海报、片花上为编剧署名,并不侵害编剧的署名权。

【法官点评】

本案系因热播剧《芈月传》的制片方花儿影视公司为蒋某某、王某某二位编剧署名的不同顺序和方式引起的纠纷,社会关注度高,且涉及多个与署名权相关的疑难法律问题:一是,在合同未约定署名形式的情况下,制片方是否可以在影视作品上为不同编剧冠以"总编剧""原创编剧"等称谓;二是,海报、片花是否为影视作品编剧署名权的必要载体。上述问题在相关法律中均无明确规定,在司法实践中争议较大。二审法院在本案中,对《著作权法》及相关司法解释中的"署名权"概念进行了解读,并从行业惯例、文义理解等角度出发,厘清"总编剧"与"原创编剧"的界限,并结合不同编剧的客观创作事实以及各自发挥的不同作用、作出的不同贡献,分析了制片方分别为二位编剧署名时冠以"总编剧""原创编剧"称谓的合理性,同时明确了署名权的载体应结合该载体之功能进行确定的规则。可以说,本案判决填补了法律空白,并确立了具有一定典型性和参考价值的裁判规则,对类似案件的审理具有较强的借鉴意义。

(撰稿人:浙江省苍南县人民法院　章禾舟;
浙江省温州市中级人民法院　黄萍萍)

辩护词著作权侵权纠纷案*

——辩护词能否构成作品的认定

【裁判要旨】

辩护词虽然有其基本格式，但包含了案件事实、证据和辩护人对法律条文的理解，并经过层层逻辑论证，行文体现了辩护人的个性化选择和表达，具有独创性，可以受著作权法保护。

【案情】

上诉人（原审原告）：张某某

上诉人（原审被告）：钱某某

2014年，张某某接受另案被告人张某某的委托担任其涉嫌妨害作证罪一案的辩护人，并于10月15日向浙江省新昌县人民检察院（下称新昌检察院）提交辩护词一份。钱某某与另一律师接受张某某非同案共犯徐某某的委托，担任其审查起诉阶段的辩护人，并于2015年上半年向新昌检察院提交《审查起诉阶段辩护意见》一份。经比对，《审查起诉阶段辩护意见》与辩护词在表述上存在大量雷同，张某某认为其对自行创作的《辩护词》享有著作权，钱某某未经许可摘抄其《辩护词》的主要内容为自己的当事人进行辩护，构成侵权，遂诉至法院，请求判令钱某某赔礼道歉并赔偿经济损失68 000元。

一审法院认为，张某某的辩护词属于文字作品，应受法律保护。双方的委托人系非同案共犯，钱某某在查阅其委托人案卷材料时，可能接触到张某某提交的辩护词。现钱某某在其《审查起诉阶段辩护意见》中大量复制张某某辩护词内容，构成实质性相似，侵害了张某某著作权，应当承担民事责任。

---

* 一审案号：（2017）浙06民初57号；二审案号：（2017）浙民终478号。

因张某某未能举证证明其名誉受损,故对其赔礼道歉的诉请不予支持。该院遂判决钱某某赔偿张某某经济损失 20 000 元。

张某某、钱某某均不服一审判决,向浙江省高级人民法院提起上诉,该院遂判决驳回上诉,维持原判。

【法理分析】

(一)关于"作品"的认定标准

《著作权法实施条例》第 2 条规定,著作权法所称作品,是指文学、艺术和科学领域内具有独创性并能以某种有形形式复制的智力成果。据此,著作权保护的对象是对思想以及事实的独创性表达,认定作品时应考虑以下因素:(1)是否具有一定表现形式,不属于客观事实或者抽象的思想本身;(2)是否由创作者独立创作完成,体现了创作者的个性化选择、判断及技巧等因素;(3)是否属于智力劳动成果。辩护词系辩护人在刑事诉讼过程中根据事实和法律,向人民检察院或人民法院提出的辩护意见,是辩护人用以实现辩护职能的重要手段,无疑是辩护人的智力成果,且属于可被客观感知的外在表达,能够以有形形式复制,因此判断辩护词是否属于作品关键在于其是否达到作品独创性的最低标准。不同于文学艺术作品丰富多彩的表达方式,辩护词重在阐述观点,讲究观点鲜明、理由充分、逻辑严密,它的表达方式相对于文学艺术作品要简单得多,也有较大局限。但行文格式和观点统一不应成为否定其独创性的因素,论证同一个辩护观点,可以有各种各样不同的途径,这种途径显然是表达形式而非思想本身。故只要辩护词的文字表达是由辩护人独立完成,且反映了辩护人在写作时的个人选择和对论点的判断,即符合作品独创性要求,属于受著作权法保护的作品。本案中,张某某为论证其提出的无罪观点,结合案件相关事实、证据以及对法律条文的理解,从多个方面,层层逻辑论证,其行文体现了张某某的个性化选择和表达,具有独创性,属于著作权法保护的作品。

辩护词不属于《著作权法》第 5 条规定的例外情形。我国《著作权法》第 5 条之所以将具有立法、行政、司法性质的文件排除在受法律保护的作品之外,并非因为上述文件不符合作品的独创性要求,而是因为上述文件涉及社会公众和国家整体利益,属于全体社会成员公有的信息资源,这些文件的广泛传播是进行公共管理、维护公共利益的需要，不能因著作权保护限制其传播而增加社会公众复制和传播官方文件的成本。相比而言，辩护词承载着个体的利益诉求，不涉及社会公众利益，故不宜将辩护词归入著作权的例外情形。

(二) 实质性相似的判断

著作权法保护的是表达而非思想，而由于该类文书的特殊性，在判断两个辩护词之间是否构成实质性相似时，应注意以下问题。

(1) 辩护观点非著作权法的保护内容。思想与表达二分法是区分作品中受保护的要素和不受保护要素的基本原则。辩护观点虽然系辩护词的核心部分，辩护词中摆事实、讲道理、引用事实和法律均是为了说明和论证辩护观点，但辩护观点属于思想的范畴。事实上，辩护人帮助被告人（或犯罪嫌疑人）行使辩护权以维护其合法权益，只能从被告人（或犯罪嫌疑人）无罪、罪轻或减轻、免除其刑事责任这几个观点提出意见，如果将辩护观点纳入著作权法的保护，那么他人将不得在未经许可的情况下，提出相同的辩护观点，这无疑是荒谬的，也与辩护词的最终目的——帮助被告人（或犯罪嫌疑人）反驳起诉书的指控背道而驰。因此，本案中，即使如张某某所述，其在张某某涉嫌妨碍作证一案中首先提出了无罪的辩护观点，该观点也不为著作权法所保护，其无权禁止他人提出相同的辩护观点。

(2) 辩护词的基本格式、基本案情、被指控罪名的法律构成要件等公共素材、必要表达不受著作权法的保护。辩护词用于刑事诉讼，其自身的性质使其具有固有的基本格式，与案件相关的定罪量刑的法律规定均为公众可自由使用的公共资料，可予以排除在可能构成侵权之外。案件的基本案情是客观存在和发生的事实，其产生不受人类思想或创作活动的影响，不具有独创性，亦不受著作权法的保护，在侵权比对时对该部分内容也应予以排除。

(3) 实质性相似比对的是独创性表达。独创性是作品区别于其他人类劳动成果的关键因素，对于作品是否实质性相似的判断实质上是基于作品独创性表达的价值判断，只有作品中独创性表达的部分才能产生限制和控制他人行为的效力。考虑到辩护词创作空间的有限性，对于两份辩护词是否构成实质性相似应当采用较为严格的标准来认定，即只有在两者的独创性表达"极为相似"的情况下,才认定构成实质性相似,从而存在侵权的可能。辩护词中的独创性表达主要是辩护人对案件相关法理、法律渊源、对法律条文的理解等要素的选择,按照自己的逻辑和语言进行组织,创造出来的被充分描述的结构,这种整体上的选择和安排如果符合独创性要求,则在侵权比对中也要考虑被诉作品是否采用了同样选择和安排。

【法官点评】

辩护词,是被告人(或犯罪嫌疑人)及其辩护人在刑事诉讼过程中,根据法律和事实提出有利于被告人(或犯罪嫌疑人)的材料和意见,部分或全部地对控诉的内容进行申诉、辩解、反驳、控诉,以证明被告人(或犯罪嫌疑人)无罪、罪轻,或者提出应当减轻、甚至免除刑事责任的文书。辩护词是否构成作品,能否受到著作权法的保护,我国的法律法规没有明确规定,业界也存在不同观点,通过本案的审理,法院以对作品的正面定义和反面例外相结合的方式给出了肯定的回答。即辩护词不属于《著作权法》第5条规定的不受该法保护的"具有立法、行政、司法性质的文件"。如果辩护词的文字表达是由辩护人独立完成,其行文能够体现辩护人在写作时的个性化选择和表达以及对论点的判断,达到作品独创性的高度,就属于受著作权法保护的作品。但考虑到辩护词之特性,法院在进行实质性相似的比对时,应注意排除辩护观点、基本格式、基本案情、被指控罪名的构成要件等公共素材,采用较为严格的标准予以认定,使对作品的保护强度与其独创性高度相协调,在保护权利人合法权益的同时,防止过度限制他人的合理使用和再创作。

(撰稿人:浙江省高级人民法院 王亦非、李 臻)

有声读物侵害文字作品信息网络传播权纠纷案[*]

——制作及非法授权制作有声读物的著作权法定性

【裁判要旨】

制作"听书"等有声读物的行为在著作权法上应作如下定性：朗读文字作品属于表演；将朗读的声音进行录制属于制作录音制品；有声读物中无论是否添加了背景音乐、音效等，都属对文字作品的复制，而非改编。缺乏许可而制作、提供有声读物侵害作品复制权及信息网络传播权；缺乏有效权利而授权他方制作、提供构成帮助侵权。有关著作权授权合同内容发生争议时，可以借鉴法律解释方法对合同予以解释，需要推定时应从有利于保护作者利益的角度出发。

【案情介绍】

上诉人（原审原告）：谢某

被上诉人（原审被告）：深圳市懒人在线科技有限公司（下称懒人公司）、杭州创策科技有限公司（下称创策公司）、杭州思变科技有限公司（下称思变公司）、北京朝花夕拾文化发展有限公司（下称朝花夕拾公司）

谢某享有《你们谁敢惹我》等多部文字作品著作权。其发现懒人公司在其经营的网站"懒人听书"（www.lrts.me），通过信息网络非法向公众提供涉案作品的在线听书服务，遂通过公证的方式固定证据。经沟通，谢某从懒人公司提交的文件中发现懒人公司系在经过创策公司、思变公司、朝花夕拾公司层层授权后在线提供听书服务。

经法院审理后查明，谢某曾于2013年将涉案作品的"信息网络传播权及其转授权，以及制作、复制和销售电子出版物的权利"授权创策公司。

---

[*] 一审案号：(2017) 浙8601民初357号等；二审案号：(2017) 浙01民终5386号等。

2014年,创策公司向思变公司出具授权书,明确写明授权思变公司将涉案作品制成有声读物,并可以自行或再许可他方行使音频格式作品的信息网络传播权。2015年,思变公司授权朝花夕拾公司将涉案作品的信息网络传播权转授权给懒人公司在其懒人听书平台上使用。同年,懒人公司与朝花夕拾公司签订合同,约定朝花夕拾公司将涉案作品有声读物许可懒人公司在其平台上使用。

谢某认为从未授权创策公司、思变公司、朝花夕拾公司、懒人公司中任一家将涉案作品录制成有声读物并通过信息网络传播,四公司在未取得谢某许可的情况下将涉案作品录制成有声读物并通过信息网络传播的行为系侵权行为,共同侵犯了谢某的著作权,遂诉至法院,主张四家公司构成共同侵权,要求其承担连带侵权责任。

杭州互联网法院经审理,最终认定懒人公司未经许可在线提供涉案作品,构成对谢某信息网络传播权的侵害。创策公司、思变公司、朝花夕拾公司在自身缺乏有效授权的前提下,疏于审查,仍向下家授权的行为构成帮助行为,应当承担连带责任。于是根据涉案作品的字数、独创性差异等个案因素,于2017年6月19日作出判决,每案确定了金额不等的赔偿,由四被告承担连带责任。

一审宣判后,谢某不服提起上诉。后经杭州市中级人民法院审理,于2017年9月25日判决驳回上诉,维持原判。

【法理分析】

本案的两个关键法律争议在于:一是有声读物这一客体本身,以及制作、提供在线有声读物的行为在著作权法上是何定性;二是解释著作权授权合同应遵循的规则。

(一)关于行为的定性

有观点认为,有声读物属于文字作品的演绎作品,制作有声读物属于对文字作品的改编。该观点似乎有其道理:一段制作精良的有声读物,其朗读者声音动听而富有磁性,又配有风格统一的背景音乐,一些场景甚至配有相应的音效,给听众带来与阅读文字完全不同的体验。制作者已经付出了大量的劳动,对朗读的音调、所配音乐与音效进行了选择与安排,不认定为新作品似乎于理难容。但以著作权基本法理究之,该观点难以成立。

判断一行为是否属于改编行为，一作品是否构成改编作品，首先需要明确"改编"的认定标准。改编作品的产生应以"改变"原作品为前提，所"改变"的对象应是原作品之表达，且"改变"的程度达到了著作权法要求的独创性高度。对于文字作品而言，文字表述、故事情节等是其作品的表达所在，改编文字作品应以上述内容发生改变为前提。

就有声读物而言，一般其制作需经历如下3个步骤：朗读－录音－后期制作（添加音效、配乐等），最终成品是由原文朗读＋音乐＋音效（音乐与音效并非必要元素，大部分有声读物仅有原文朗读）。如果有声读物最终成品构成文字作品的演绎作品，则必然是在前述3个步骤中在文字作品基础上增加了足够的独创性。下文逐一检视。

其一，就朗读而言。我国《著作权法》未直接规定朗读行为归何种权利控制，但根据《伯尔尼公约》第11条之三有关"文学作品的作者享有下列专有权利：（1）授权公开朗诵其作品……"的规定，我国负有授予文字作品作者控制他人公开朗诵其作品之权能的义务；而《视听表演北京条约》则在第2条中规定"'表演者'系指……对文学或艺术作品或民间文学艺术表达进行表演、歌唱、演说、朗诵、演奏、表现或以其他方式进行表演的其他人员"，明确了对作品进行朗诵的人员属于表演者，也从侧面反映了朗诵属于表演行为。此外，国家版权局在《关于发布著作权法实施条例第五条中"表演"的具体应用问题的解释的通知》（国权〔1999〕43号），北京市高级人民法院在《关于审理著作权纠纷案件若干问题的解答》（京高法发字〔1995〕192号）中也均明确朗诵属于对作品的表演，而将朗诵界定为表演的一种也是我国学界的一般认知。因而，对文字作品进行朗读应被界定为表演行为。需要指出的是，我国著作权法中表演权所控制的行为为公开表演，在私人空间中朗诵文字作品虽属表演，但因不具有公开性，故并不受表演权的控制。

当然，表演者有其个性。对同一作品，不同的朗读者在朗读时会对音调、语速作出不同的选择，传递出不同的感情。但这种选择与安排并未"改变"作品的文字内容，未"改变"文字作品之表达（文字表述、故事情节），故不可能构成对文字作品的改编；仍只属于对作品进行表演的范畴。正如不同的歌手演唱同一首歌曲会产生不同效果，但歌手仍只是表演音乐作品而未创作新的改编作品一样，都是基于创作与表演的基本分野而得出的应然结论。

如果认为表演行为也可以创作新作品的话，就混淆了著作权与邻接权之间的界线。

其二，就录音行为而言，显然不涉及创作，不涉及独创性的添加。录音后形成录音制品，录音制品属于对原作品的复制，显然也不属于改编作品。

其三，关于后期制作（添加音效、配乐等）。如前所述，改编作品以改变原作品的表达，且该改变具有独创性为前提。一般而言，改编作品中，改编行为添加的新独创性成分应与原作品独创性成分融为一体。原封不动地保留原作品的表达，在此基础上添加了新的、可随时分离的、本身具有独创性或不具有独创性的元素，不构成改编作品。例如，文字作品完成后，他人自行配上若干插图，由此形成的插图显然不属于原文字作品的改编作品，而应该由文字作者与绘图者分别就文字作品与美术作品享有著作权。为文字作品的录音配乐具有相同的性质，同样不能产生改编作品。

可见，无论是朗读、录音还是后期制作，均未"改变"文字作品的表达，也就无从讨论"改变"是否达到了足够的独创性标准，故有声读物不符合改编作品的要件。事实上，将文字作品制成有声读物仅仅改变了作品的表现形式或曰载体，仍属于对作品的复制。

（二）关于合同解释

本案中原被告之间并非从无往来的权利人与侵权人，而是存在一定著作权授权关系，授权链条是：作者谢某—创策公司—思变公司—朝花夕拾公司—懒人公司。作者向创策公司出具的授权协议中写明授予"制作、复制和销售电子出版物的权利"以及"信息网络传播权"。被告抗辩称此处的"电子出版物"包含有声读物，同时依据信息网络传播权的授权其可以在线传播有声读物，但原告坚决否认双方授权合意中包含有声读物。可见双方争议的实质是对合同约定的授权范围发生争议，具体而言是对"电子出版物"的内涵发生争议。由于"电子出版物"并非我国著作权法中使用的概念，内涵和外延尚未法定化，在此需要对合同进行解释。

"合同乃当事人之间的法律"，对合同的解释在很大程度上可以借鉴法律的解释方法。具体而言，首先，从合同签订背景来看，涉案授权书签订时有声读物尚未流行，难以认定双方已经就此进行过要约与承诺，并将此纳入授权合意之中。其次，本案中自创策公司向后的各被告提交的由作者出具的授权书已被篡改（各被告在获取授权时均要求上游提供作者出具的第一道授权书，均获得了授权书的电子扫描件），被人为通过技术手段在电子件上添加了"制作有声读物"的内容，由此可以佐证在被授权方看来，制作有声读物并不在授权范围之内，否则无须篡改。再次，著作权法以保护作者权益，激励创作为立法目的，在合同理解发生争议时，应当从有利于作者的角度进行解释。基于上述理由，应当认定制作有声读物并不在授权范围之内，被告的制作行为构成侵权。

还有观点认为，授权书中已经明确授予信息网络传播权，故作者不得再以信息网络传播权主张侵权。对此需要指出的是，合同中有关信息网络传播权的授权有其明确的前提条件——限于对以电子图书等形式存在的涉案作品复制件进行数字出版的行为。在不符合这一前提条件时，被告的行为构成违约与侵权的竞合，著作权人当然可以寻求侵权的救济。

【法官点评】

"听书""有声读物"是近年新兴的一种文化消费方式。但制作、在线提供有声读物在著作权法上如何定性，经营者应当取得著作权人怎样授权，未经许可制作有声读物所侵害的是作者的复制权抑或改编权等，诸多问题缺乏明确的规范指引，产业界、学术界、司法界存在不同认识，没有权威而统一的意见。这种书面可能会使得业界或畏步不前，或以身试险，这对行业合法、有序发展极为不利。本案通过详细的说理、分明的裁判回答了上述问题。明确了如下规则：制作有声读物不构成对文字作品的改编，仅涉及表演、录音、复制；制作与传播有声读物需要著作权人的明确授权，否则构成侵权。本案裁判确立的这些规则为行业主体提供了清晰的指引，充分发挥司法助推文化产业健康发展的积极作用。

（撰稿人：华东政法大学博士研究生、杭州互联网法院　张书青）

"宝高"玩具著作权侵权纠纷案[*]

——作为实用艺术作品的积木拼装玩具受著作权法保护

【裁判要旨】

积木拼装玩具的整体造型属于受著作权法保护的作品，著作权人的积木拼装玩具的拼装颗粒是否申请过外观设计专利以及专利权是否失效对积木拼装玩具整体造型的著作权并不产生影响。侵权人虽然生产及销售的产品是积木拼装玩具的拼装颗粒，但由于该拼装颗粒均是成套出售的，如果其拼装之后的立体造型与权利人作品一致，则属于权利人作品的复制件，其销售被控侵权产品的行为属于对权利人作品的发行。

【案情介绍】

上诉人（原审原告）：宝高（南京）教育玩具有限公司（下称宝高公司）、熙华世（南京）科技有限公司（下称熙华世公司）

上诉人（原审被告）：晋江市东兴电子玩具有限公司（下称东兴公司）

原审被告：南京金宝莱工贸有限公司（下称金宝莱公司）

宝高公司、熙华世公司系涉案"老式火车站"等19款积木拼装玩具的著作权人。宝高公司与东兴公司原系合作伙伴，双方曾于2010年6月签订合作生产协议，约定：宝高公司提供生产模具并委托东兴公司加工生产塑料积木玩具产品，宝高公司负责包销其委托定制的塑料积木玩具产品；东兴公司不得向除宝高公司以外的第三方交付和宝高公司相同类型的产品，否则需承担违约责任，赔偿宝高公司500万元。后双方在协议履行过程中发生矛盾，经另案法院生效判决确认，双方的合作协议于2012年2月23日解除。合作

---

[*] 一审案号：南京中院（2015）宁知民初字第126号；二审案号：江苏高院（2016）苏民终482号。

协议解除后，东兴公司仍然继续生产相关玩具产品，并在中国玩具展以及其官方网站上公开宣传、销售涉案玩具产品以及授权金宝莱公司经销涉案玩具产品。

宝高公司、熙华世公司主张东兴公司、金宝莱公司生产、销售的玩具产品侵害了其玩具作品著作权，请求法院判令东兴公司、金宝莱公司停止侵权，并赔偿经济损失500万元以及制止侵权的合理开支费用。

一审法院认为：东兴公司、金宝莱公司的行为构成对宝高公司著作权的侵害，遂判决其停止侵权，并责令二被告分别赔偿宝高公司经济损失及制止侵权合理开支共计50万元、400万元，东兴公司对判决第二项判令金宝莱公司承担的赔偿义务负连带责任。

东兴公司、金宝莱公司不服一审判决，向江苏省高级人民法院提起上诉。

二审法院判决：驳回上诉，维持原判。

【法理分析】

本案中作为实用艺术作品的积木拼装玩具是否受我国著作权法保护，是案件处理需要解决的基础法律问题。

根据世界知识产权组织编写的《著作权和邻接权法律词汇》，实用艺术作品是指"具有实际用途的艺术作品，不论这种作品是手工艺品还是经工业生产的产品。"《伯尔尼公约》第2条第1款将"实用艺术作品"列为"文学艺术作品"的范围。根据世界知识产权组织编写的《伯尔尼公约指南》，实用艺术作品涵盖小摆设、金银首饰、家具、壁纸、装饰品、服装等。根据《伯尔尼公约》第2条第7款，如果实用艺术作品的来源国没有对实用艺术品提供专门保护，实用艺术作品应作为"艺术作品"受到保护。我国著作权法并没有明确规定对实用艺术作品提供著作权保护，但是这并不代表实用艺术作品不能得到我国著作权法的保护。2013年修订的《著作权法实施条例》规定："美术作品，是指绘画、书法、雕塑等以线条、色彩或者其他方式构成的有审美意义的平面或者立体的造型艺术作品。"根据该条款，可以将实用艺术品归入美术作品的范畴进行保护。

但是关于实用艺术品受著作权法保护的条件，理论上和实践中还存在一定的争议。有学者认为，实用艺术作品应当符合以下三个条件才能得到著作权法的保护：（1）实用艺术作品中的实用功能和艺术美感必须能够相互独立。如果改动实用艺术作品在艺术部分的设计，影响了实用功能的实现，则艺术成分与实用功能就是无法在观念上分离的；但如果改动了实用艺术品在艺术部分的设计，不会影响实用功能的实现，则艺术成分与实用功能就可以在观念上分离。（2）能够独立存在的艺术设计具有独创性。其中，"独"是指劳动成果是由劳动者本人独立完成的，而非抄袭；"创"是指劳动成果具有一定程度的创造性。（3）实用艺术作品应当达到较高水准的艺术创作高度。这主要是考虑到著作权保护制度与外观设计专利权保护制度的协调，以及美术作品自身应当具有的艺术水准。

本案中，双方当事人关于该问题的争议主要集中在涉案拼装玩具是否具有独创性，是否属于对他人玩具的抄袭。根据双方提供的证据以及案件具体情况，法院认定涉案积木拼装玩具的整体造型具有独创性，应当受到我国著作权法的保护。

【法官点评】

改革开放几十年来，我国已成为玩具产品制造和消费的大国，与此同时，玩具行业的知识产权竞争亦日益激烈。本案中，宝高公司、熙华世公司创作的积木拼装玩具以其巧妙的创意、新颖的设计受到消费者的喜爱，并大量出口海外。东兴公司与宝高公司原系合作伙伴，但东兴公司在双方合作关系破裂后，并没有进行自主研发，而是简单复制宝高公司的玩具作品对外销售，给宝高公司造成了较大的损失。本案在认真分析宝高公司作品性质以及东兴公司侵权行为形式的基础上，判决东兴公司赔偿宝高公司经济损失与合理费用400万元，金宝莱公司赔偿经济损失及制止侵权合理开支共计50万元是人民法院加大知识产权保护力度，充分发挥知识产权在推动经济发展方式转变、产业结构升级中的重要作用的典型案件。

（撰稿人：江苏省高级人民法院　罗伟明）

"茅盾手稿"著作权权属及侵权纠纷案[*]

——美术作品原件的所有权与著作权冲突的解决

【裁判要旨】

美术作品原件所有者获得物权的同时并不当然享有该作品的著作权。物权与著作权发生冲突时,物权的行使应以不损害著作权人的合法权利为前提。作为接受物权人委托的拍卖人,除了负有物权保护注意义务外,还应当负有合理的著作权保护注意义务。

著作权法并不要求智力成果的表现形式与最终用途一致,也没有排除同一作品被认定为不同作品种类的可能性。智力成果同时符合著作权法在文学领域和艺术领域对于作品的相关规定时,应当被认定为既是文字作品也是美术作品,应受到著作权法相应的保护。

【案情介绍】

上诉人(原审原告):沈某甲、沈某乙、沈某丙

被上诉人(原审被告):张某、南京经典拍卖有限公司(下称经典拍卖公司)

1958年,茅盾先生用毛笔书写创作的一篇评论文章《谈最近的短篇小说》在《人民文学》杂志上发表。之后,张某持有了该文章的手稿原件,并于2013年委托经典拍卖公司拍卖涉案手稿。接受委托后,经典拍卖公司上传了手稿的高清数码照片,在公司网站和微博上对手稿以图文结合的方式进行宣传介绍。公众在浏览经典拍卖公司网站时,可以看到涉案手稿的全貌,也可以通过网页的放大镜功能观察到每页手稿的局部细节。最终,因拍卖未成交,涉案手稿原件仍由张某持有。拍卖结束后,经典拍卖公司仍在互联网上

---

[*] 一审案号:(2016)苏0116民初4666号;二审案号:(2017)苏01民终8048号。

持续展示涉案手稿，直至2017年6月才删除。沈某甲、沈某乙、沈某丙系茅盾先生的合法继承人，其认为张某和经典拍卖公司的上述行为侵害了涉案手稿的著作权，故诉至法院，请求判令：（1）经典拍卖公司、张某停止侵害涉案手稿作为美术作品的展览权、发表权、复制权、发行权、信息网络传播权，以及作为文字作品的复制权、发行权、信息网络传播权的行为；（2）经典拍卖公司、张某在媒体及网站上向其承认错误并赔礼道歉；（3）经典拍卖公司、张某连带赔偿其经济损失50万元。

【法理分析】

（一）涉案手稿既是文字作品也是美术作品

首先，从构成要件来看，"美术"顾名思义就是"绘美之术"，根据分类，美术作品属于著作权法客体中的艺术作品（另两类是文学作品和科学作品），是作品诸类中最突出审美意义的作品类别。所以，美术作品除了需要具备一般作品的独创性、可复制性以外，还需要能够通过"线条、色彩或者其他方式"给人以美感。本案中，从涉案手稿的整体观察，其系茅盾先生用毛笔书写的近万字长文，长章大篇、一气贯之，足见书法功力之深，全篇节奏分明、法度严谨、端稳庄重，无论是篇幅、结构还是整体布局，在历代文人手札中均属佳作。再从细节着眼，涉案手稿体现了汉字书写艺术的精妙，能够给人以审美的享受，符合著作权法对于美术作品的相关规定。其次，从文学作品与书法作品的关系来看，虽然两者是截然不同的艺术形式，有着各自独立的发展规律，但彼此之间又有着不即不离、相融相渗的关系。茅盾先生在多年的文学创作中始终注重对自身书法的磨炼精进，成功地将文学书写与书法书写进行了融合，其传留下来的诸多书信、题词、手稿等被公认具有较高的书法艺术价值。最后，著作权法并不要求智力成果的表现形式与最终用途一致，也不要求美术作品具备题跋、印章等形式特征。涉案手稿虽是茅盾先生向杂志社投稿之作，亦不具备题跋、印章、纸张等形式特征，但不妨碍其被认定为书法作品。综上，我国著作权法并没有排除同一作品因兼具不同的外在表达，从而被认定为不同作品种类的可能性。涉案手稿是以文字形式表现出来的文学和艺术领域内的智力成果，既是文字作品也是美术（书法）作品。

（二）经典拍卖公司侵害了涉案手稿美术作品著作权

首先，物权的行使不应损害著作权人的权益。《著作权法》第18条规定，美术等作品原件所有权的转移，不视为作品著作权的转移。可见，美术作品的著作权并不随美术作品原件的转移而发生变化，美术作品原件所有者获得物权的同时并不当然享有该作品的著作权。此一著作权与物权相分离的状态应是思考涉案手稿著作权保护相关法律问题的原点。涉案手稿上同时承载着著作权（表达）和物权（载体），这两种权利虽然都是绝对权、对世权，但其权利的行使并非没有限制。为保护文化传播、实现作品价值，《著作权法》第18条规定，美术作品原件的展览权由原件所有人享有。这一规定体现的正是物权对著作权的限缩，尤其是对于尚未发表的美术作品而言，物权人行使原件展览权时往往会出现将作品公之于众的客观后果，甚至造成作者发表权的无形丧失。同样，物权也因同一载体上著作权的存在，需要受到一定限制。物权人在占有、使用、处分作品的过程中，不应篡改作者身份、破坏作品完整，也不得在未经著作权人许可的情况下，将作品复制、发行、改编或上传至网络，否则构成著作权侵权，应承担相应的法律后果。本案中，张某委托经典拍卖公司拍卖涉案手稿、经典拍卖公司依据张某的授权组织拍卖，体现的是物权人对物权的行使，这些行为均须以不损害著作权人的权益为合法前提。

其次，经典拍卖公司未尽到合理注意义务。本案中，拍卖标的系名人书画作品，该类作品因其自身特点往往采用拍卖的形式进行市场流转，经典拍卖公司对于这类拍卖标的可能存在的著作权与物权相分离的状态应当并不陌生，且考虑到茅盾先生在我国的知名度和影响力，其在接受张某的拍卖委托时，不仅应审查委托人的身份证明、所有权证明，还应结合手稿上所承载的著作权性质。然而，经典拍卖公司并未适当履行合理的注意义务，在接受委托之初未对涉案手稿的著作权状态与归属进行审查，在此后的拍卖活动中也未能审慎地避让著作权人的权益，主观上存在过错。

再次，经典拍卖公司侵害了涉案手稿的美术作品著作权。经庭审查明，经典拍卖公司在接受委托后，将涉案手稿的高清电子照片以 2836×4116 的像素上传至公司网站展示，手稿作品的全貌与细节在互联网上毫无保留地向社会公开。拍卖结束后，经典拍卖公司仍在互联网上持续使用涉案作品，导致著作权人利益受损，上述行为不应被认定是适当良善的展示宣传行为，更不应是拍卖行业普遍存在的行业惯例。所以，经典拍卖公司的行为侵害了手稿美术作品的发表权、复制权、展览权和信息网络传播权。

【法官点评】

　　本案判决明确了拍卖人在拍卖活动中的知识产权保护注意义务。美术作品因随时间的增值性往往采用拍卖的方式进行市场流转，而实践中，拍卖人未能充分认识到美术作品原件上同时承载着物权与著作权两种权利，其更加注重对美术作品物权归属的审查，但作品上承载的著作权未能得到足够重视，从而造成对知识产权权利人的侵害。以往也有一些案例涉及拍卖活动的著作权侵权问题，但对于拍卖活动的应然行为规范未能揭示清楚。本案的典型意义就在于，厘清了美术作品拍卖活动中著作权法、物权法、拍卖法三部法律交叉调整地带的相关主体权利义务关系，明确了拍卖人的知识产权保护注意义务。当拍卖标的承载着知识产权时，拍卖人应当以适当的方式开展拍卖活动，要么获得权利人的授权，要么采取合理、有效的避让措施。

　　本案判决平衡保护了物权人和著作权人的合法权益。本案在美术作品著作权与物权分离的情况下，明确了原件所有人依法行使处分权、收益权、展览权的行为，均受到法律保护，著作权人无权干涉，且在文字作品已经发表的情况下，著作权人的相关主张也不应得到法院支持，明确了不同主体权利的边界，体现了对物权人和著作权人合法权益平衡保护的司法理念。

　　本案判决体现了严格保护和精细化裁判的理念。本案以尽职拍卖人的要求对拍卖公司提出了较高的注意义务，在停止侵权和赔偿损失的基础上，判决拍卖公司向著作权人赔礼道歉，体现了对知识产权的严格保护。同时，判决中对手稿物权归属的个案认定，对著作权各权项侵权性质的层分理晰，对侵权行为及后果细致考量基础上的赔偿数额确定，充分体现了精细化裁判的审判理念，具有典型示范意义。

（撰稿人：江苏省南京市中级人民法院　柯胥宁）

"汽车人总动员"著作权侵权及不正当竞争纠纷案[*]

——著作权侵权认定中的实质性相似的判断

【裁判要旨】

著作权侵权认定中的实质性相似的判断,既要考虑两个作品的相同点,又要考虑这些相同点是否是著作权法所保护的具有独创性的表达。如果两个动画形象在具体表达方式的选择上基本相同,其表达相似程度已经达到了以普通观察者的标准来看,不会认为后者是在脱离前者的基础上独立创作完成的,则可以认定构成实质性相似。经长期使用具有一定的显著性和较高的知名度的作品名称,可以构成知名商品特有名称。混淆可能性的判断应结合产品或服务的种类及相关公众的消费习惯进行认定。

【案情介绍】

上诉人(原审原告):迪士尼企业公司(下称迪士尼公司)、皮克斯

被上诉人(原审被告):厦门蓝火焰影视动漫有限公司(下称蓝火焰公司)、北京基点影视文化传媒有限公司(下称基点公司)、上海聚力传媒技术有限公司(下称聚力公司)

原告迪士尼公司及皮克斯是系列电影《赛车总动员》的著作权人。"闪电麦坤""法兰斯高"为其中的动画形象。上述电影取得了较好的票房,并获得多个奖项或提名,也进行了广泛的宣传。国产电影《汽车人总动员》使用了与"闪电麦坤""法兰斯高"近似的动画形象,并且在电影海报上用轮胎将"人"字进行了遮挡。迪士尼公司及皮克斯遂将三被告即电影出品方蓝火焰公司、发行方基点公司及在网站上传播了该片的聚力公司诉至法院。

---

[*] 一审案号:(2015)浦民三(知)初字第1896号;二审案号:(2017)沪73民终54号。

上海市浦东新区人民法院一审认为,"闪电麦坤""法兰斯高"动画形象通过拟人化的眼部、嘴部以及特定色彩的组合,构成独创性表达,而《汽车人总动员》电影及海报中的"K1""K2"动画形象使用了"闪电麦坤""法兰斯高"具有独创性的表达,两者构成实质性相似,侵犯了迪士尼公司和皮克斯的著作权。《赛车总动员》电影名称经过权利人的大量使用、宣传,构成知名商品特有名称,《汽车人总动员》的电影海报将"人"字用"轮胎"图形遮挡,在视觉效果上变成了《汽车总动员》,与《赛车总动员》仅一字之差,容易使公众产生误认,故构成擅自使用知名商品特有名称的不正当竞争行为。一审法院判决三被告停止侵权;蓝火焰公司赔偿原告经济损失100万元,基点公司对其中80万元承担连带赔偿责任;蓝火焰公司与基点公司共同承担原告制止侵权的合理开支35万余元。

一审判决后,蓝火焰公司与基点公司均向上海知识产权法院提起上诉。

二审法院判决驳回上诉,维持原判。

【法理分析】

(一)著作权侵权中"实质性相似"的认定

本案中,通过比对,《汽车人总动员》及电影海报中的"K1""K2"动画形象与《赛车总动员》系列电影中的"闪电麦坤""法兰斯高"动画形象具有诸多共同点。判断两者是否构成实质性相似,关键看上述相同点是否是实质性的。对于"实质性"的认定,既要考虑相同点的数量也要考虑相同点的质量。数量主要考虑相同点是否达到一定数量,质量主要考虑相同点是否是著作权法所保护的具有独创性的表达。"K1""K2"动画形象在涂装色、眼睛、鼻子、嘴部乃至眼珠、眼睑、牙齿等细节方面的表达均与"闪电麦坤""法兰斯高"动画形象基本相同,数量达到一定程度。而且,这些基本相同的表达,即汽车拟人化的具体表达方式,均体现了迪士尼公司、皮克斯具有独创性的设计,属于著作权法所保护的具有独创性的表达。"K1""K2"动画形象在具体表达方式的选择上均与"闪电麦坤""法兰斯高"动画形象基本相同,其表达相似已经达到了以普通观察者的标准来看两组形象,无论如何也不会认为前者是在脱离后者的基础上独立创作完成的程度。因此,足以认定"K1""K2"动画形象与"闪电麦坤""法兰斯高"动画形象构成实质性相似。

（二）如何认定擅自使用知名商品特有名称的不正当竞争行为

《反不正当竞争法》（1993）第5条规定，经营者不得采用下列不正当手段从事市场交易，损害竞争对手：擅自使用知名商品特有的名称，或者使用与知名商品近似的名称，造成和他人的知名商品相混淆，使购买者误认为是该知名商品。为此，构成擅自使用知名商品特有名称的不正当竞争行为需满足三个条件：一是该名称构成知名商品特有名称；二是被诉侵权名称与知名商品特有名称相同或近似；三是相关公众产生混淆或误认。

本案中，关于条件一，《赛车总动员》作为迪士尼公司、皮克斯的系列电影名称，具有一定的显著性，且经过长期使用，累积了较高的知名度，构成知名商品特有名称。关于条件二，涉案海报上写的是"汽车人总动员"，用轮子遮挡并不影响一般公众辨识出轮胎背后的"人"字。但《汽车人总动员》海报的"人"字被轮胎遮挡后，视觉效果上变成"汽车总动员"，其与《赛车总动员》仅一字之差，故两电影名称构成近似。关于条件三，《赛车总动员》具有较高的知名度，蓝火焰公司作为制作动画电影的同业竞争者，基点公司作为从事电影发行的专业公司，在为影片定名及宣传时均不可能不知道《赛车总动员》系列电影的知名商品特有名称，可见，其对《赛车总动员》这一名称是知晓的。涉案电影最初的备案名称为《小小汽车工程师》，却在放映之前的几个月更名为《汽车人总动员》，蓝火焰公司的法定代表人卓某某更是将《汽车总动员》作为电影名称在微博中进行宣传，所附图片中使用的名称也是《汽车总动员》；电影海报亦将《汽车人总动员》中的"人"字用轮胎遮挡，以在视觉上形成《汽车总动员》的效果。据此，足以认定两上诉人存在混淆的主观故意。

此外，混淆可能性的判断应结合产品或服务的种类及相关公众的消费习惯进行认定。对于电影行业而言，电影海报、媒体报道等对公众决定是否观看某部电影有着重要影响。轮胎遮挡"人"字的涉案海报不仅在影院被张贴，还在网络等媒体宣传中被使用，已经使相关公众产生涉案电影名称为与《赛车总动员》相近似的《汽车总动员》的印象，加之《赛车总动员》也曾被译为《汽车总动员》，涉案海报上的动画形象也与《赛车总动员》相近似，极易使相关公众对涉案电影与《赛车总动员》系列电影产生混淆。虽然涉案电影的电影票上明确载明《汽车人总动员》，但观众的观看意愿是在购票前产生的，也就是说，在观众拿到电影票之前，可能产生的混淆及混淆的结果已经发生，电影票上载明了电影名称这一事实不影响对于混淆可能性的认定。而且，从迪士尼公司和皮克斯提交的证据来看，实际上，确有相当数量的公众误以为《汽车人总动员》是迪士尼公司的电影而购买了电影票，可见实际上也产生了混淆。

综上，《赛车总动员》构成知名商品特有名称，在涉案海报的制作及使用上，蓝火焰公司及基点公司存在混淆的故意，也实际产生了混淆的结果，其行为构成擅自使用知名商品特有名称的不正当竞争行为。

【法官点评】

本案权利人为知名动画电影公司——迪士尼公司及皮克斯，主张权利的作品为具有一定知名度的系列电影《赛车总动员》及其中的动画形象。本判决对于"思想与表达两分法"在动画形象著作权保护中的运用、著作权侵权认定中对实质性相似的判断进行了一定的探索，得出拟人化的具体表达方式属于表达范畴，可以受到著作权法的保护，如果两个动画形象在具体表达方式的选择上基本相同，其表达相似程度已经达到了以普通观察者的标准来看，不会认为后者是在脱离前者的基础上独立创作完成的，则可以认定构成实质性相似。此外，本案对影视剧宣传擅自使用知名商品特有名称的不正当竞争行为的认定标准进行了详细阐述，结合产品或服务的种类及相关公众的消费习惯对混淆可能性进行认定。同时，针对当前侵权行为复杂化、多元化的现状，对同一案件中存在多个侵权行为时赔偿数额的确定进行了一定的探讨，得出对于彼此独立且产生不同的法律后果的著作权侵权和不正当竞争行为，可分别予以赔偿。

（撰稿人：上海知识产权法院　徐　飞）[*]

---

[*] 上海市浦东新区人民法院徐俊、邵勋同时推荐此案例。

互联网转播节目著作权侵权及不正当竞争纠纷案

——硬件生产商承担共同侵权责任的司法认定

【裁判要旨】

一般而言,硬件产品本身无法提供网络服务,该播放器需要下载安装第三方软件才可以实现上述功能,生产商没有预装相关软件不构成侵权。但在有证据证明硬件生产商明知销售商安装侵权软件的情况下,硬件生产商应与销售商承担共同侵权责任。用户感知标准虽不是信息网络传播行为的认定标准,但行为的外在表现形式对于举证责任的分配具有重要影响,主张其提供链接服务的一方有义务提交证据证明,否则应承担相应的举证责任。

【案情介绍】

上诉人(原审被告):深圳市开博尔科技有限公司(下称开博尔公司)

被上诉人(原审原告):央视国际网络有限公司(下称央视国际公司)

原审被告:上海科洛弗国际商贸有限公司(下称科洛弗公司)

中央电视台已将所有电视频道及其所含之全部电视节目的相关著作权授权央视国际公司。央视国际公司称开博尔生产的 K760 播放机中含有能够直播、点播和回看央视节目的软件,科洛弗公司认可其从开博尔公司处购买的是裸机,相关侵权软件由其安装后销售。开博尔公司在其官方网站上宣称科洛弗公司系其上海地区总代理,并通过视频向用户展示了播放机的直播、点播和回看功能和实际效果,同时提供相关软件的下载和更新服务。科洛弗公司的网站上亦有类似的宣传。

央视国际公司认为涉案 K760 播放机通过互联网向用户提供央视节目的

---

* 一审案号:(2015)普民三(知)初字第 312 号;二审案号:(2017)沪 73 民终 25 号。

直播、点播和回看,侵犯了央视国际公司享有的著作权,同时也违反了公平原则和诚实信用原则,构成对央视国际公司的不正当竞争,给其造成巨大经济损失,故诉至法院,请求判令两被告立即停止侵权、刊登声明、消除影响,并连带赔偿经济损失100万元及合理费用5万元。

一审法院认为:涉案K760播放机系开博尔公司生产、科洛弗公司销售,现有证据尚不足以证明开博尔公司预装了涉案软件,但即使如此,开博尔公司仍要承担共同侵权责任。开博尔公司在其网站以"电视直播、回播(看)、在线平台、免费"等卖点介绍涉案播放机功能,显然该等功能不是裸机所能实现的。科洛弗公司并非一般销售商,而是经开博尔公司官方对外公布的地区总代理,两者合作关系紧密。开博尔公司不仅在其自营平台如此宣传,作为其官网宣布的授权代理商的科洛弗公司在其天猫店铺中亦做类似宣传,开博尔公司和科洛弗公司应当清楚最终交付给消费者的机器必然会内置相关应用,故开博尔公司不仅默认且支持这种由科洛弗公司等代理商"代为"安装的行为两者通过"裸机出厂+代为安装"的合作安排,以共同获取利益,故应共担责任。一审法院判决:科洛弗公司、开博尔公司停止侵权,开博尔公司赔偿央视国际公司经济损失及合理费用25万元,科洛弗公司对其中5万元承担连带责任。

一审判决后,开博尔公司不服提起上诉称:首先,开博尔公司出厂的高清播放器是硬件产品,并没有预装相关软件,需要销售商或者用户自行下载和安装。其次,服务器标准是信息网络传播行为认定的合理标准,本案中,不管涉案播放器内的播放软件只是链接了被上诉人的节目而已,被链接的是央视国际公司的服务器,而非第三方侵权网站,因此,该链接行为不构成侵犯信息网络传播权的行为。请求撤销一审判决,改判驳回央视国际公司在原审中的全部诉讼请求。

二审法院认为:首先,即使涉案软件由科洛弗公司安装,开博尔公司仍不能免除其侵权责任,认同一审法院的意见。其次,央视国际公司提供的证据能够证明涉案播放器可以直播、点播和回看央视节目,且在节目播放过程中,未跳转至第三方网站,未显示任何第三方的网址,也未提示任何来源,央视国际公司已经完成了初步的举证责任。开博尔公司主张涉案软件提供的是链接服务,应当举证证明,然而开博尔公司仅推论称"中央电视台的节目众多，其他人不可能掌握，只可能采取链接的方式"，但其并没有提供证据证明相关软件仅仅提供链接服务，故对于开博尔公司的该上诉意见不予采信。二审法院判决驳回上诉，维持原判。

【法理分析】

（一）互联网实时转播行为的性质

在目前的司法实践中，对互联网的实时转播行为颇具争议，一种观点认为互联网实时转播行为受广播权的控制，从《伯尔尼公约》之后缔结的国际条约和《著作权法》的逻辑结构都可以退出《著作权法》有关广播权规定中的"有线"应被理解为包括互联网在内的任何线路。[①] 也有观点认为，互联网实时转播行为不属于广播权的调整范围，但侵犯第10条第1款第17项规定的兜底权利，即应当由著作权人享有的其他权利。[②] 还有一种观点认为互联网实时转播行为构成不正当竞争。[③] 本案中，一审法院认为，网络实时转播行为应适用《著作权法》第10条第1款第17项规定的应当由著作权人享有的其他权利予以保护。

（二）硬件生产商承担共同侵权责任的认定标准

涉案播放器在出厂时并未预装相关软件，该软件由销售商安装，在此情况下，作为涉案播放器的生产商是否需要承担侵权责任。一般而言，播放器是硬件产品，其本身无法提供网络服务，该播放器需要下载安装第三方软件才可以实现上述功能，生产商没有预装相关软件，没有提供网络服务，故不构成侵权。例如，在央视国际网络有限公司诉北京祥远天意商贸有限公司侵害著作权纠纷上诉案[④]中，北京市第一中级人民法院就认为现有证据仅能表明开博尔公司为涉案播放机的生产者，相关直播、点播和回看服务均在播放机连接网络的情况下才能实现，央视国际公司未提供证据证明涉案播放机中含有侵权链接的播放软件为开博尔公司开发并安装，故开博尔公司不承担侵权责任。然而，在本案中，首先，开博尔公司在其官方网站和天猫旗舰店均

---

① 王迁著：《著作权法》，中国人民大学出版社，2015年版，第192页。
② 参见北京市海淀区人民法院（2015）海民知初字第27389号民事判决书。
③ 参见北京市海淀区人民法院2015海民（知）初字第11687号民事判决书。
④ 参见（2014）一中民终字第3583号民事判决书。

宣称涉案播放器具有丰富的在线资源，内置多家在线平台和视频节目；其次，开博尔公司在其官方网站通过视频向用户展示了播放器的直播、点播和回看功能和实际效果，该播放器内置"盛世高清"的固件界面，并安装有"好IMS""HDPfans"等软件，可以提供央视节目的直播和回看，同时开博尔公司亦提供相关软件的下载和更新服务；再次，开博尔公司在其官方网站宣称科洛弗公司是其上海地区总代理，并有科洛弗公司相关网站的链接，科洛弗公司在网站上介绍涉案播放器时亦宣称涉案播放器可以收看电视台的节目并进行回看。上述事实表明，作为硬件生产商的开博尔公司和安装涉案软件的销售商科洛弗公司就在涉案播放器内安装相应软件的行为已经达成共识，构成共同侵权，故应当共同承担侵权责任。

（三）用户感知标准对于举证责任的分配具有重要影响

服务器标准是信息网络传播行为认定的合理标准，用户感知标准虽不应当作为信息网络传播行为的认定标准，但行为的外在表现形式对于举证责任的分配具有重要影响。《最高人民法院关于审理侵害信息网络传播权民事纠纷案件适用法律若干问题的规定》第6条规定，原告有初步证据证明网络服务提供者提供了相关作品、表演、录音录像制品，但网络服务提供者能够证明其仅提供网络服务，且无过错的，人民法院不应认定为构成侵权。在司法实践中，法院通常会将行为的外在表现形式视为原告的初步证据，推定被诉行为系信息网络传播行为，主张提供链接服务的一方有义务提交相反证据证明。本案中，央视国际公司提供的证据能够证明涉案播放器可以直播、点播和回看央视节目，已经完成了初步的举证责任。开博尔公司仅推论称"中央电视台的节目众多，其他人不可能掌握，只可能采取链接的方式"，但其并没有提供证据证明相关软件仅仅提供链接服务，故对其主张不予采纳。

【法官点评】

对于互联网转播行为的性质，司法实践中争议比较大，本案一审判决以《著作权法》第10条第1款第17项规定的应当由著作权人享有的其他权利予以保护。笔者认为，著作权法中有关广播权规定中的有限，可以被认为包括互联网，并以广播权控制互联网转播行为。司法实践中，由法院通过对广播权中的有限作广义解释，认为互联网实时转播行为构成对广播权的侵犯。①

一般而言，硬件产品本身无法提供网络服务，该播放器需要下载安装第三方软件才可以实现上述功能，生产商没有预装相关软件不构成侵权。但在有证据证明硬件生产商明知销售商安装侵权软件的情况下，硬件生产商应与销售商承担共同侵权责任。本案的特殊性在于开博尔公司作为硬件生产商明知其播放机必将安装相应的侵权软件，其不仅对相应的功能进行宣传还提供软件下载服务，即使涉案软件由销售商安装，生产商也应承担共同侵权责任。

服务器标准是信息网络传播行为认定的合理标准，用户感知标准不应作为信息网络传播行为的认定标准。但行为的外在表现形式对于举证责任的分配具有重要影响，其作用主要体现在举证责任方面，而非信息网络传播行为的认定标准上。主张其提供链接服务的一方有义务提交证据证明，否则应承担相应的举证责任。

（撰稿人：上海知识产权法院　杨馥宇）

---

① 参见北京市第一中级人民法院（2013）一中民终字第3142号民事判决书。

不正当竞争篇

乐视浏览器更改 UA 设置不正当竞争纠纷案[*]

——互联网领域新形式不正当竞争行为的认定

【裁判要旨】

浏览器经营者为自身利益，有意采取技术措施获得视频网站为特定系统终端提供的服务，导致视频网站合法权益受到损害的，构成不正当竞争。

【案情介绍】

上诉人（原审被告）：乐视网信息技术（北京）股份有限公司（下称乐视公司）

被上诉人（原审原告）：合一信息技术（北京）有限公司（下称合一公司）

合一公司系优酷网的经营者，其发现在乐视公司经营的乐视盒子中的乐视浏览器点播优酷免费视频时，屏蔽了优酷网的贴片广告，有意针对优酷网更改 UA 设置，并使用乐视播放器覆盖优酷播放器，对合一公司构成不正当竞争，故起诉至北京市海淀区人民法院。要求乐视公司停止不正当竞争行为、消除影响并赔偿经济损失 600 万元。乐视公司表示，由于优酷网针对不同端口有不同的广告规则，对 iPhone 端浏览器不提供视频广告，用户体验和资源较好，所以安卓系统的乐视浏览器访问优酷网时，乐视公司将浏览器 UA（User-Agent）设置为 iPhone 端标识。据此，乐视公司否认构成不正当竞争。

一审法院认为，优酷网针对 iphone 端提供的免费视频不加载贴片广告，与其他系统终端提供免费视频时加贴片广告不同。乐视公司发现该情况后，主动将安卓系统的乐视浏览器访问优酷网时的 UA 设置更改为 iPhone 端标识。

---

[*] 一审案号：(2016) 京 0108 民初 18471 号；二审案号：(2017) 京 73 民终 1923 号。

乐视公司针对优酷网有意更改浏览器 UA 的行为,导致市场中 iPhone 端浏览器访问优酷网的用户增加,优酷网针对安卓系统端获得广告收益减少,乐视公司的行为干扰了合一公司的正常经营活动,构成了不正当竞争。据此,一审法院判决:乐视公司不得更改乐视浏览器 UA 设置,链接优酷网 iPhone 端;赔偿合一公司经济损失 20 万元。

一审宣判后,乐视公司提起上诉,二审法院经审理后判决驳回上诉,维持原判。

【法理分析】

根据《反不正当竞争法》第 2 条第 1 款的规定,经营者在市场交易中,应当遵循自愿、平等、公平、诚实信用的原则,遵守公认的商业道德。《反不正当竞争法》第 2 条第 2 款的规定,不正当竞争,是指经营者违反本法规定,损害其他经营者的合法权益,扰乱社会经济秩序的行为。据此,违反《反不正当竞争法》第 2 条规定的不正当竞争行为,应当是指违反公平竞争、诚实信用原则和公认的商业道德,扰乱正常的市场交易秩序,使其他经营者的合法权益受到损害的行为。

(一)合一公司主张的乐视公司的三项行为是否存在

本案中,合一公司主张乐视公司通过乐视盒子实施了三项不正当竞争行为:第一,使用乐视盒子中的乐视浏览器屏蔽优酷网视频片头、视频暂停时的贴片广告;第二,更改乐视浏览器的 UA 设置,链接访问优酷网的 iPad 端和 iPhone 端;第三,使用乐视播放器播放优酷网内容。

关于第一项行为,合一公司提交了两份公证书,其内容显示,使用乐视浏览器登录优酷网点播视频时未出现片头广告和暂停广告,但本案中,仅从该结果不能直接认定乐视公司实施了通过其浏览器的相关设置屏蔽优酷网贴片广告的行为。根据本案查明的事实,第一,与本案相关联的在先案件于 2016 年 3 月 23 日组织勘验时,先后使用乐视超级电视搜索点播优酷网视频,以及 iPad 中的 safari 浏览器、iPhone 手机中的 safari 浏览器、安卓手机自带的浏览器登录优酷网点播相同的视频节目,使用 iPad、安卓手机时都出现了片头广告,但使用乐视超级电视、iPhone 手机时未出现广告。合一公司在本案中解释,优酷网提供的免费视频会因为 ios 系统的专门设置而使 iPhone 端不显示片头广告和暂停广告，但时间仅发生在 2016 年 3 月 23 日前后。第二，使用乐视盒子中的乐视浏览器访问优酷网，与使用 iPhone 手机自带浏览器访问优酷网显示的页面布局及内容相同，抓包文件显示访问优酷网的乐视浏览器 UA 中带有 iPhone 标识。第三，法院在使用公证书中合一公司的取证设备组织勘验时，在该设备系统未升级或重置的情况下，使用乐视浏览器访问优酷网点播视频，出现视频广告。抓包文件显示乐视浏览器访问优酷网播放视频时的 UA 为 iPhone 端标识，访问搜酷网时的 UA 为 iPad 端标识。第四，乐视公司及其专家辅助人强调乐视盒子中的乐视浏览器在访问优酷网点播视频时将 UA 设置为 iPhone 端标识，未主动采取技术措施屏蔽优酷网贴片广告。综合以上情节，法院根据举证规则及在案证据认定，之所以出现使用乐视盒子中的乐视浏览器访问优酷网点播视频未出现片头和暂停广告的结果，系合一公司经营的优酷网针对 iPhone 端浏览器与其他端浏览器访问时推送的内容不同，iPhone 端浏览器访问时即推送不带广告内容，乐视浏览器将自身 UA 设置成 iPhone 端标识，从而获得优酷网推送的不带广告的视频内容。因此，法院对合一公司主张乐视公司实施了使用乐视盒子中的乐视浏览器屏蔽优酷网视频片头、视频暂停时贴片广告的主张不予支持。

关于第二项行为，乐视公司自认乐视浏览器是基于安卓系统开发的专属于乐视盒子的浏览器软件，乐视盒子的产品使用指南也注明该产品"采用 Android 智能操作系统"，由于浏览器的 UA 可以自行设置，大部分视频网站针对 ios 系统都有自动播放功能，乐视公司发现优酷网的 iPhone 端不仅支持自动播放、用户体验好，而且存在资源好等优势，因此将乐视浏览器设置为访问优酷网之外的网站时 UA 都带有 iPad 端标识，访问优酷网时 UA 就带有 iPhone 端标识。上述意见，在乐视公司提交的第 25681 号公证书及法院组织勘验时对乐视浏览器访问优酷网搜索点击相关视频时传输的数据进行抓包显示的信息均得以印证。根据《最高人民法院关于民事诉讼证据的若干规定》第 8 条规定，诉讼过程中，一方当事人对另一方当事人陈述的案件事实明确表示承认的，另一方当事人无须举证。因此，法院结合乐视公司的意见、证据及一审法院勘验情况，以及合一公司的专家辅助人认可浏览器 UA 标示的是系统环境，可以随便设置 UA 的意见，对合一公司主张乐视公司更改乐视浏览器的 UA 设置，链接访问优酷网 iPhone 端的行为予以确认。但合一公司主张乐视公司更改乐视浏览器的 UA 设置，链接访问优酷网的 iPad 端的行为，缺乏充分的证据予以证明。

关于第三项行为，乐视公司认可乐视浏览器访问优酷网时调用乐视公司播放器播放该网站视频。因此，法院结合本案证据及当事人意见，对于合一公司主张乐视公司使用乐视播放器播放优酷网视频的行为予以确认。

（二）乐视公司实施的行为是否对合一公司构成不正当竞争

第一，关于乐视浏览器更改 UA 设置问题。法院注意到，至少在 2016 年 3 月这个时间段，优酷网向 iPhone 端推送的免费视频没有视频广告，而向其他系统终端推送的免费视频存在视频广告。合一公司在本案中主张，优酷网提供免费视频均有片头广告和暂停广告，但承认在 2016 年 3 月 23 日前后，因为 ios 系统的专门设置而使优酷网向 iPhone 端提供免费视频时不显示片头广告和暂停广告。

法院认为，根据本案证据及合一公司的陈述意见，优酷网视频提供服务时区分不同终端系统提供有广告或没有广告的视频节目并非出于合一公司的主动经营行为，是第三方系统设置或合一公司自身技术等原因而被动发生的结果。针对这一结果，其他经营者不应为了自身经营利益，主观故意利用这种结果，损害合一公司本应获得的经营利益。

根据乐视公司的自认可知，其将安卓系统下的乐视浏览器在访问优酷网时的 UA 设置更改为 iPhone 端标识，系其主观故意为之，客观上使市场中通过 iPhone 终端浏览器访问优酷网的用户量增加，而使本应从安卓系统终端播放视频中可获得的广告收益减少。因此，乐视公司有意针对优酷网更改乐视浏览器 UA 设置为 iPhone 端标识的行为，不当干扰了合一公司的正常经营活动，损害了合一公司本应获得的合法利益，对合一公司构成不正当竞争。

第二，关于乐视播放器播放优酷网视频的行为。法院注意到，合一公司认可公证书显示通过乐视浏览器登录优酷网时所显示的网站页面仅排列有所调整，但内容完整，且使用乐视播放器播放优酷网视频时出现视频广告。可见，即使使用乐视播放器播放优酷网视频，并没有影响优酷网的页面展示，也未干扰该网站的正常视频点播服务。法院认为，在不影响合一公司通过优酷网正常提供视频服务的情况下，乐视公司使用乐视播放器播放优酷网视频的行为，不构成对合一公司的不正当竞争。

【法官点评】

　　随着互联网经济的蓬勃发展和技术的不断更新，终端设备也日益呈现出多样化发展的趋势。实践中，许多视频网站或基于追求自身利益最大化的经营策略考量，或出于不同软硬件之间的技术兼容性问题，会根据所访问浏览器的 UA 信息作为不同系统终端的识别标识，主动或被动地推送不同的视频内容，该行为在不损害公共利益情况下应认定属于视频网站的经营自主权范畴，其正当商业经营利益应当受到法律保护。其他经营者如果违反诚实信用原则，故意破坏视频网站的正当经营活动，不正当地利用他人的经营模式或市场成果为自身谋取利益，从而损害了视频网站的合法权益，则可构成不正当竞争行为。本案的创新意义在于：一方面，明确了互联网行业虽然鼓励自由竞争和创新，但竞争自由和创新必须以不侵犯他人合法权益为边界，面对互联网领域涌现出的新形式的不正当竞争行为，反不正当竞争法仍应充分发挥其明晰市场竞争规则的积极作用；另一方面，面对互联网领域新出现的不正当竞争行为，法院在确定赔偿数额时应当特别慎重，应综合考量行为人实施不正当竞争行为时的主观过错程度、行为方式、情节及损害程度、损害后果等因素酌情确定。本案中，法院考虑到涉案不正当竞争行为系通过改变乐视公司自身产品设计获得用户体验更佳的优酷网服务，虽然能达到不播放视频广告的效果，但该效果的实现依赖于优酷网针对不同系统终端的不同设置或不同的服务展现形式，对合一公司正常经营活动的干扰从持续时间、实际效果看均低于主动采取技术措施屏蔽、过滤视频广告的行为。合一公司调整优酷网向不同系统终端推送内容的服务，即能达到制止涉案行为发生效果的作用，因此对涉案不正当竞争行为酌情从低确定赔偿数额。

（撰稿人：北京知识产权法院　刘义军）

会展名称"设计上海"不正当竞争纠纷案[*]

——展会名称作为知名服务保护路径

【裁判要旨】

展会名称是否具有保护价值,能否作为知名服务特有名称予以保护,目前已成为展会业知识产权保护的热点。对此需从展会服务的知名度、展会名称的特有性、展会业内利益平衡等多方面综合考量判定。本案从反不正当竞争法角度全面诠释了认定展会名称为知名服务特有名称保护的路径。

【案情介绍】

原告:上海艺博会国际展览有限公司(下称艺博会公司)

被告:Media 10 有限公司(Media 10 Ltd)(下称 Media 10 公司)

Media 10 公司系英国专业组织展览的公司。2014 年 2 月至同年 3 月期间,其与艺博会公司联合举办了现代家具及相关艺术品的设计展,展会全称为"2014【设计上海】国际设计创意博览会"(下称 2014 展会)。展会手册上的展会名称为"设计·上海"或者"设计·上海 2014"并印有"DESIGN SHANGHAI 设计上海"标识,还注明了该展会由原告、被告 Media 10 公司等 5 家主办单位。2013 年 11 月至 2014 年 1 月期间,《国际家居》等多家杂志和网站报道了 2014 展会即将举行的相关信息,并将该展会称为"设计上海"。2014 年 6 月,被告 Media10 公司委托被告上海新美阁展览有限公司(下称新美阁公司)协助举办 2015 年的上海设计展(下称 2015 展会)。2014 年 12 月,原告发现被告 Media10 公司在其官网、微信公众号、2015 展会上使用了"DESIGN 设计上海"标识及 2014 展会照片,并使用"再度举办""重磅归来"等将两次展会相关联的文字宣传内容。原告认为两被告的行为构成擅自使用知名商品特有名称及虚假宣传,请求判令

---

[*] 案号:(2016)沪 0115 民初 2152 号。

· 264 ·

两被告停止侵权、消除影响并赔偿损失1元。两被告辩称,"设计上海"不具备显著性,不能被认定为知名服务特有名称。被告亦未实施虚假宣传行为。

浦东法院经审理认为,第一,关于"设计上海"能否作为原告知名服务特有名称的认定。2014展会仅在我国国内举办过一期,持续时间仅5天。相关媒体报道内容也仅限于媒体就该展会即将开展的客观报道。宣传频率、宣传范围、宣传广度和深度均非常有限。在上海诸多展会中,2014展会的影响力有限,很难在短期内取得一定的知名度。2014展会不能被认定为知名服务。展会名称"设计上海"实际上是就展会地点和展会内容的高度概括,该名称本身所具备的显著性并不高。该名称通过在展会中短暂的使用,有限的宣传,尚不能使该名称具备区分服务来源的功能。更何况该展会系由原告和被告Media 10公司共同主办,被告Media 10公司系该展会的主要承办方。在这种情况下,相关公众更不可能将该名称作为原告提供的服务予以识别,故"设计上海"不能作为原告知名服务特有名称保护。第二,关于被告是否实施了虚假宣传行为的认定。被告Media 10公司作为2014、2015展会主办方,再次在上海举办相同题材的设计类展览时,使用"再度举办""重磅归来"等字样系对其曾经参与组织的展会的客观描述,并无任何虚假内容。即便相关公众因此将该两个展会建立关联,在被告Media 10公司均系主办方的情况下,并不会造成相关公众的误解。Media 10公司为宣传推广被控侵权展会而使用2014展会照片的行为,并无不当之处。被告Media 10公司的上述行为不构成虚假宣传行为。据此,法院判决驳回原告的全部诉讼请求。

【法理分析】

(一) 知名服务特有名称的含义

知名服务特有名称,是指在知名服务上使用的具有显著区别商品来源特征的服务名称。究其具体含义,可参照我国法律对于知名商品特有名称的定义。在国家工商行政管理局《关于禁止仿冒知名商品特有的名称、包装、装潢的不正当竞争行为的若干规定》第3条中对"知名商品特有名称"作了基本定义:本规定所称知名商品,是指在市场上具有一定知名度,为相关公众所知悉的商品。本规定所称特有,是指商品名称、包装、装潢非为相关商品所通用,并具有显著的区别性特征。本规定所称知名商品特有的名称,是指知名商品独有的与通用名称有显著区别的商品名称。但该名称已经作为商标注册的除外。

就我国现有的法律体系来看，对知名服务特有名称的认定及保护，主要体现在反不正当竞争法中。《反不正当竞争法》第2条第3款规定："本法所称的经营者，是指从事商品经营或者营利性服务（下称商品包括服务）的法人、其他经济组织和个人。"该法条中特别注释了"商品包括服务"，则《反不正当竞争法》中所涉知名商品特有名称的条款，亦适用于知名服务特有名称的认定。根据《反不正当竞争法》第5条第2项规定可见，擅自使用知名商品特有的名称、包装、装潢，或者使用与知名商品近似的名称、包装、装潢，造成和他人的知名商品相混淆，使购买者误认为是该知名商品，构成以不正当手段从事市场交易，损害竞争对手的不正当竞争行为。故擅自使用知名服务特有名称的行为，亦被规制在反不正当竞争法中，被认定为不正当竞争行为。

相关司法解释对此违法行为的认定进行了进一步阐述。《最高人民法院关于审理不正当竞争民事案件应用法律若干问题的解释》第1条直接对知名商品特有名称的定义及认定考量因素作出了规定，在中国境内具有一定的市场知名度，为相关公众所知悉的商品，应当认定为《反不正当竞争法》第5条第2项规定的"知名商品"。人民法院认定知名商品，应当考虑该商品的销售时间、销售区域、销售额和销售对象，进行任何宣传的持续时间、程度和地域范围，作为知名商品受保护的情况等因素，进行综合判断。同时，该司法解释第2条又从反面排除列举了不能认定为知名商品特有名称的情形：（1）商品的通用名称、图形、型号；（2）仅仅直接表示商品的质量、主要原料、功能、用途、重量、数量及其他特点的商品名称；（3）仅由商品自身的性质产生的形状，为获得技术效果而需有的商品形状以及使商品具有实质性价值的形状；（4）其他缺乏显著特征的商品名称、包装、装潢。但亦有例外，即上述情形经过使用取得显著特征的，可以认定为特有的名称、包装、装潢。

（二）认定展会服务特有名称的考量因素

综合知名服务特有名称的构成要件及展会的行业特点，对展会名称能否构成知名服务特有名称的认定，主要需就以下四方面进行考量。

（1）作为展会服务的名称使用。一般从展会对外媒体宣传、现场悬挂的横幅、出售的门票、发放的展会手册等媒介中用以称谓该展会的名字，可以判断其是否将主张的名称实际作为展会名称使用。本案中，原告在其提交的2014展会的会展手册及相关媒体报道中，均体现出以"设计上海"或"设计上海2014"称呼该展会，从而认定"设计上海"系作为原告的展会名称使用。

（2）展会服务的知名度。作为知名服务特有名称的重要构成要件就是该项服务的知名度，对展会服务亦是如此。原告须举证证明其提供的展会服务具有一定的知名度，才能够被认定为知名服务。对于一项服务知名度的考量，需从两方面着手。一方面包括其自身提供服务的情况，就展会服务而言，主要体现在：展会举办的次数，展会持续时间、参展商数量及订单数、媒体报道频率、宣传推广的深度广度、获得的奖项等。另一方面则需结合该服务行业的总体发展情况，特别是同业竞争者提供该项服务的知名度情况。本案中，法院考虑到原告主张权利的展会仅在2014年举办一次，持续时间仅短短5日，媒体宣传主要集中在展会即将开办的报道。后期展会成效影响等跟进报道较少，影响力比较有限。同时考虑到该展会在上海这样每年举办诸多展会的大环境下举办，要达到让公众所公知的程度，就需要更多的展会积累及大量的宣传推广，从而扩大影响范围和宣传的深度，达到知名度的标准相对就更高。结合以上两方面，法院认定原告提交的证据尚不能证明其展会具有一定知名度，无法认定其展会为知名服务。

（3）展会名称的显著性。一个知名服务特有名称用于其提供的服务时，必须具有识别功能，起到区分服务来源功能，即获得显著性，具体指有的商品名称原本在市场上并未成为商品特有名称，某一经营者经过长期使用后，有了特定的市场含义，而被消费者认为起到区别出处的作用，从而产生了"第二含义"[①]。对于展会名称而言，亦需具备其特有的显著性，让社会公众容易识别。反之，一个服务名称越通用、越普遍，社会公众对其与服务提供商认知的对应性、关联性就会越低。该服务提供商若要使其具有识别功能，则需要投入更多的长期使用经营及宣传推广，使其服务具有相当高的知名度

---

① 李领臣、顾子杰：《论知名商品特有名称权的认定——从两起'小肥羊'案谈起》，载《新疆社科论坛》2005年第4期。

后，才能使该名称与其服务建立关联。本案中，原告采用以"展会性质"加"行政区域名称"简单组合成"设计上海"作为展会名称，显得非常通用，显著性较低。同时结合前述该展会服务的知名度较低的因素，公众要将该服务名称与原告提供的该服务形成唯一对应则更为困难，无法起到区分服务来源的功能，故该展会名称不具有显著性。

（4）展会业内的利益平衡。对于知名服务特有名称的保护力度，关系到该服务行业内各服务提供者的切身利益甚至生存发展，故对于该保护力度的把握尤为重要。特别是对于较通用、显著性不高的服务名称，若给予较宽松的认定和过度的保护，会造成对其他服务提供商的过分限制，很大程度上损害其利益。本案中亦考虑了该因素，鉴于每年均有诸多与设计有关的各类展览在上海举办，而"设计上海"这个服务名称又过于通用，定义的范围非常宽泛，可以适用于诸多设计类的展会。知名服务特有名称的保护是合理的、必需的、迫切的，但并不是所有的知名服务的特有名称都有必要去保护，都适用知识产权侵权相关规定来处理。过多的知名服务特有名称的保护也会损害相关权利人的利益，损害社会公有领域的利益，同样，对知名服务的特有名称保护的忽视和淡漠，过分强调相关权利人的利益和社会公众利益的共享，势必会对知名服务特有名称权利人利益造成损害，对私有领域造成损害，打击知识产权人的创造积极性。[①]

【法官点评】

近年来，我国展会业发展迅速，展会因其具有较大的效应，得到举办城市和参展企业的重视。展会名称能否作为知名服务特有名称予以保护，已成为展会业知识产权保护的热点。对此需从展会服务的知名度、展会名称的特有性、展会业内利益平衡等多方面综合考量。涉案展会名称"设计上海"显著性不高，且展会影响力有限。该名称难以起到区别服务来源的作用，不能作为知名服务的特有名称保护。本案从反不正当竞争法角度全面诠释了认定展会名称作为知名服务名称保护的路径，对展会名称的知识产权保护有借鉴意义。

（撰稿人：上海市浦东新区人民法院　杜灵燕、俞　丹）

[①] 陈思婷："知名服务特有名称认定与知识产权侵权损害赔偿要件探讨"，载《特区经济 Special Zone Economy》2014 年 2 月。

捷豹路虎"中央电子差速锁"虚假宣传纠纷案[*]

——使用非标准技术术语引人误解的行为构成虚假宣传

【裁判要旨】

虚假宣传不正当竞争的本质在于宣传内容"引人误解",应根据日常生活经验、相关公众一般注意力、发生误解的事实和被宣传对象的实际情况等因素对是否引人误解进行认定。当经营者使用非通用术语对具有较高专业性的商品进行宣传时,应以该领域的消费群体或潜在消费群体、产业链其他经营人员等作为参照系,以其普通注意力为基础,结合该专业行业的一般背景知识和实际宣传情况等作出综合认定。

【案情介绍】

原告:捷豹路虎(中国)投资有限公司(下称路虎公司)

被告:上海市浦东新区市场监督管理局(下称浦东市场监管局)、上海市浦东新区人民政府(下称浦东新区政府)

路虎公司系"路虎"品牌车辆在国内的总经销商,其2014年款路虎第四代"发现"包括4种车型。根据该车辆宣传册,"全地形反馈适应系统""中央电子差速锁""驾驶员座椅侧向支撑调节"为其标准装备,其中"全地形反馈适应系统"包括"大岩石/圆石慢行模式"在内的5种模式。宣传册尾部"重要声明"称"该手册既不应视为目前路虎汽车技术规格的可靠指导,也不能当成对任何一辆某虎汽车的销售报价"。但在涉案车辆的实际配置中,"大岩石/圆石慢行模式"均需加装双速分动箱这一选装配置后才能实现,仅一种车型标配有"驾驶员座椅侧向支撑调节"功能,两种车型可通过选装配置实现该功能,一种车型无法实现该功能。涉案车辆标配有T-3型托森式中央差速器,原告的2013年款第四代"发现"标配有摩擦片式自锁式

---

[*] 案号:(2017)沪0115行初291号。

中央差速器,亦在配置表中标注中央电子差速锁为标准装备。2015年3月至4月间,陆续有48名消费者向浦东市场监管局举报涉案车辆虚假宣传。浦东市场监管局经调查,于2016年11月作出决定责令停止违法行为,消除影响,并处罚款9万元的行政处罚决定。原告不服该行政处罚决定,向浦东新区政府申请行政复议。浦东新区政府作出维持该行政处罚决定的复议决定。原告仍不服,向法院提起了行政诉讼。原告诉称,根据《行政处罚决定书》认定的事实,不能得出原告存在虚假宣传的结论。被告辩称其所作行政处罚决定与复议决定认定事实清楚,适用法律正确,请求驳回诉请。

法院经审理认为,首先,原告涉案宣传内容是否构成虚假宣传,应基于涉案汽车消费者或潜在消费群体、汽车产业链的相应经营人员等相关公众的认知标准进行评判,并应对其施以普通的注意力,结合涉案车辆的实际宣传情况等作出认定。原告宣传册中关于"大岩石/圆石慢行模式"和"驾驶员座椅侧向支撑调节"功能的宣传与车辆实际配置不符。关于"中央电子差速锁",原告的2013年款车辆通过标配的"摩擦片式自锁式中央差速器"实现其所谓的中央电子差速锁锁止功能,并宣传标配有中央电子差速锁。2014年的涉案车辆通过标配的"T-3型托森中央差速器"配合电子差速系统共同实现该功能。虽然均可实现该功能,但据以实现该功能的装备不同,越野性能不同,在仪表盘上的显示状态亦不同。原告更改装备后,仍在配置表中对标准装备作相同表述,对相关公众而言,极易产生涉案车辆装备了"摩擦片式自锁式中央差速器"这一具有更优越野性能的差速器的误解。因此,原告的上述行为构成引人误解的虚假宣传。在此情况下,原告仅通过在宣传册尾部做概括性的免责提示,并不能消除相关公众因整本宣传册中极为翔实和明确的宣传所产生的误解。综上,法院认为浦东市场监管局的行政处罚决定、浦东新区政府的复议决定并无不当,故判决驳回原告诉讼请求。

【法理分析】

司法实践中,应结合专业领域知识就相关公众是否会对非通用术语产生误解进行认定。

(一)虚假宣传不正当竞争的本质在于"引人误解"

认定是否构成虚假宣传不正当竞争的关键在于宣传行为是否足以产生引人误解的后果。关于"引人误解"的具体认定,应当根据日常生活经验、相关公众一般注意力、发生误解的事实和被宣传对象的实际情况等因素，对引人误解的虚假宣传行为进行认定。本案所涉宣传内容系汽车领域关于车辆配置及性能的宣传，从主体方面来看，应基于涉案汽车的消费者或潜在消费群体、汽车产业链的相应经营人员等相关公众的认知标准进行评判。从主观方面来看，应以相关公众施以普通注意力时的认知状况进行认定。从判断依据方面来看，应结合相关公众的日常生活经验、汽车行业的相关背景知识、宣传行为的具体情形等进行综合认定。从客观后果方面来看，被诉宣传行为应足以使相关公众对涉案车辆的配置、性能等产生错误认识。

（二）使用非通用术语宣传"引人误解"的认定

"中央电子差速锁"并非汽车行业国家标准或行业标准中所规定的术语，亦非该行业人员所普遍接受和使用的通用术语。因此，原告在其宣传册上使用该术语进行宣传，很难谓其实施了"虚假"的商业宣传行为。该行为是否构成"引人误解"的商业宣传，应结合汽车领域与"中央电子差速锁"相关的专业术语的含义，就相关公众是否会对该宣传内容产生误解进行认定。

原告在2014年款车辆更改装备且越野性能有所降低的情况下，仍在配置表中对该部分内容作与2013年款车辆相同的宣传，容易使相关公众产生涉案车辆的装备及性能与2013年款车辆相同的误解，事实上也确有相关消费者产生此种误解。因此，原告的该项宣传内容构成引人误解的虚假宣传。

（三）关于"引人误解"的其他争议

1. 免责声明对"引人误解"的影响

经营者在对其产品或服务进行宣传时，往往会同时在宣传内容后附免责声明，如"图片仅供参考""价格仅供参考"等。此类声明能否阻却虚假宣传的认定，主要取决于其声明内容是否足以使相关公众消除其产生的误解，应结合声明的方位、内容等进行综合判断。本案中，涉案宣传册上免责声明的内容为"……该手册既不应视为目前路虎汽车技术规格的可靠指导……"。从方位上看，该声明系在宣传册尾部，而非存在于需要澄清的宣传内容处。从内容上看，其仅为一句概括性的陈述，并未针对任何具体宣传内容，更未进行任何澄清。在涉案宣传内容已使得相关公众产生误解的情况下，仅凭宣传册尾部的一句概括性免责声明，并不能消除相关公众因整本宣传册中极为翔实和明确的宣传所产生的误解。

2. 购买时的实际认知不影响"引人误解"的认定

对于汽车这种大宗消费商品,尤其是涉案车辆这种豪华越野车,消费者在购买前会通过各种途径对车辆进行全方位的了解,一般分为以下四个了解阶段。第一步是初步了解阶段,消费者在购车前一般会通过广告、宣传资料、网络途径,对有意购买的车辆概况进行初步了解和比对。第二步是现场考察阶段,即在形成初步购买意向后前往销售机构如4S店考察实车,一般还会进行试乘试驾。此时,销售人员会详细介绍拟购车型的配置、价款等。第三步是签订合同阶段,此时会在合同及其附件中对车辆的型号、颜色、配置(包括标准配置和选装配置)等作出具体约定。第四步是车辆交付阶段,无论是现场提车,还是预约提车,消费者在交车过程中均会再行核实各项配置。也正因为车辆的特殊购物过程,原告认为并非所有与实际情况不符的宣传均构成虚假宣传,鉴于涉案车辆的特殊购物过程,无论宣传资料如何宣传,消费者可在购车过程中通过一系列反复介绍、核实、确认的过程了解车辆的真实、准确信息,故不会产生误解。本案中,虽然消费者购置涉案车辆时,可通过进一步的了解和销售人员的介绍而知晓该车辆的实际配置,但涉案车辆的配置甚多且具有较高的专业性,而不同消费者的认知能力有所不同,部分消费者在购车过程中根据其自身的认知能力而了解到宣传册内容与车辆实际配置的区别,不代表任何消费者均能认识到该差别。根据本案查明的事实,甚至连4S店的专业销售人员对涉案宣传内容所涉技术术语亦不甚了解。因此,原告的上述抗辩亦不能成立。

【法官点评】

经营者在生产经营活动中应坚持诚实信用原则,不得对其商品的性能、功能、质量等作虚假或者引人误解的商业宣传,损害消费者合法权益。本案判决从虚假宣传的本质出发,就专业领域虚假宣传认定中关于相关公众的界定、一般注意力的标准、免责声明有效与否等问题进行了明确。判决通过对行政行为进行全面审查,支持行政机关依法行政。本案被告浦东新区政府由浦东新区区委常委、副区长出庭应诉,亦反映了浦东新区乃至上海市对行政机关负责人出庭应诉工作的高度重视。

(撰稿人:上海市浦东新区人民法院 叶菊芬)

大众点评数据信息不正当竞争纠纷案[*]

——擅自使用他人收集信息的行为是否构成不正当竞争

【裁判要旨】

在互联网环境下,未经许可使用他人信息不能当然地认定为构成不正当竞争,而需要结合个案情况综合考虑各种因素来划定行为的边界。在判断使用行为是否违反商业道德时,需考虑行为是否具有积极效果、积极效果与对原告造成损害的衡量、对市场秩序和消费者利益的影响等因素,对是否违反商业道德进行相对客观化的审查。

【案情介绍】

上诉人(原审被告):北京百度网讯科技有限公司(下称百度公司)

被上诉人(原审原告):上海汉涛信息咨询有限公司(下称汉涛公司)

原审被告:上海杰图软件技术有限公司(下称杰图公司)

汉涛公司是大众点评网(网址:www.dianping.com)的经营者。大众点评网为网络用户提供商户信息、消费评价、优惠信息、团购等服务,积累有大量消费者对商户的评价信息。大众点评网的"用户使用协议"载有:任何用户接受本协议,即表明该用户主动将其在任何时间段在本站发表的任何形式信息的著作财产权,以及应当由著作权人享有的其他可转让权利无偿独家转让给大众点评网运营商所有,同时表明该用户许可大众点评网有权利就任何主体侵权单独提起诉讼,并获得赔偿。百度公司经营的百度地图和百度知道产品中搜索某一商户,页面会显示用户对该商户的评价信息,其中大量使用了大众点评网的点评信息,另有来自于其他网站的评论信息。百度地图使用涉案信息时提供了"来自大众点评"的提示链接,但百度地图有部分商户中

---

[*] 一审案号:(2015)浦民三(知)初字第528号;二审案号:(2016)沪73民终242号。

搭载有百度糯米的团购业务,点击该团购链接,可跳转至百度糯米网站。在百度知道产品中,当用户在相应的搜索框中输入某一商家名称,搜索结果显示,评论信息虽标明了来源,但所有评论信息均来自大众点评网且全文展示。

汉涛公司认为百度公司的行为替代了大众点评网向用户提供内容,百度公司由此迅速获得用户和流量,攫取汉涛公司的市场份额,削减汉涛公司的竞争优势及交易机会,给汉涛公司造成了巨额损失。其行为违背公认的商业道德和诚实信用原则,构成不正当竞争,遂诉至法院请求判令百度公司停止不正当竞争行为,消除影响并赔偿损失人民币9000万元。百度公司认为双方不存在竞争关系,且百度公司对信息的使用方式合理,不构成不正当竞争。

上海市浦东新区人民法院经审理认为,汉涛公司与百度公司存在竞争关系,百度公司未经许可在百度地图和百度知道中大量使用了来自大众点评网的信息,实质替代大众点评网向用户提供信息,对汉涛公司造成损害,具有不正当性,构成不正当竞争,故判决百度公司停止该不正当竞争行为并赔偿汉涛公司经济损失人民币300万元及合理费用人民币23万元。百度公司不服一审判决,上诉至上海知识产权法院。

上海知识产权法院根据双方在一审中提供的公证证据,进一步梳理查明,由百度地图公证抽取的1655个商户中,有1278个商户所展示的评论信息来源于大众点评网的比例高于35%。在商户评论信息中,全部使用来自大众点评网评论信息的商户有276家,使用来自大众点评评论信息高于75%(不包括100%使用)有508家,使用来自大众点评评论信息高于50%(不包括75%以上)有104家。涉及餐饮行业的1055个商户共使用来自大众点评网的评论信息86 286条,平均每家商户使用81条;涉及非餐饮行业的402个商户中,共使用来自于大众点评网的信息11 330条,平均每家商户使用28条。且所有评论信息均全文显示并主要位于页面前列。上海知识产权法院综合考虑了百度公司的行为是否具有积极效果、百度公司使用涉案信息是否超出了必要的限度、超出必要限度使用信息的行为对市场秩序所产生的影响、百度公司所采取的"垂直搜索"技术是否影响竞争行为正当性的判断等因素,认为百度公司的行为虽在一定程度上丰富了消费者的选择,但大量全文使用信息的行为已经超出必要的限度,严重损害了汉涛公司的利益,并破坏了公平竞争的市场秩序,其行为构成不正当竞争。二审法院遂判决驳回上诉,维持原判。

【法理分析】

本案涉及在互联网环境下擅自使用他人收集信息的行为是否正当的认定。

市场主体在使用他人所获取的信息时，要遵循公认的商业道德，在相对合理的范围内使用。信息并非法定的权利客体，当某一劳动成果不属于法定权利时，对于未经许可使用或利用他人劳动成果的行为，不能当然地认定为构成反不正当竞争法意义上的"搭便车"和"不劳而获"。这是因为"模仿自由"，以及使用或利用不受法定权利保护的信息是基本的公共政策，也是一切技术和商业模式创新的基础，否则将在事实上设定了一个"劳动成果权"。但是，随着信息技术产业和互联网产业的发展，尤其是在大数据时代的背景下，信息所具有的价值超越以往任何时期，愈来愈多的市场主体投入巨资收集、整理和挖掘信息，如果不加节制地允许市场主体任意地使用或利用他人通过巨大投入所获取的信息，将不利于鼓励商业投入、产业创新和诚实经营，最终将损害健康的竞争机制。因此，市场主体在使用他人所获取的信息时，仍然要遵循公认的商业道德，在相对合理的范围内使用。

如何判断经营者使用他人信息的相关行为是否违反商业道德、扰乱公平竞争的市场秩序。商业道德本身是一种在长期商业实践中所形成的公认的行为准则，但互联网等新兴市场领域中的各种商业规则整体上还处于探索当中，市场主体的权益边界尚不清晰，某一行为虽然损害了其他竞争者的利益，但可能同时产生促进市场竞争、增加消费者福利的积极效应，诸多新型的竞争行为是否违反商业道德在市场共同体中并没有形成共识。在判断经营者使用他人信息的相关行为是否违反商业道德、扰乱公平竞争的市场秩序时，一方面，需要考虑产业发展和互联网环境所具有信息共享、互联互通的特点；另一方面，要兼顾信息获取者、信息使用者和社会公众三方的利益，在利益平衡的基础上划定行为的边界。这种边界的划分不应完全诉诸主观的道德判断，而应综合考量上述各种要素，相对客观地审查行为是否扰乱了公平竞争的市场秩序。

结合本案，百度公司商业模式上的创新确实具有积极的效果，而汉涛公司对涉案信息的获取付出了巨大的劳动，具有可获得法律保护的权益，在此情况下应当对两者的利益进行一定平衡。但百度公司通过搜索技术抓取并大量全文展示来自大众点评网的信息，这种行为已经实质替代了大众点评网的相关服务，其欲实现的积极效果与给大众点评网所造成的损失并不符合利益平衡的原则。百度公司明显可以采取对汉涛公司损害更小，并能在一定程度上实现积极效果的措施。上海知识产权法院认为百度公司使用涉案信息的行为已超出了必要的限度。这种行为不仅损害了汉涛公司的利益，也可能使得其他市场主体不愿再就信息的收集进行投入，破坏正常的产业生态，并对竞争秩序产生一定的负面影响。同时，这种超越边界的使用行为也可能会损害未来消费者的利益。

【法官点评】

自全面进入大数据时代以来，数据在市场竞争中的价值愈发凸显。如何在现行法律框架下保护数据信息，促进数据的收集、分享、运用，对于保障大数据产业的发展具有重要意义。本案强调了未经许可使用他人数据信息不能当然地认定为构成不正当竞争，而需要结合个案情况综合考虑各种因素来划定行为的边界，明确了对经营者使用他人信息的相关行为是否违反商业道德的判断标准。本案的裁判规则既鼓励市场主体诚实经营，对于企业为数据收集、挖掘、整理所付出的劳动给予应有的司法激励，也合理地确定了使用他人收集数据行为的边界，对于维护公平、健康的数据竞争市场环境具有重要意义。

（撰稿人：上海知识产权法院　范静波）[*]

---

[*] 上海市浦东新区人民法院徐俊、邵勋同时推荐此案例。

"帮5淘"购物助手不正当竞争纠纷案[*]

——互联网环境下对"用户黏性"的恶意破坏构成不正当竞争

【裁判要旨】

互联网环境下的软件干扰行为是否构成不正当竞争,需要综合考虑被控行为是否对原告的正常经营造成过度妨碍、被控行为是否具有正面的市场效应以及被控行为对市场竞争秩序所产生的影响,防止脱离反不正当竞争法的目标进行泛道德化评判。

【案情介绍】

上诉人(原审被告):上海载和网络科技有限公司(下称载和公司)、载信软件(上海)有限公司(下称载信公司)

被上诉人(原审原告):浙江淘宝网络有限公司(下称淘宝公司)

淘宝公司系"淘宝网"的所有者及实际运营者,载和公司系"帮5买"网站的经营者,并委托载信公司开发了"帮5淘"购物助手"帮5淘"购物助手的功能包括为用户提供网购的全网搜索、比价、包邮等服务。本案被控行为主要表现为用户安装运行"帮5淘"购物助手软件后,大致出现的以下两种情形:(一)在天猫平台页面顶部地址栏下方插入横幅,该横幅上有相应的"帮5买"网站标识、热门活动推荐图片或商品推荐图片、搜索框等内容;(二)在天猫商城中具体的商品信息页面中插入"帮5买 扫一扫 立减1元"图标和"现金立减"等按钮,点击该些按钮则跳转至"帮5买"网站的宝贝详情页。该页面与"天猫商城"原有页面相比,商品配图、购买信息(商品名称、规格、购买数量、价格信息及购买按钮)等相同,其中价格信息处同时显示了"商品原价"(与原页面中的价格相同)、"帮我买价格"

---

[*] 一审案号:(2015)浦民三(知)初字第1963号;二审案号:(2017)沪73民终198号。

（比前述商品原价少1元）和"立减1.00元"标识。该页面下方的商品详情介绍中，首先展示了"帮5买"相应广告，之后的详情介绍内容与"天猫商城"的原内容相同。用户在"帮5买"网站上下订单购买该商品，购物款交付至"帮5买"网站，然后"帮5买"网站代替用户向天猫商户购买商品，再由天猫商城商户向网络用户发货。天猫公司认为载和公司、载信公司运营的"帮5淘"购物助手的行为违反诚信原则和商业道德，使消费者产生混淆误认，对天猫公司的经营造成巨大损失，构成不正当竞争，诉请法院判令载和公司、载信公司立即停止不正当竞争行为、消除影响，并赔偿其经济损失。上海市浦东新区人民法院经审理认为，原告与两被告间存在竞争关系，两被告的涉案行为具有明显的"搭便车"特点，同时会造成混淆服务来源、售后不良等后果，给天猫公司造成了损失，对消费者利益亦会产生一定的损害，还有可能导致网络购物平台失去培育用户流量的动力、破坏网络购物这一行业的市场竞争秩序，故认定两被告的涉案行为构成不正当竞争，判决其承担赔偿经济损失和合理费用人民币110万元并消除影响的民事责任。

一审判决后，载和公司、载信公司提起上诉。上海知识产权法院二审驳回上诉，维持原判。

【法理分析】

互联网领域的竞争日新月异，网络从业者实施的损害其他经营者利益的行为中，很多并未被反不正当竞争法具体规定，为此受损一方多会选择以该法第2条的原则性条款为依据起诉。在该条的适用实践中，被控行为是否具有不正当性是认定的重点和难点。

（一）不正当性的认定标准

在互联网这样一个竞争充分，且不同经营者往往需要互相导入流量、各种产品间具有一定依附性、关联性的市场领域，很多经营行为，尤其是有一定开创性的新型经营模式，均会或多或少地损害其他经营者的利益，但也会给消费者带来一定的福利。反不正当竞争法所要保护的法益具有多元性，除了要保护经营者的合法权益外，还通过规制不正当竞争行为保护消费者利益乃至公共利益。因此，在互联网领域，损害竞争对手利益的行为，并不代表必然构成不正当竞争。只有在造成损害的同时，被控行为还具有不正当性时，才能认定为不正当竞争。该种不正当性,即反不正当竞争法所规定的违反诚实信用原则和公认的商业道德。在市场竞争中,诚实信用原则亦体现为公认的商业道德,即特定商业领域中市场交易参与者所普遍认知和接受的行为标准。应从更多利益主体的角度,分析被控行为对经营者利益、消费者利益及竞争秩序所产生的影响,并对影响后果进行严格而精细的利益考量和比对分析,防止脱离竞争法的目标进行泛道德化评判。在具体认定中,应分析特定商业领域的一般实践、交易双方的主观状态、行为方式、行为后果等因素,在此基础上进行多方利益的平衡及评判。

(二)关于购物助手行为正当与否的评判

1. 购物助手领域的一般情况

购物助手是随着网络购物的不断发展应运而生的一种服务模式,其核心功能在于比价,即为消费者提供纵向比价、横向比价、降价提醒等比价服务。上述功能的运作原理与搜索引擎类似,即通过爬虫技术检索各大购物网站的商品信息并进行大数据分析后,为消费者提供价格、款式等方面的参考。这一商业模式借用了不同购物网站的用户基础,有利用他人平台拓展业务之嫌。但该商业模式通过技术的创新和整合,使得消费者可实现不同购物平台商品间的实时比较,解决了网购信息不对称的问题,能提高价格透明度、促进选择的多样化,有助于提升消费者福祉。同时,也使得购物平台更愿意通过个性化服务吸引用户,有助于鼓励创新,提高竞争的充分性。从这个角度上看,购物助手相对于购物网站所实施的竞争行为,属于应受鼓励的良性竞争,购物网站应对这一商业模式有一定的容忍义务。但是,购物网站经营者对其网站的展示空间享有正当权益,购物助手若要在该空间拓展服务须谨慎适度。购物助手应充分尊重用户的知情权与选择权,所插入信息的内容、位置、功能等应受到一定的限制,以避免不当干扰购物网站的正常经营或使消费者对交易对象或平台产生混淆。

2. 涉案购物助手行为正当与否的评判

"帮5淘"系为网络购物提供比价、垂直搜索、帮购等服务的购物助手软件。从行为方式来看,"帮5淘"在淘宝网商品详情页插入的标识和按钮系直接嵌入淘宝网页面的显著位置,与淘宝网原有页面内容融为一体,且减价按钮还引导消费者至被告网站交易。用户无法选择关闭上述信息，该行为破坏了原告网站页面的完整性，使得原告无法按照自己的意愿在自己网站上正常展示信息，已属过度妨碍原告正常经营的行为。

从行为后果来看，"帮5淘"所提供的服务能为消费者带来福利，具有一定的正面市场效应。"帮5淘"借助消费者对原告平台服务质量的信任及追求优惠的心理而增加了被告网站的用户注册量及交易量，被告可从中获利。原告因被告行为而受损。对电子商务网站而言，流量入口具有很高的经济价值。淘宝网以提供免费平台为基础，通过极为丰富的商品、服务供量，以及多样化的增值服务和特色服务，培育出大量稳定的用户，使其成为消费者网络购物时最为优先选择的流量入口，具有极高的用户黏性。虽然"帮5淘"的帮购服务仍系在淘宝网下单，并无证据显示原告网站总体流量有所减少，但消费者的流量起始入口发生了变化，即原先选择在淘宝网直接购物的用户改为选择在"帮5买"网站获得购物服务。此外，由于"帮5淘"的介入，与淘宝网商户进行交易的是被告而非消费者，这意味着淘宝公司将无法掌握相应消费者在消费过程中所产生的数据信息，而这些数据信息对于电子商务类网站无疑具有巨大的商业价值。可见，"帮5淘"的涉案行为破坏了原告网站的用户黏性，损害了原告的合法权益。长此以往，还有可能导致网络购物平台失去培育用户黏性的动力，破坏网络购物这一行业的市场竞争秩序。此外，"帮5淘"的减价按钮将消费者引至被告网站进行交易，还可能使消费者对提供服务的主体产生混淆。虽然涉案软件在用户安装前作了一定告知，但该告知内容难以有效消除相关公众在软件使用过程中所产生的混淆。

【法官点评】

互联网经济使得传统产业类别与行业边界渐趋模糊，在网络背景下判断竞争关系的存在，应从经营者具体实施的经营行为出发加以考察。即使双方的经营模式存在不同，只要具有相同的用户群体，在经营中争夺与相同用户的交易机会，亦应认定存在竞争关系。

在"用户为王"的互联网竞争中，将网络用户吸引到自己的网站是经营者开展经营活动的基础，培养"用户黏性"是获得竞争优势的关键。购物网站通过长期积累和大量投入形成的用户群体和用户黏性，是其核心竞争资源，对该资源的破坏属于对购物网站的实质性损害。

基于商业机会的开放性和不确定性，损害并不必然代表被诉行为构成不正当竞争。购物助手这一商业模式解决了网购信息不对称的问题，能够提升消费者福祉，同时也有助于提高竞争的充分性。只有在损害的同时，购物助手行为还具有可归责性时，才能认定不正当竞争。对购物助手行为不正当性的判断应从增进社会整体利益出发，综合衡量购物网站经营者、消费者及购物助手经营者等多方利益。具体而言，应重点审查以下因素：（1）用户权益的充分尊重。购物助手应充分尊重用户的知情权与选择权，在用户协议中对明显不利于用户的内容应明确标识和特别提醒。（2）标识来源的明确标注。购物助手在运行过程中应向用户表明其插入信息系由购物助手而非所在网页的购物网站所提供，以避免混淆。（3）作用方式的合理程度。购物助手在购物网站拓展服务须谨慎适度，所插入信息的内容、位置、功能等均应充分尊重购物网站经营者对其网站展示空间享有的正当权益。（4）网购交易的介入程度。购物助手主要系提供购物信息媒介，不应对网购交易介入过深，尤其不得干涉消费者选择购物平台的决策。

涉案"帮5淘"购物助手软件未经许可，在"淘宝网"页面关键位置插入相应标识，以优惠或补贴方式引导原先选择在"淘宝网"平台直接购物的用户改为选择在"帮5买"网站获得购物服务，减损了"淘宝网"作为购物入口优先选择的优势，破坏了"淘宝网"的用户黏性，给"淘宝网"造成损害，其本质系利用他人多年经营所获得的竞争优势以谋求自身的交易机会，具有不正当性，构成不正当竞争。

（撰稿人：上海市浦东新区人民法院　范静波）*

---

* 上海市浦东新区法院叶菊芬同时推荐此案例。

"上海故事"知名商品特有名称纠纷案[*]

——商标临时保护期内权利人可以选择不正当竞争法获得救济

【裁判要旨】

商标初步审定公告期满至准予核准注册前的期限为商标临时保护期,对于该期限内他人使用商标的行为,权利人可以根据商标法的规定获得救济;如果相关商标已经实际使用且取得一定影响,亦可以依据反不正当竞争法关于商品名称的规定获得救济。在认定商品知名度或者商品名称有一定影响时,应当根据被控行为发生的时间和地域进行综合判断,并不要求在全国范围内具有一定影响。

【案情介绍】

上诉人(原审原告):上海故事丝绸发展有限公司(下称上海故事公司)、上海紫绮服饰有限公司(下称紫绮公司)

被上诉人(原审被告):上海兵利服饰有限公司(下称兵利公司)

2016年5月20日,上海故事公司、紫绮公司签署《授权与确认函》,确认:"上海故事"品牌自2003年始即被紫绮公司、上海故事公司使用在围巾等商品上,自2006年起,上海故事公司、紫绮公司陆续在全国各地以加盟形式开设门店。2011年10月20日,上海故事公司向国家工商行政管理总局商标局(下称商标局)申请注册第10087133号"上海故事"商标。后经驳回、复审、行政诉讼一审、二审及商评委重新决定,2015年5月27日,第10087133号"上海故事"商标经初步审定予以公告。2016年12月7日,第10087133号"上海故事"商标被准予注册。核定使用范围为第25类"围巾;

---

[*] 一审案号:(2016)沪0115民初56477号;二审案号:(2017)沪73民终237号。

披肩；领带"等。

上海故事公司、紫绮公司向一审法院诉称，兵利公司在未经许可的情况下，在商品、实体及微信店铺名称、店铺装潢、产品包装上使用与原告设计完全相同的"上海故事"字样，主观上具有攀附上海故事公司商品名称知名度，导致消费者混淆的恶意。因此，请求法院判令兵利公司停止侵犯知名商品特有名称的不正当竞争行为、消除影响并赔偿损失30万元。

上海市浦东新区人民法院经审理认为，上海故事公司、紫绮公司的诉讼请求缺乏事实及法律依据，故对其诉讼请求不予支持。

上海故事公司、紫绮公司不服一审判决，提起上诉。

上海知识产权法院二审判决撤销一审判决，要求被上诉人兵利公司公开刊登声明，消除不良影响，并向上海故事公司赔偿包括合理费用在内的经济损失人民币15万元，同时驳回两上诉人的其余上诉请求。

【法理分析】

本案的特殊性在于被控不正当竞争行为存续期间，涉案商标获得了注册，那么对于商标注册前他人实施的侵权或不正当竞争行为，权利人应当如何主张权利？本案主要涉及如下两个方面的问题：第一，商标临时保护期内权利人是否有权选择反不正当竞争法获得救济，这主要涉及商标法与反不正当竞争法的关系问题；第二，反不正当竞争法保护知名商品特有名称的本质是什么，特别是新修订的反不正当竞争法将知名商品特有名称修订为有一定影响商品名称的情况下，如何正确地理解和认定反不正当竞争法关于商品名称的规定。

（一）商标法与反不正当竞争法的关系

关于商标法和反不正当竞争法的关系问题，理论及实践中一直存在争议。笔者认为，不应从整体上笼统地谈论商标法和反不正当竞争法之间的关系，而应该针对具体的法律规定和行为判断商标法和反不正当竞争法相应规定之间存在何种适用关系。首先，从整体上看，商标法与反不正当竞争法不存在特殊法和一般法的关系。一般而言，特殊法是指对于法律适用的主体、事项、地域以及时间作出了特殊规定的法律。例如，相对于民法，合同法是特殊法。因此，属于特殊法规定的行为一定可以由一般法调整。例如，签订有效合同的行为一定属于民事法律行为。但就商标法和反不正当竞争法的关系而言，构成商标侵权的行为并不必然构成不正当竞争。因为二者的构成要件存在明显区别，侵害商标权行为并不需要主观上存在过错，但不正当竞争行为的成立应当以行为人主观上存在故意为前提。其次，反不正当竞争法在整体上并非对商标法的补充，只能说《反不正当竞争法》第2条的规定系对商标法的补充。法律之间的补充关系并不同于一般法和特殊法的关系。根据《中华人民共和国立法法》第92条的规定，同一机关制定的特别规定与一般规定不一致的，适用特别规定。但补充关系主要是辅助规定和基本规定的关系，即在其他法律不能适用时，予以补充性地加以适用。因此，反不正当竞争法整体上并不是商标法的补充，只有《反不正当竞争法》第2条的原则性规定才可以构成对商标法的补充。例如，《商标法》第58条规定："将他人注册商标、未注册的驰名商标作为企业名称中的字号使用，误导公众，构成不正当竞争行为的，依照《中华人民共和国反不正当竞争法》处理。"实践中，一般均适用《反不正当竞争法》第2条调整企业名称擅自使用他人商标的行为。再次，反不正当竞争法关于商品名称等商业标识的规定与商标法属于并行关系，权利人可以选择适用。反不正当竞争法关于商品名称等商业表示的保护与商标法关于注册商标的保护在构成要件方面存在明显不同，构成侵害商标权并不一定属于擅自使用商品名称的不正当竞争行为。因为商品名称的反不正当竞争法保护不仅需要使用人主观上具有恶意，还要求具有一定的影响，但侵害商标权并没有相应的要求。因此，关于商业标识的保护，《商标法》和《反不正当竞争法》属于法条竞合，权利人可以选择适用。在不构成侵害商标权的情况下，权利人还可以主张构成擅自使用商品名称的不正当竞争行为。就临时保护期内的擅自使用行为，如果相关商标已经实际使用且有一定影响，权利人应当有权选择适用《商标法》还是《反不正当竞争法》，不存在《商标法》优先适用的问题。

（二）知名度究竟是基于商品还是商品名称

本案中，一、二审法院之所以对于涉案"上海故事"是否构成知名商品特有名称存在截然不同的认定，根源在于一审法院对于知名商品特有名称的保护存在理解上的偏差，认为知名度只能基于商品的宣传而获得，如果权利人仅宣传商品的名称,而没有对使用的商品进行宣传,那么很难认定商品具有知名度。二审法院则认为,商品的知名度和商品的名称具有互为表里、不可割裂的关系。对商品名称、公司经营状态等的宣传报道无疑也有助于提升商品的知名度,不能将商品的知名度和商品名称的知名度完全孤立开来。事实上,反不正当竞争法保护知名商品特有名称的本质在于商品名称的显著性和识别性,商品的知名度最终还应体现为商品名称的知名度或者有一定影响。新修订的反不正当竞争法将"知名商品特有名称"修订为"有一定影响的商品名称",实际上在商品名称的保护上并没有发生实质性变化,应属于正本清源,明确了反不正当竞争法保护商品名称的本质。在具体认定知名度或者有一定影响时,不应一概要求在全国范围内知名或有一定影响,而是只要在侵权行为发生的地域范围内有一定影响即满足保护的要求。

【法官点评】

本案系注册商标临时保护期内擅自使用行为构成不正当竞争的典型案例。本案的裁判认为在临时保护期内商标权人可以选择适用商标法或者不正当竞争法寻求救济,不存在商标法优先适用的问题。如果临时保护期内的商标已经达到驰名的程度,权利人也可以申请法院认定其主张的商标为未注册驰名商标,此种情况下不能因为可以依据反不正当竞争法关于商品名称的规定获得保护,而认为没有认定未注册驰名商标的必要。本案的裁判可以为商标临时保护期内权利人如何寻求最合理的救济方式提供有益借鉴。

(撰稿人:上海知识产权法院 凌宗亮)

老字号"吴良材"不正当竞争纠纷案*

——特殊渊源老字号的使用应谨守合理边界

【裁判要旨】

在处理特定历史背景下形成的商业标识冲突时，需要考察相关事实的历史形成和发展过程，以历史因素作为起点和基础，同时结合发展现状和业已形成的市场格局，综合"历史、现状、公平"等因素作出裁量，合理限定各方当事人使用诉争商业标识的方式和范围。

【案情介绍】

上诉人（原审被告）：南京吴良材眼镜有限公司（下称南京吴良材公司）等

被上诉人（原审原告）：上海三联（集团）有限公司（下称三联集团）、上海三联（集团）有限公司吴良材眼镜公司（下称上海吴良材公司）

1807年，吴良材将1719年在上海创建并附带经营眼镜业务的"澄明斋珠宝玉器铺"改为专营眼镜业务的"吴良材眼镜店"于1807年由吴良才成立，其名称后曾经多次变更，但始终保有"吴良才"字号。1993年10月，上海吴良材眼镜公司被国内贸易部认证为"中华老字号"。1998年10月，上海吴良材眼镜公司更名为上海三联（集团）有限公司吴良材眼镜公司。1947年，吴国城登记设立吴良材眼镜公司南京分公司。但因历史原因，称南京吴良材公司和上海吴良材公司已不具有关联关系。1989年起，上海三联（集团）有限公司（简称三联公司）、上海吴良材公司陆续注册多个"吴良材"文字商标，经过长期使用已经具有很高的市场知名度，并于2004年被认定为驰名商标。南京吴良材公司于2004年至2015年大规模在全国范围发展特许加盟店，授权其分支机构、加盟商在登记注册及经营中使用"吴良材"文字

---

* 一审案号：（2015）黄浦民三（知）初字第157号；二审案号：（2017）沪73民终246号。

的企业名称及文字标识,同时在大众点评网开展团购活动。南京吴良材公司在对外宣传中称其是由上海吴良材公司设立的南京分公司发展起来的。三联集团、上海吴良材公司认为,南京吴良材公司的上述行为构成商标侵权、虚假宣传等不正当竞争,造成其商誉和经济利益的巨大损失,故诉请法院判令南京吴良材公司停止侵权、消除影响并赔偿损失及合理费用。

上海市黄浦区人民法院认为,基于历史原因,南京吴良材公司企业名称注册的时间早于上海吴良材公司的注册商标的取得和驰名商标的认定时间,客观上不存在攀附上海吴良材公司商誉的可能性。但是在没有证据证明其企业名称的知名度和影响力已超出该登记机关的辖区范围的情况下,在全国范围内设立企业名称含"吴良材"文字的非法人分支机构的行为,易造成相关公众对"吴良材"品牌的市场主体及其商品和服务来源的混淆,从而削弱、淡化"吴良材"注册商标的识别功能。且南京吴良材公司的相关宣传行为亦构成以误导性方式引人误解的虚假宣传。一审法院遂判决南京吴良材公司停止商标侵权及不正当竞争行为,立即停止其分支机构在江苏省南京市以外地区注册、使用含"吴良材"文字的企业名称,并消除影响,赔偿经济损失人民币260万元。南京吴良材公司不服一审判决,提起上诉。上海知识产权法院综合考虑历史、现状和公平等因素,判决驳回上诉,维持原判。

【法理分析】

本案涉及"吴良材"这一老字号传承发展过程中所产生的相关商业标识的争议。上海吴良材公司与南京吴良材公司均与历史上的"吴良材眼镜店"具有一定的历史渊源,但双方在"公私合营""文革"等特殊历史阶段对于"吴良材"字号的使用又一度中断,双方关于"吴良材"商标及字号的争议具有极其复杂的历史背景。如今,南京吴良材公司与上海吴良材公司均将"吴良材"作为企业字号,如何处理特定历史背景下形成的商业标识冲突,需要综合考虑"历史、现状、公平"等因素妥善认定。

首先,从企业发展历史来看,南京吴良材公司与历史上的吴良材眼镜公司具有一定的历史渊源,南京吴良材公司将"吴良材"文字注册为其企业名称具有合理性,且其注册使用该企业名称亦早于涉案商标注册时间和驰名商标的认定时间，客观上不存在攀附商誉和"搭便车"的可能性。因此，南京吴良材公司注册使用含"吴良材"文字的企业名称不构成不正当竞争。

其次，从现状来看，当上海吴良材公司获准注册"吴良材"商标后，该商标经过长期使用已经具有很高的知名度，并于2004年被认定为驰名商标。"吴良材"文字虽然来源于历史上的"吴良材眼镜店"，但其商标商誉显然是上海吴良材公司在1989年注册商标后，推陈出新、努力经营的结果，故在相关公众的认知当中，"吴良材"文字商标已经与上海吴良材公司形成了稳定的对应关系。反之，南京吴良材公司并未提供证据显示其在全国范围内具有很高的知名度。

再次，从公平的角度而言，虽然南京吴良材公司和上海吴良材公司与历史上的吴良材眼镜公司具有一定的历史渊源，但其间历经"公私合营""文革"等特殊历史时期，当年的吴良材眼镜公司南京分公司并没有完整的延续，故如今的南京吴良材公司和上海吴良材公司之间已并无关联关系。在此情况下，南京吴良材公司在上海吴良材公司的"吴良材"商标已具有很高的知名度并被认定为驰名商标，而其在全国范围内尚无知名度的情况下，在全国范围大规模地发展经营，授权其分支机构和加盟商使用"吴良材"文字，并隐瞒其与上海吴良材公司不具有关联关系的事实，宣称其是由上海吴良材公司设立的南京分公司发展起来的，误导相关公众认为其与上海吴良材公司之间存在关联关系。南京吴良材公司的上述行为在主观上明显具有攀附上海吴良材公司商誉的意图，并足以对相关消费者产生误导，如果不对其企业名称的使用范围进行适当的限制，则难以达到防止市场混淆的效果，也不足以保护商标权人利益。

综合上述历史、现状和公平因素，虽然南京吴良材公司作为字号在先使用人本身有权继续使用其企业名称，但其使用范围亦应当有所限制，因此，本案将南京吴良材公司注册含有"吴良材"文字企业名称分支机构的地域范围限制在南京地区范围内具有一定的合理性。

【法官点评】

如何处理特定历史背景下形成的商业标识冲突，需要法官进行审慎乃至艰难的利益平衡。正如美国大法官霍姆斯所言，"一页历史抵得上一卷逻辑"，在此类案件的处理过程中，法官不能简单地根据逻辑形式进行判断，而应充分考虑相关事实的历史形成和发展过程，追溯"老字号"的历史背景与沿革，以历史因素作为起点和基础，同时考虑发展现状和业已形成的市场格局，综合"历史、现状、公平"等因素作出裁量，适当限制被控侵权主体使用其企业名称的地域范围，并制止其在经营活动中的不正当竞争行为。这种适当限制而非"一刀切"的裁判结果，既维护了被控侵权主体在先使用字号的权利，又有效地制止了其在商标权利人的注册商标获得极大知名度的情况下进行攀附商誉和"搭便车"的行为，在适当规范的基础上维护现状对于双方当事人而言都是公平合理的，也有助于维护已有的市场现状。本案在裁判上是对历史方法的典型适用，较为妥当地处理了因历史原因而遗留的商业标识冲突问题，对于规范"老字号"的使用以及促进市场主体诚信经营，同时防止市场混淆，维护消费者的合法利益，均具有一定的裁判指导意义。

（撰稿人：上海知识产权法院　范静波）

"组织炒信行为"不正当竞争纠纷案[*]

——竞争关系的认定

【裁判要旨】

竞争关系主要发生于同业竞争者之间,但并不以此为限。如果被告的行为违背《反不正当竞争法》第 2 条规定的竞争原则,对原告的合法利益造成损害的,也可以认定其与原告之间存在竞争关系。

组织炒信行为不仅破坏了电子商务平台构建的商业信用评价体系,而且损害消费者的知情权,对其消费选择产生误导,违反了诚实信用原则和公认的商业道德。

【案情介绍】

原告:浙江淘宝网络有限公司(下称淘宝公司)、浙江天猫网络有限公司(下称天猫公司)

被告:杭州简世网络科技有限公司(下称简世公司)

淘宝公司、天猫公司制定的《淘宝规则》《天猫规则》具体对淘宝网、天猫网评分评价体系的运作规则作了规定,均明确只有交易成功的才可以进行一次评价。简世公司于 2014 年 9 月设立了刷单平台傻推网(www.shatui.com),网络商家在该平台上注册登记并向简世公司支付会费后可发布刷单任务,网络刷手在该平台注册登记后可领取刷单任务,进行虚假交易和虚假好评,商家会支付刷手一定的佣金,简世公司收取其中 20% 作为手续费。自 2014 年 9 月至 2016 年 3 月,简世公司通过傻推网吸引注册的商家有 5400 家,其中注册后发布刷单任务的商家有 3001 家,发布刷单任务 324 000 件,共计 50 000 余单,涉及刷单金额 26 398 292.80 元,违法所得 360 000 元。淘宝公司、天

---

[*] 案号:(2016)浙 0106 民初 11140 号。

猫公司认为，简世公司设立刷单平台组织炒信，破坏了淘宝公司、天猫公司构建的评价体系，误导消费者，严重损害了淘宝公司、天猫公司的声誉和市场竞争力，危及公平、诚信的市场竞争秩序，构成不正当竞争，故诉至法院。法院审理后认为，简世公司的行为违背了《反不正当竞争法》第2条规定的竞争原则，对淘宝公司、天猫公司的合法利益造成损害，存在竞争关系，其炒信行为不仅破坏了电子商务平台构建的商业信用评价体系，而且损害消费者的知情权，违反了诚实信用原则和公认的商业道德，扰乱了正常的市场竞争秩序，构成不正当竞争。

【法理分析】

本案为淘宝网、天猫网的经营者共同起诉炒信平台的不正当竞争纠纷案件，涉及炒信平台和电子商务平台之间是否存在竞争关系，以及炒信平台是否对电子商务平台构成不正当竞争。

（一）竞争关系的界定

按传统的司法观点，适用反不正当竞争法的前提为经营者之间存在竞争关系，甚至限定为同业竞争者之间的关系。随着市场经济不断发展，尤其是当前互联网信息产业兴起，行业分工越来越细化，行业之间相互交织，利益关系日趋复杂，新类型及更复杂的竞争模式随之出现，不同业务的经营者之间也可能存在直接利害关系。为了解决现实困境，何种竞争关系可纳入反不正当竞争法的规制之中，需要摒弃传统观念对竞争关系的限定，有必要对其作适宜的解读。

我国反不正当竞争法并未将不正当竞争行为限定为经营者之间存在竞争关系，而是指扰乱市场竞争秩序，损害其他经营者或消费者的合法权益的竞争行为。最高人民法院曾将竞争关系界定为"一般是指经营者经营同类商品或服务，经营业务虽不相同，但其行为违背了《反不正当竞争法》第二条规定的竞争原则，也可以认定具有竞争关系"。[1] 这种界定本质上已否定了在构成同业竞争关系的前提下认定行为属性，而是在更广阔的视野内判断竞争行

---

[1] 最高人民法院副院长曹建明：《加大知识产权司法保护力度，依法规范市场竞争秩序－在全国知识产权审判工作座谈会上的讲话》（2004年11月11日）。

为是否违背竞争原则,一旦违背则认定构成竞争关系。

(二)竞争行为的正当性标准

竞争行为的正当性标准应当既能保护经营者的合法利益,又不破坏竞争自由和创新的积极性。从根本上来说,竞争行为应遵循《反不正当竞争法》第2条的原则性规定,不能扰乱市场竞争秩序,损害其他经营者或消费者的合法权益。围绕《反不正当竞争法》第2条的规定,本案主要考量以下因素进行评判。

1. 原告具有合法的经营利益

在不正当竞争纠纷案件中,原告的经营利益只有符合法律规定才受到法律保护。本案中,两原告的经营行为及其所获得上述经营利益系合法。

2. 被告的竞争行为或手段直接损害了原告的经营利益

不正当竞争行为实质上属于侵权行为,根据认定侵权的构成要件之一因果关系理论来判断被告的行为是否造成了原告的损失,符合正义要求。本案中两原告的损害结果与被告的组织炒信行为之间存在因果关系。

3. 被告的行为具有不正当性

本案中,被告的组织炒信行为违反了诚实信用原则和公认的商业道德,其行为并无任何利他的因素存在,更谈不上有利于市场竞争的创新,也违反了法律的公平原则,可以认定其行为具有不正当性。

4. 被告通过其行为获得现实或潜在的经营利益

反不正当竞争法规制的是竞争行为,有竞争必然有损益。若无损益,则难以称为竞争行为。本案中,被告行为的目的为了谋取利益,结果上确已获得现实利益,其主观恶意明显。

【法官点评】

本案系全国首例电子商务平台起诉炒信平台的不正当竞争案件。近年来,电子商务产业已成为互联网经济的重要组成部分,电子商务平台为促进产业的持续健康发展,构建了商业信用评价体系,旨在为消费者购物和商家经营决策提供参考。然而,一些人以获取非法利益为目的,组织"刷手"实施虚假刷单,炒作信用,造成电子商务平台上的销售及评价数据不真实。本案判决以严格保护为导向,有效打击了组织炒信行为,对其他类似案件的审理具有借鉴意义，同时丰富了原《反不正当竞争法》第 2 条的适用类型，具有一定研究价值。本案中有两方面的法律问题值得探讨：一是竞争关系的认定，即炒信平台和电子商务平台分属不同业务领域，能否认定两者存在竞争关系。本案判决突破同业竞争的界限，认为竞争行为违背《反不正当竞争法》第 2 条规定的竞争原则，造成他人损失的，也可认定存在竞争关系。其二，《反不正当竞争法》的调整对象和范围，即组织炒信行为是否受《反不正当竞争法》规制。本案根据《反不正当竞争法》第 2 条规定，认定组织炒信行为违反了诚实信用原则和公认的商业道德，扰乱了正常的市场竞争秩序，构成不正当竞争，符合新颁布的《反不正当竞争法》（2018 年 1 月 1 日起施行）第 8 条第 2 款对组织虚假交易行为的定性。

（撰稿人：浙江省杭州市西湖区人民法院　李红萍、潘素哲）

"恶意投诉电商平台商家"不正当竞争纠纷案[*]

——恶意投诉导致不正当竞争的认定

【裁判要旨】

权利人明知其专利权具有较大的不确定性,而对涉案专利的《外观设计专利权评价报告》进行篡改变造,并以之为据在电商平台上对其他商家进行侵权投诉,使电子商务平台错误删除商家商品链接的,其行为违反了诚实信用原则,违背了公认的商业道德准则,属于反不正当竞争法规定的不正当竞争行为。

【案情介绍】

原告:许某某

被告:童某某、玉环县金鑫塑胶有限公司(下称金鑫公司)

原告许某某系淘宝会员名为"立诚商行"的淘宝店铺的注册经营人,该店铺主要经营高压锅等厨房用具。

童某某系专利号为 ZL201530132262.9 的外观设计专利(名称:防爆压力锅)的专利权人。2016 年 3 月 28 日,童某某以许某某开设的涉案店铺销售的一款名为"邦尔达彩色 18CM2L 防爆压力锅电磁炉通用"的商品侵犯其外观设计专利权为由,向淘宝公司发起侵权投诉,投诉编号为 2822893,同时童某某向淘宝公司提交了外观设计专利证书及外观设计专利权评价报告以及专利侵权分析报告,其中外观设计专利权评价报告的第 4 页显示初步结论为"全部外观设计未发现存在不符合授予专利权条件的缺陷",其中专利侵权分析报告中载明专利权人合法授权生产企业为"金鑫塑胶有限公司"。2016 年

---

[*] 案号:(2016)浙 0110 民初 11608 号。

4月7日，淘宝公司认定童某某投诉成立，并删除了被投诉的商品链接。后经涉案产品生产厂家"永康市邦尔达工贸有限公司"告知，童某某对其投诉时提供的《外观设计专利权评价报告》的关键内容进行了恶意篡改，将"初步结论：全部外观设计不符合授予专利权条件"恶意修改成"初步结论：全部外观设计未发现存在不符合授予专利权条件的缺陷"；同时将"外观设计不符合《专利法》第23条2款的规定"删除。

许某某认为，童某某在明知案涉专利不符合授权专利权的条件，却恶意篡改《外观设计专利权评价报告》，并以该报告向淘宝公司投诉原告销售的案涉产品侵犯其专利权，具有明显的主观恶意，且情节恶劣。童某某的行为致使原告涉案产品的商品链接被淘宝公司删除，从而无法进行销售，严重损害了原告的商业信誉，给原告造成重大经济损失。为此，诉至法院，请求判令：①两被告在《浙江日报》等报刊上澄清事实、赔礼道歉、消除影响；②两被告赔偿原告因商品链接被删除造成的经济损失50万元及合理费用10万元；③两被告承担本案诉讼费用。

余杭区人民法院经审理后认为，被告童某某的行为构成《反不正当竞争法》规定的不正当竞争行为，判决被告童某某赔偿原告许某某经济损失（含合理费用）20 000元并驳回原告许某某其他的诉讼请求。

【法理分析】

许某某主张两被告恶意篡改《外观设计专利权评价报告》并向淘宝公司进行恶意投诉，导致淘宝公司错误删除其案涉商品链接，构成反不正当竞争法规定的不正当竞争行为。认定上述行为是否成立需要从双方是否存在同业竞争关系、投诉行为本身是否存在恶意以及该行为是否给原告造成市场损害角度等进行分析。

（一）原告与两被告之间是否存在同业竞争关系

原告许某某系淘宝店经营者，主要经营高压锅等厨房用具。被告童某某系涉案专利的专利权人，从其投诉时提交的专利侵权分析报告可知，其自认授权他人生产该专利产品。由此可见，许某某与童某某均属厨房用具行业的经营者，具有同业竞争关系。金鑫公司的经营范围亦包括压力锅配件、炊具等制造，以及金鑫公司亦在阿里巴巴平台经营销售压力锅产品，因此，许某某与金鑫公司亦具有同业竞争关系。

(二) 童某某的投诉是否属于恶意投诉，有无损害市场竞争原则

正当的侵权投诉本身是权利人行使权利的一种体现，但是如果恶意利用投诉机制通过伪造、变造的依据以发起投诉，违反竞争原则、破坏竞争秩序，可能构成《反不正当竞争法》规定的不正当竞争行为。本案中，童某某系案涉外观设计专利的专利权人。根据《专利法》相关规定，我国对于外观设计专利采取初步审查方式，就专利本身是否符合新颖性特征并未进行实质性审查，因此，外观设计专利权本身具有较大的不稳定性，而国务院专利行政部门经过相应检索、分析和评价后作出的专利权评价报告则成为审查判断该专利权是否稳定的重要依据之一。童某某作为涉案外观设计专利权人，明知国务院专利行政部门就涉案专利作出的专利权评价报告的初步结论为"全部外观设计不符合授予专利权条件""具体不符合授予专利权条件的缺陷如下：外观设计不符合《专利法》第23条第2款的规定"，仍然通过变造的方式将该评价报告的初步结论修改为"全部外观设计未发现存在不符合授予专利权条件的缺陷"并向淘宝公司发起投诉，致使淘宝公司错误认定其投诉成立，导致许某某的涉案商品链接被删除。因此，主观上，童某某明知其专利权具有较大的不稳定性，仍然通过变造的依据发起投诉，其侵权的主观恶意明显；客观上，童某某的投诉造成了许某某的涉案商品链接被删，破坏了许某某的正常经营行为，也必然给许某某造成相应的经济损失，进而也损害了正常的市场经济秩序。综上，童某某的恶意投诉行为构成《反不正当竞争法》规定的不正当竞争行为。

(三) 金鑫公司是否构成共同侵权

许某某还主张金鑫公司与童某某构成共同侵权，理由为童某某授权金鑫公司使用该专利，金鑫公司也因童某某的投诉而获益。法院认为，首先，原告许某某并未举证证明童某某确授权金鑫公司使用该专利；其次，即使金鑫公司确系涉案专利被许可人，本案的涉案投诉系童某某发起，并非金鑫公司，许某某也未举证证明金鑫公司与童某某就该恶意投诉存在合意。因此，许某某主张金鑫公司构成共同侵权的主张，依据不足，不能成立。金鑫公司关于其不构成共同侵权的抗辩成立，法院予以采信。

综上，童某某作为同业竞争者明知其专利权具有较大不稳定性，仍然通过变造的依据利用淘宝公司的投诉平台进行恶意投诉，其行为违反了诚实信

用原则，违背了公认的商业道德准则，损害了许某某的正常经营行为并给其造成损害，属于反不正当竞争法规定的不正当竞争行为。因许某某并未举证证明因童某某的恶意投诉导致其名誉或声誉受损，故其要求童某某赔礼道歉、消除影响的诉请，法院不予支持。关于赔偿损失的数额，根据《反不正当竞争法》规定，经营者给被侵害的经营者造成损害的，应当承担损害赔偿责任，被侵害经营者的损失难以计算的，赔偿额为侵权人在侵权期间因侵权所获得的利润；并应当承担被侵害的经营者因调查该经营者侵害其合法权益的不正当竞争行为所支付的合理费用。本案中，许某某并未举证证明其因童某某的行为所遭受的损失金额，也未举证证明童某某因此所获得的利益，故法院根据侵权人的侵权恶意程度、所涉商品链接被删除的持续时间、许某某涉案店铺的经营规模以及其为维权支出的合理费用等因素酌定赔偿额为2万元。

【法官点评】

　　本案是全国首例因恶意投诉被认定为不正当竞争行为的典型案件。随着网络购物的盛行，电商平台上的经营者竞争也日趋白热化。与此同时，一些经营者利用电商平台的投诉机制恶意投诉其他经营者的商品，打击竞争对手，使其他经营者的商品链接被平台错误删除，从而丧失交易机会。此类情况的出现也反映出《侵权责任法》第36条第2款规定的"通知－删除"规则在专利权领域的适用困境。对于投诉者而言，只要简单地向网络服务提供者发出合格通知，被投诉产品就面临被断开链接的后果，轻而易举地达到诉前禁令的效果，在这种情况下，如果不设置相应的利益平衡机制，就很容易导致投诉机制被滥用。在本案中，权利人明知其专利权具有较大的不确定性，而将涉案专利的《外观设计专利权评价报告》进行篡改变造，并以之为据在电商平台上对其他商家进行侵权投诉，使电子商务平台删除商家商品链接。法院经审理认为，其行为违反了诚实信用原则，违背了公认的商业道德准则，属于《反不正当竞争法》规定的不正当竞争行为，并应承担相应的损害赔偿责任。本案判决有助于遏制恶意投诉的不正当竞争行为，对其他类似案件的审理具有一定的借鉴意义。

（撰稿人：浙江省杭州市余杭区人民法院　成文娟）

"米其儿"早教品牌授权特许经营合同纠纷案[*]

——《商业特许经营管理条例》在特许经营合同纠纷案中的适用

【裁判要旨】

特许经营合同纠纷案,可适用《商业特许经营管理条例》作为的裁判依据。《中华人民共和国合同法》(下称《合同法》)第94条第5项的规定,并未排除人民法院对于行政法规的直接选择适用。特许经营合同未予约定的情况下,被特许人在合理期限内享有单方解除权。赋予被特许人此项法定单方解除权的目的在于给予处于弱势地位的被特许人一定的"冷静期"。

【案情介绍】

上诉人(原审原告):南京米其儿教育信息咨询有限公司(下称米其儿公司)

被上诉人(原审被告):赵某某

米其儿公司与赵某某于2015年3月20日、24日,分别签订了《米其儿国际早教品牌授权合作协议》《米其儿托乐嘉门店转让协议》,约定米其儿公司自2015年4月1日起至2020年3月30日授权赵某某使用其商标及特许经营体系,在特定区域内从事早期教育工作。双方还约定涉案门店现在册学员的培训费用已由米其儿公司收取,赵某某负责完成后续的课程服务。上述协议签订后,赵某某按照约定向米其儿公司支付了合同款项合计528 540元。2015年4月1日至16日,赵某某置于涉案门店的收银机共收取学员学费

---

[*] 一审案号:(2015)宁铁知民初字第01192号;二审案号:(2016)苏01民终8325号。

14 892 元，进入赵某某账户。2015 年 4 月 16 日，赵某某向米其儿公司发送了《解除"米其儿品牌特许授权协议"以及"米其儿托乐嘉门店转让协议"通知书》（以下简称《解除通知书》），要求解除双方上述协议，返还已交款项。此后，仍有多个学员陆续向涉案门店交纳学费，但该费用未进入赵某某账户。

庭审中，赵某某述称，在签订涉案合同之前米其儿公司仅口头告知其在册学员数量很少、盈利很好，具体情况从未正式披露过。关于涉案门店交接状况，米其儿公司称双方已就涉案店面物品进行了交接，但赵某某认为自身并未接手涉案店面的正式经营，涉案店面物品也未实际交接。双方还就员工工资及房租等事宜存在纠纷争议。

2016 年 7 月 29 日，南京铁路运输法院作出一审判决：解除赵某某与米其儿公司签订的两份涉案协议；责令米其儿公司于判决发生法律效力之日起 10 日内向赵某某退还涉案合同款项 493 648 元，并驳回当事双方的其他诉讼及反诉请求。

米其儿公司不服一审判决，提起上诉。2017 年 2 月 9 日，南京市中级人民法院作出二审判决，驳回上诉，维持原判决。

【法理分析】

（一）适用《商业特许经营管理条例》作为特许经营合同纠纷案件的裁判依据并未违反法律规定

《商业特许经营管理条例》自 2007 年 5 月 1 日起施行，在中华人民共和国境内从事商业特许经营活动，均应当遵守该条例。涉案"授权协议"与"转让协议"，内容上高度关联，且就涉及特许经营的诸多事项进行了详细约定，符合特许经营合同的特征，属于《商业特许经营管理条例》所规定的调整范围。上诉人米其儿公司主张合同法所称"法律"是狭义的，并不包括行政法规，故《合同法》第 94 条中所规定的"合同的法定解除条件"，其中第 5 项所述"法律规定的其他情形"排除了行政法规，即《商业特许经营管理条例》的适用。法院认为，法律、行政法规或司法解释，均是民事裁判文书的引用依据。《最高人民法院关于裁判文书引用法律、法规等规范性文件的规定》第 4 条规定，民事裁判文书应当引用法律、行政法规或者司法解释。对于应当适用的行政法规、地方性法规或者自治条例和单行条例，可以直接引用。《合同法》第 94 条第 5 项的规定并未排除人民法院对于行政法规的直接选择适用。涉案"授权协议"与"转让协议"均为特许经营合同，一审法院适用《商业特许经营管理条例》进行裁判并无不当。

（二）即使特许经营合同未予约定，被特许人仍享有单方解除权

根据《商业特许经营管理条例》第 12 条的规定，特许人和被特许人应当在特许经营合同中约定，被特许人在特许经营合同订立后一定期限内，可以单方解除合同。由此可见，被特许人的单方解除权是一项法定的权利，其目的在于给予处于弱势地位的被特许人一定的"冷静期"，该项权利不能通过合同的约定予以排除，否则将使上述条款形同虚设，有违该项立法的精神。该项制度的设计，对被特许人行使此项单方解除权的具体缘由在所不问，可被看作是赋予被特许人的一项"特权"。但是这项"特权"的行使并非没有边界，尤其是在当事人未在特许经营合同中约定相关条款的情况下更须审慎，其至少须具备以下两个要件：一是被特许人尚未实际利用特许人的诸如商标、专门技术、专门资料等经营资源；二是被特许人解除特许经营合同的时间必须在合理期间之内。何为合理期间，法律上没有明确的规定，一般应根据个案情况进行具体的分析判断。如本案中，涉案特许经营合同的授权期限跨度 5 年，而被特许人赵某某自获得涉案特许经营权至提出解除涉案特许经营合同仅相距 15 天，可被认定为在合理期间之内。

（三）涉案学员数量属于特许人须书面披露的信息，若未书面披露，被特许人可据此解除特许经营合同

《商业特许经营管理条例》第 21、22 条规定，在订立特许经营合同之日前至少 30 日，特许人须以书面形式向被特许人披露的信息包括：特许人的名称、住所、法定代表人、注册资本额、经营范围以及从事特许经营活动的基本情况；特许人的注册商标、企业标志、专利、专有技术和经营模式的基本情况；特许经营网点投资预算等。本案中，根据涉案特许经营合同的约定，涉案合同签订前已在册学员的相关费用已由特许人米其儿公司收取，但相应的后期培训支出需由被特许人赵某某承担，且涉案门店面积有限，未来能够新招纳的学员数亦有一定上限，故该经营信息直接关系着被特许人赵某某针对此特许经营网点的投资预算。上述学员数量信息，符合《商业特许经营管

理条例》第21、22条所称应当书面披露的信息条件。而现有证据不能证明，特许人米其儿公司于涉案特许经营合同签订前向被特许人赵某某书面披露了该信息。根据《商业特许经营管理条例》第23条的规定，特许人隐瞒有关信息或者提供虚假信息的，被特许人可以解除特许经营合同。

【法官点评】

目前，市场上针对婴幼儿群体开办的早期教育培训机构品牌众多、发展迅速，这类培训机构多采用授予被特许人特许经营权的加盟模式，以实现品牌的快速扩张。在此过程中，因特许经营合同约定不规范、特许经营事项不明确、特许人资质不完备、特许人信息披露义务履行不到位等因素，造成双方当事人在合同履行过程中产生纠纷的情况日益增多。

本案二审判决释明了解除特许经营合同的法律法规适用问题。二审判决明确了法律、行政法规或司法解释，均是民事裁判文书的引用依据，对于应当适用的行政法规、地方性法规或者自治条例和单行条例，可以直接引用。阐明了《合同法》第94条第5项的规定，并未排除人民法院对于行政法规的直接选择适用，并结合《最高人民法院关于裁判文书引用法律、法规等规范性文件的规定》，回应了上诉人的错误观点。

二审判决进一步厘清了《商业特许经营管理条例》第12条所涉被特许人单方解除权的适用范围及条件，但该条例并未明确如若特许经营合同中并未约定上述解除条款，则被特许人是否仍然享有此项单方解除权。二审法院认为，《商业特许经营管理条例》作为国务院颁布的现行行政法规，其授予被特许人的单方解除权应当是一项法定权利。该项权利的设定有其特殊的背景，即特许经营活动本质上对经营模式、经营资源等无形资产的输出，而上述无形资产基本掌握于特许人手中，在合同签订前，由于信息的不对称，易导致处于相对弱势地位的被特许人在未完全了解实情的情况下而冲动签约、造成市场混乱。故上述条例对于被特许人进行了倾斜性的保护，给予其一定的"冷静期"，以规范特许经营活动、维护市场秩序。由此可见，被特许人的该项单方解除权不能仅因为合同未予约定而进行排除，否则将使上述条款形同虚设，有违该项立法的精神。此外，二审判决亦明确了该项单方解除权的行使条件，一是被特许人尚未实际利用特许人的特许经营资源；二是特许经营合同订立后的合理期间内。

二审判决明确了涉案机构已在册学员数量属于特许人应当披露的信息。《商业特许经营管理条例》第21条及第23条规定，特许人若未在特许经营合同订立前至少30日，以书面形式向被特许人提供条例第22条规定的信息的，被特许人可以解除特许经营合同。上述条款的目的在于强制特许人披露对投资风险和利益至关重要的信息，促使被特许人能在信息充分的情况下作出最佳的投资决策。本案一审判决认为，涉案合同签订前，米其儿公司相关门店已在册学员数量信息虽未及时交接，但并不必然影响涉案合同的正常履行，故被特许人不能据此要求解除该特许经营合同。二审判决认为，根据涉案特许经营合同的约定，涉案合同签订前已在册学员学费已由特许人米其儿公司收取，但相应的后期培训支出却需被特许人赵某某承担，囿于门店面积及员工数量，该网点未来能够新招纳的学员数亦有一定上限，故已在册学员的数量信息直接关系着被特许人赵某某针对此特许经营网点的投资预算，属于《商业特许经营管理条例》规定的应当书面披露的信息范围。被特许人据此主张解除涉案特许经营合同亦无不当。

本案对规范教育培训机构的特许经营活动起到了一定的引导作用。当前，各类培训机构在进行特许经营活动的过程中，时常出现未严格按照《商业特许经营管理条例》的规定，在订立合同前向被特许人书面披露与特许经营事项密切相关的重要信息；在签订合同时，又采用事先设计的格式条款，对被特许人在合理期间内的单方解除权进行约定排除的情况。此类状况的频发，一方面不利于特许经营市场的交易稳定，另一方面也不利于对社会公众相关权益的保障。本案进一步明确了特许人在特许经营合同签订前的信息披露义务，以及合同订立后被特许所享有的单方解除权的适用范围及行使条件，并综合考虑了双方当事人的实际履行情况，合理确定了涉合同解除后当事人各自所应承担的民事责任。本案不仅厘清了相关的法律问题，而且对规范培训机构的特许经营活动起到了良好的引导作用，实现了法律效果与社会效果的统一。

（撰稿人：南京知识产权法院　于佳虹）

"53客服"商业诋毁不正当竞争纠纷案

——对比广告是否构成商业诋毁的认定

【裁判要旨】

市场经济鼓励自由竞争，但竞争自由必须在公平竞争的维度内。在没有相应依据的情况下，经营者采用目的性极强的优劣对比方式，对竞争对手的产品或服务进行评价，其目的在于通过贬损竞争对手的方式来凸显自己产品或服务的优势，明显超出一般提示和提醒范畴，属于捏造、散布虚伪事实，意欲削弱竞争对手的竞争力，提升自己在市场上的占有率，该行为对竞争对手的商业信誉、商品声誉造成损害，构成商业诋毁，应承担法律责任。

【案情介绍】

原告：成都金铠甲科技有限公司（下称金铠甲公司）

被告：北京企商通科技有限公司（下称企商通公司）

金铠甲公司自成立以来，相继开发完成live800综合业务分析系统、智能机器人系统、多渠道管理系统、移动端系统、网站数据分析系统、网上商城B2B系统、动态口令系统、客户端系统等计算机软件（统称live800在线客服系统），并通过"live800在线"网站（www.live800.com）推广销售live800在线客服系统产品。

企商通公司经由金华快服科技有限公司授权，成为53KF企业在线软件北京地区代理商，并通过其网站（www.11kf.net）进行推广销售。

金铠甲公司经调查发现，企商通公司在其网站发布有"53客服与live800功能对比优势有哪些"一文。该文以列表形式从智能机器人、企业收藏夹、IM互通等十个方面对53客服与live800的功能进行对比并称："Live800的推广做

---

* 案号：（2016）川0191民初3288号。

得比较多，成本比较高，推广的费用是不可估量的，所以价格定位比较高，而广告费用是需要客户掏腰包的；53客服几乎没有广告，都是口碑好客户，自主注册，最早做客服系统，到现在为止已经有9年的时间，最早的时候只有我们（53客服）一家，价格相对便宜，老客户群体大，加上客户介绍客户，没有过分的抬高价格，把推广的费用省下来回馈客户。live800主要是做服务器版本的，租赁版（SASS版）性能稳定性上面不如我们做得好。我们是专业做SASS版的，并发量很大，是经过大流量考验的。Live800的界面不好看，吸引不了个人用户。53客服有专属客户经理一对一服务，在客户端、官网上，处处随时都能找到专属客服的联系方式，不会遇到咨询无门的问题。"金铠甲公司据此认为企商通公司的上述行为已构成商业诋毁，给其造成重大损害，故诉至法院请求判令：（1）企商通公司立即停止在网站www.11kfv.net进行商业诋毁的不正当竞争行为；（2）企商通公司连续三个月在网站www.11kfv.net刊登致歉声明以消除影响；（3）企商通公司赔偿经济损失180 000元以及为制止侵权行为支出的合理费用18 800元。

  法院认为，企商通公司在明知不同版本live800软件所具备的功能不尽相同以及没有直接依据的情况下在其网站发布"53客服与live800功能对比优势有哪些"一文，采用目的性极强的列表对比方式对二者功能进行评价并发表上述宣传文章中这样明示live800不如53客服的否定性陈述，意欲通过优劣对比，以贬损金铠甲公司的方式来凸显企商通公司的产品和服务优势，明显超出一般提示和提醒范畴，属于捏造、散布虚伪事实，其目的是削弱金铠甲公司的竞争力，提升自己在市场上的占有率，该行为对金铠甲公司的商业信誉、商品声誉造成损害，构成商业诋毁，应承担消除影响、赔偿损失的法律责任。

  关于本案赔偿金额的问题，金铠甲公司未能举证证明其实际损失或企商通公司违法所得的金额，故综合考虑双方市场主体地位、同业竞争关系，企商通公司侵权行为的具体情节、影响范围以及金铠甲公司为制止侵权公证保全证据，委托律师出庭参加诉讼等因素予以酌情确定，法院据此判决：企商通公司在其网站（www.11kf.net）首页显著位置刊登声明，为金铠甲公司消除影响，并向金铠甲公司赔偿损失，包括为制止不正当竞争行为所支付的合理开支，共计30 000元。

【法理分析】

《反不正当竞争法》第 11 条规定："经营者不得捏造、散布虚伪事实，损害竞争对手的商业信誉、商品声誉。"该条是关于商业诋毁行为的规定，商业诋毁行为作为不正当竞争行为的一种典型类型，在司法实践中较为常见。一般而言，认定商业诋毁行为须考虑以下因素。

（1）行为主体是经营者。根据《反不正当竞争法》第 2 条第 3 款的规定，经营者，是指从事商品经营或者营利性服务的法人、其他经济组织和个人；而且就商业诋毁侵权关系而言，双方均应是经营者。理论上，根据双方提供的商品或服务之间的替代性程度不同，对经营者的理解可划分为狭义和广义。狭义的理解是处于同业竞争关系的经营者，广义的理解不再以同业竞争者为限，任何市场主体均可认定为具有竞争关系的经营者。[①] 从目前司法实践来看，此处经营者的要求并不以同业竞争为限。

（2）行为人实施捏造、散布虚伪事实的不法行为。捏造、散布虚伪事实是商业诋毁行为的客观方面，也是认定被诉行为是否构成商业诋毁的关键。虚伪事实，相对于客观陈述而言，既包括已经被证伪的事实，也包括未经证明真伪的事实。实践中，很多经营者对外片面、歪曲地散布一些未经证明的事实，这些事实的真伪属性虽不确定，但会给公众或者消费者带来误解，从而实质性地损害竞争对手的商誉。[②] 判断行为人是否属于捏造、散布虚伪事实，主要在于评判其对所述对象的描述是否全面、真实。若行为人无真凭实据，信口开河，宣称人不如己，则应当给予否定性评价；相反，若行为人仅是对客观存在的、但对竞争对手不利的事实如实陈述，把真相告诉消费者，则不构成对竞争对手的诋毁。

（3）竞争对手的商誉受到损害。商业信誉、商品声誉可以统称为商誉，商誉作为市场参与者对经营者及其商品或服务的总体评价，是经营者辛苦培植的结果。良好的商誉一经形成，将会成为经营者无可比拟的竞争优势，并在影响消费者消费选择时发挥举足轻重的作用，最终给经营者带来巨大经济

[①] 郭俭主编：《不正当竞争纠纷诉讼指引与实务解答》，法律出版社 2014 年版，第 133 页。
[②] 郑军欢、范静波："就司法未决事实向特定对象发函可构成商业诋毁"，载《人民司法案例》2012 年第 12 期。

利益。商业诋毁行为以贬损竞争对手为手段，必然会给其商誉造成损害。

综上所述，商业诋毁行为实质上是一种侵权行为，通常而论，行为人主观上应为故意，即存在通过贬损竞争对手而使自己获利的主观恶意，但是不排除有过失或者无过错的情况[①]。由此可见，主观过错并非认定被诉行为是否构成商业诋毁的要件，但并不能据此断定在处理此类纠纷时无须考虑行为人的主观状态。事实上，行为人的主观过错体现在行为人的行为之中，并且是最终确定赔偿数额时应予以考虑的因素之一。

【法官点评】

竞争是市场经济的本质属性和主要特征，自由、充分的竞争对于发挥市场在资源配置中的基础作用至关重要；但市场经济同时也是法治经济，其所要求的竞争必须是正当、有序的竞争，经营者在竞争过程中应当遵循诚实信用原则和公认的商业道德。经营者捏造、散布虚伪事实，损害竞争对手商誉的，构成商业诋毁，应承担相应法律责任。

本案所涉对比广告是商业诋毁行为中的主要表现形式，日常生活中亦较为常见，判断此类行为是否构成商业诋毁，核心在于评判其所陈述是否适当。企商通公司在没有直接依据的情况下，通过其网站大肆宣称 live800 不如 53 客服，意欲通过优劣对比，以贬损金铠甲公司的方式来凸显自己的产品和服务优势，明显超出一般提示和提醒范畴，构成商业诋毁，并据此判决企商通公司向金铠甲公司赔偿 30 000 元。宣判后，双方均未上诉，对于诉争纠纷起到了定纷止争的作用，也有利于引导经营者依法有序经营，取得了良好的社会和法律效果。

（撰稿人：四川省成都高新技术产业开发区人民法院　余存江）

---

① 徐杰主编：《知识产权审判实务技能》，人民法院出版社 2013 年版，第 135 页。

"一食三客"特许经营合同纠纷案[*]

——商业特许经营中合同解除权的认定

【裁判要点】

同一区域、同一时期先后出现两家品牌相同而规模不同的加盟店,其中一家加盟店的实际经营及获利状况势必会因此受到较大冲击,特许人未及时向被特许人履行相关信息告知义务,有违诚实信用及公平原则,而当特许人未披露信息直接影响合同履行且足以导致合同目的难以实现的情形下,被特许人取得合同解除权。

【案情介绍】

原告:袁某

被告:星班客管理公司成华分公司、星班客管理公司

2013年9月20日,袁某与星班客管理公司成华分公司签订了"专卖协议",授权袁某作为公司拥有的"一食三客"7D多层转转锅品牌在四川省珙县的加盟商。同时星班客管理公司成华分公司向袁某出具的"一食三客"招商政策载明,加盟精品店的投资总额29 800元,店面面积35平方米;加盟权益包括7项内容,其中区域保护权是指总部对加盟商实行严格的商圈保护,确保加盟商的长期利益及品牌优势。代理优先权是指同等条件下,加盟商享有申请区域独家代理优先权;独家买断权是指加盟商可申请买断区域独家经营权,一次加盟,多点盈利,覆盖式经营。关于"一食三客代理模式"包括县级市、地级市等6个级别,代理权及优势共有6项内容,其中区域保护是指按照代理模式的级别享有区域内独家经销权。合同签订后,袁某按约支付了加盟费,并投入房租、装修、经营设施等费用,于10月19日正式开业。

---

[*] 案号:(2014)成民初字第544号。

但袁某发现同在珙县巡场镇、相距不到 500 米的地点，同样品牌的另一家专卖店在袁某签订合同之后被授权加盟，且于同年 11 月 2 日开业。袁某认为星班客管理公司成华分公司在签订协议时，已经明确告知袁某拥有一公里范围的区域保护权，但却隐瞒同一区域内存在其他加盟店的情况，导致袁某合同目的不能实现。而星班客管理公司作为星班客管理公司成华分公司的总公司，应当依法承担相应民事责任。据此，袁某诉请人民法院判令：解除袁某与星班客管理公司成华分公司签订的"专卖协议"；星班客管理公司成华分公司、星班客管理公司退还袁某加盟费并赔偿经济损失。

【法理分析】

法院生效裁判认为，根据《商业特许经营管理条例》第 22 条、第 23 条的规定，特许人应当向被特许人提供条例所规定的信息，如果特许人隐瞒有关信息或者提供虚假信息的，被特许人可以解除特许合同。因此，当特许人未披露能够影响合同履行，且足以导致合同目的难以实现的信息的情形下，被特许人取得合同解除权。本案中，被告作为特许人在签约时，并未明确告知原告即被特许人，选择不同类型的加盟店会取得不同范围及方式的经营权限，而在珙县巡场镇步行距离仅 800 米左右的区域内，除了被特许人袁某的加盟店外，星班客管理公司成华分公司还许可另一家规模更大、开业在后的加盟店，此种情形势必引起两家加盟店的竞争，而该信息两被告并未披露，直至袁某发现另一家店装修并开业，上述情况势必会对原告的实际经营及获利造成较大冲击，且导致袁某因准备不足、竞争出现而难以履行合同、实现合同目的。因此，法院认定被告未履行披露义务时，原告有权解除合同。

涉案合同解除后，合同双方应承担各自返还的民事责任。特许人应向被特许人返还加盟期限内未实际经营期间所对应的投资款 19 866 元，而被特许人也应立即停止使用合同约定的商标品牌、经营性资源并向特许人返还协议所约定的专用设备。由于涉案合同解除的责任在于星班客管理公司成华分公司及星班客管理公司，则袁某有权主张赔偿损失。袁某因履行涉案合同支付了房屋租金、装修费、广告费、购置设施费、货款、运费及员工工资，其中袁某因订货支付的货款 8800 元，由于该部分货品均系食品，而食品具有保质期限，加之袁某在实际经营期间已使用，故上述物品不宜再折价返还，但因合同解除，上述费用的部分可以作为袁某的损失，予以认定；其中运费2683元，作为履行合同的必要支出，且无法收回，应认定为袁某的损失；其中租金、装修费、购置设施费，其指向的房屋使用权、装修的添附价值、购置设备的价值并不会因涉案合同的解除而灭失，乃至丧失剩余的使用价值，故只有在停业前所发生或消耗的相应费用才可能成为损失，广告费用、员工工资虽然为开展经营活动而支付的，但在没有证据证明实际收入状况的情况下，不宜将上述费用的全部认定为损失。综上，法院综合考虑合同履行情况及袁某的实际经营期间，酌情认定损失为28 000元。

【法官点评】

该案例涉及特许经营合同中，特许人未履行披露义务时，被特许人行使合同解除权是否成立的法律判断。

（一）商业特许经营法律关系的认定问题

商业特许经营的基本特征在于：特许人拥有注册商标、企业标志、专利等经营性资源；被特许人根据特许人的授权在特定经营模式下使用特许人的前述经营性资源；被特许人按照约定向特许人支付特许经营费用。[①] 因此，在特许经营合同法律关系中，被特许人是通过运营特许人许可的包括注册商标、具有独特风格的整体营业形象等能够形成某种市场竞争优势的经营资源，而获取相应的商业利益。

（二）特许人未履行披露义务与被特许人行使合同解除权的认定问题

《商业特许经营管理条例》第三章专章规定了特许人的信息披露义务，包括特许人应当向被特许人提供的信息以及如何进行信息披露。建立并严格信息披露制度，对于避免信息不对称给被特许人带来的投资风险以及实现特许人、被特许人之间的利益平衡，具有至关重要的作用。[②] 实践中，如何认定特许人是否已完成信息披露义务，以及合同是否应当被解除，一直是审判实践中的难点。目前，认定特许人是否完成相关披露义务并判断被特许人行

---

① 北京市高级人民法院知识产权庭：《审理特许经营合同纠纷案件的主要问题》，2014年专题调研报告，第42页。

② 北京市高级人民法院知识产权庭：《审理特许经营合同纠纷案件的主要问题》，2014年专题调研报告，第46页。

使合同解除权成立与否，还应当结合合同法的相关规定，对被特许人主张的隐瞒信息或提供虚假信息进行具体分析认定，而并非机械地适用《商业特许经营管理条例》第22条、第23条的规定。只有在特许人隐瞒相关信息或提供虚假信息，影响到特许经营合同的实质内容，对缔约与否、合同履行以及能否实现合同主要目的产生实质性影响时，才可以认定特许人未完成披露的法定义务，被特许人行使解除权的事由成立；若特许人未披露信息对于被特许人签订合同的真实意思表示或对于合同履行行为及合同目的的实现并不产生实质性影响的，则不宜作为未完成披露义务而认定合同解除。

(撰稿人：四川省成都市中级人民法院　刘　蓓)

企业简称被用于竞价排名引发的不正当竞争纠纷案

——将竞品词设置为搜索关键词的侵权问题认定

【裁判要旨】

享有一定市场知名度、为相关公众所知悉的企业简称,可以视为企业名称予以保护。具有竞争关系的经营者将他人企业名称设置为搜索关键词,使相关公众产生混淆误认的,属于利用他人知名度以宣传自己的不正当竞争行为,构成不正当竞争。

【案情介绍】

原告:成都其昌节水器具研究所(下称其昌节水研究所)

被告:长沙华蕊电子科技有限公司(下称华蕊电子公司)

其昌节水研究所于2007年成立,自成立以来一直将"其昌节水器具"作为企业简称,并于2010年注册了域名"其昌节水.cn",在业内享有一定知名度。华蕊电子公司未经其昌节水研究所许可,在百度搜索竞价排名广告中将"其昌节水器具 全国免费热线400-609-3848"作为标题突出显示,访问者通过点击该链接可直接进入华蕊电子公司网站。其昌节水研究所向法院提出诉讼请求:(1)华蕊电子公司在《中国节水》杂志以及网站www.zhinenka.com首页显著位置连续30天刊登声明,消除影响;(2)华蕊电子公司赔偿其昌节水研究所经济损失87 500元,合理开支12 500元(包括公证费2500元,律师费10 000元)。

四川省成都市中级人民法院经审理认为,具有一定市场知名度、为相关公众所知悉的企业名称中的字号,可以认定为《反不正当竞争法》第5条第

---

* 案号:(2016)川01民初2470号。

3项规定的"企业名称"予以保护。其昌节水研究所企业名称虽不是"其昌节水器具",但其自2007年成立以来对企业作了大量广告宣传,且产品销售范围较广,具有一定的知名度。因此,可以认定"其昌节水器具"具有一定的市场知名度,已经与其昌研究所建立了稳定的关联关系,产生了识别经营主体的商业标识意义,其昌节水研究所的企业名称简称"其昌节水器具"应作为企业名称进行保护。网络搜索关键词是传统广告和宣传在网络环境下的一种衍生,关键词作为消费者的搜索与结果之间的联系点,起到了指示对应链接和区分其他链接的作用,并指向了特定的商品或者服务的提供者。百度搜索"其昌节水器具"显示结果为"华蕊科技-其昌节水器具",与其昌节水研究所企业名称中具有识别功能的关键部分"其昌节水器具"一致,该行为足以使相关公众对其商品或者服务的来源产生混淆,或者误认为其来源与其昌节水研究所提供的商品或服务有特定的联系,主观上有使相关公众产生误认的故意,并且分流了其昌节水研究所的流量,不恰当地利用了其昌节水研究所的商誉,构成了不正当竞争。

最终,法院判决华蕊电子公司赔偿其昌节水研究所经济损失及维权合理开支共计5万元,长沙华蕊电子公司在《中国节水》刊登声明,消除影响。

【法理分析】

(一)将竞品词作为搜索关键词的性质认定

搜索引擎的推广链接由固定关键词触发,如果广告投放者选择的关键词过少或者知名度不高,推广结果的触发频率也就较低。为了达到更好的广告效果,在网络搜索推广业务中出现了一类叫作"竞品词"的关键词,也就是竞争对手的品牌关键词,包括商标、字号、产品名称等。将竞品词设置为关键词,其动机之一就是让用户在搜索关键词的时候能够关注到自己,以吸引目标用户的关注,提升自己的商业交易机会。这一并不单纯的动机,也引发了诸多诉讼,各地法院在不同时期也出现了不同的裁判思路。

设置竞品词为搜索关键词,其实质就是使用他人的商业标识。商业标识的核心价值在于其具有识别功能,即用于区分产品或服务的来源,商标、企业名称以及知名商品名称等均有这一功能。消费者在市场中选择产品,包括在网络中选择产品，商业标识都具有灯塔似的指引作用。基于此，《商标法》第 57 条中明确规定未经许可在相同商品上使用与注册商标相同的标识，以及在相同商品上使用与注册商标相同或类似商标容易导致消费者混淆的，构成商标侵权。在反不正当竞争法中规定擅自使用他人企业名称或姓名，均以"引人误认为是他人的商品"作为要件。因此，对商业标识进行保护的前提是行为人的行为可能导致混淆。而对于关键词购买者是否构成不正当竞争，不同的裁判结果主要的争议集中在混淆的"混淆"判断标准。

（二）"混淆"概念的扩张

传统的混淆理论包括来源的混淆和关联关系的混淆，我国反不正当竞争法和商标法中的规定也是采取的传统混淆理论。

互联网的兴起给混淆的标准带来了冲击，在学术以及司法理念中形成了"售前混淆""售中混淆""售后混淆"等概念。在竞品词作为搜索关键词的案件中，主要涉及的是售前混淆理论。售前混淆又称初始兴趣混淆，是指在购买时并未混淆，只是在购买前引发消费者购买兴趣的混淆。

（三）"混淆"应当以售前混淆为标准

《反不正当竞争法》第 12 条规定主要包括了以下三类干扰网络市场秩序的特征：一是恶意排除其他经营者公平竞争机会；二是恶意搭乘、利用其他经营者商誉；三是干扰、剥夺网络用户的"自由选择权"。[①] 购买竞品词作为搜索关键词，从其行为模式来看，是完全符合前述三个典型特征的。

首先，关键词购买者属于恶意排除其他经营者的公平竞争机会。商业标识的权利人应当享有基于该商业标识产生的权益，那么通常情况下商业标识的权利人方有权购买该商业标识作为搜索关键词。正是因为竞品词作为搜索关键词的存在，根据价高者得的竞价排名规则，真正的商业标识权利人对其本身享有权益的商业标识，需要支出更多的费用才能购得该商业标识作为关键词。因此，对其他经营者来说，排除了其公平竞争的机会。

其次，关键词购买者属于恶意搭乘他人商誉。关键词购买者的目的，就

[①] 袁博："《反不正当竞争法》草案的四大亮点"，载《中国知识产权》总第 110 期。

是利用他人的成果为自己谋取利益，通过混淆用户的初始购买兴趣，实现从竞争对手处抢夺商业机会，损人以利己的目的。通过分流竞争对手的客户来增加自己的潜在交易机会，是利用他人积累的商誉作为宣传自己的工具和捷径，是典型的不劳而获的行为。

最后，关键词购买者的行为不当的干扰了用户的选择权。在互联网环境中，用户依靠关键词以获取其希望获得的信息，关键词在此起着灯塔的引导作用。在竞品词存在的情况下，用户原本希望搜索特定关键词获得关于 A 的信息，最终获得的却是 B 的信息。从表面上看，这种结果可能会扩大消费者的选择，但用户在搜索特定关键词时，其期望获得的搜索结果是相对准确的，通过竞品词的方式误导消费者花费时间和精力去甄别产品和服务的来源，属于不当地干扰了用户的自有选择权。

综上，从有利于规制经营者之间的有序竞争，促进社会诚实信用规则的建立的角度，在购买竞品词作为搜索关键词的案件中，不宜以实际发生了售中混淆作为判断标准，而应当以是否导致了消费者的初始兴趣混淆作为判断标准。

（四）构成侵权需具备的其他重要因素

常见的竞品词包括了商标、企业字号等。对于将商标设置为竞品词的，如果是以显性的方式，即直接将他人商业标识展现在推广链接中或链接网站中的，应当根据《商标法》关于使用他人商标构成商标侵权的相关规定判断是否构成侵权。如果以隐形方式，即仅在后台中将他人商标设置为搜索关键词，不宜认定为商标侵权，而应当以是否构成不正当竞争作为判断标准。而对于将企业字号或者商品名称作为搜索关键词的，如果是企业字号和商品名称，则原告应当举证证明其所主张的企业字号和商品名称具有一定的知名度。

竞争关系是不正当竞争的前提，在不正当竞争案件当中，如果被告虽将他人商业标识设置为搜索关键词，但二者之间没有竞争关系，则不构成不正当竞争。反不正当竞争法所规制的不正当竞争行为，是指损害其他经营者合法权益、扰乱市场经济秩序的行为，从直接损害对象看，受损害的是其他经营者的市场利益。经营者之间存在直接和间接的竞争关系，均应认定为具有竞争关系。

【法官点评】

由于企业名称的简称包括众多的限定词汇,很多企业出于便利传播的目的,在经营活动中通常使用略去企业名称中具有限定作用要素的企业简称。具有一定市场知名度、为相关社会公众所熟知、已经实际具有商号作用的企业名称的简称,因其已经与该企业建立了稳定的关联关系,具有识别经营主体的商业标识意义,其合法权益应当得到保护。

在互联网环境中,通过增强与搜索引擎中关键词的关联性来增加客户的浏览量是经营者在经营活动中经常采取的宣传推广方式。而企业简称往往是用户进行互联网搜索的关键词。在互联网上登录搜索引擎网站进行关键词搜索时,正常出现的应该是与该搜索关键词具有关联性的搜索结果页面,而不会出现与该关键词无关的结果页面。将他人具有一定知名度的企业简称设置为自己在互联网竞价排名中的关键词,使相关公众在搜索该企业简称时直接显示自己的网站链接并且从事具有竞争关系的业务,从主观上来讲是为了借助他人的知名度来宣传和推广自己,提升自己在互联网上的关注度,具有"搭便车、傍名牌"的不正当性。从客观上来讲,设置者的行为则可能导致互联网用户因搜索结果的误导而产生混淆,误入关键词设置者的网站,从而为设置者带来更多的商业机会和交易可能性,这必然损害权利人的利益。关键词设置者的行为不正当地获取了竞争优势以提高自己的交易机会,违反了市场交易中应当遵守的诚实信用原则和公认的商业道德,构成不正当竞争,应当承担赔偿损失、消除影响的民事侵权责任。

(撰稿人:四川省成都市中级人民法院 王 敏)

"SK"润滑油商业诋毁纠纷案*
——恶意投诉电商平台商家构成不正当竞争

【裁判要旨】

在商业诋毁行为的认定中,司法不仅应当审查市场主体是否具有捏造、传播虚伪事实的情形,还应当考察其是否具有利用误导性信息的行为,即不准确、不全面地陈述客观事实的行为。在特定的情形下,即便经营者所传播的事实真实,但其通过评价及传播不完整、未经证实的信息等方式,误导公众,引发公众对他人商业信誉、商品声誉产生错误认识的行为,应被视为构成商业诋毁的不正当竞争行为。

【案情介绍】

上诉人(原审原告):爱思开能源润滑油(天津)有限公司(下称爱思开公司)

被上诉人(原审被告):昆明迈头商贸有限公司(下称迈头公司)、张某

迈头公司曾被爱思开公司授权为经销商,授权经销的产品为所有由韩国 SK 润滑油生产和/或销售的车用润滑油产品。后爱思开公司解除了对迈头公司的经销商授权,不久因产品质量投诉沟通出现问题,迈头公司在其微信公众号中推送了一篇名为《韩国 SK 润滑油质量纠纷不理不睬,销售总监还要弄死经销商》的文章并经该公司法定代表人张某在微信朋友圈转发评论,文章包括文字表述、视频和照片等内容。爱思开公司认为该文章构成对其公司的商业诋毁,故起诉要求迈头公司、张某赔礼道歉、消除影响并承担损害赔偿责任。

一审法院认为,在汽车润滑油的市场经营活动中,爱思开公司与迈头公

---

* 一审案号:(2016)津 0116 民初 2167 号;二审案号:(2017)津 02 民终 2645 号。

司构成竞争关系。涉案文章的内容是关于迈头公司就客户对 SK 润滑油质量问题的投诉向爱思开公司索要质量检测报告过程的陈述，涉案文章并没有对爱思开公司产品存在质量问题作出明确、肯定的结论性表述，而仅表述为出现质量纠纷，并未捏造产品质量不合格的事实。法律并非禁止经营者对于他人产品、服务或者其他经营活动进行任何评论或批评，如果经营者依据真实事实进行评价，即使这种评价会给其他经营者的竞争力带来负面影响，但由于所依据的事实是真实的，并不构成商业诋毁。一审法院据此判决迈头公司、张某不构成商业诋毁。

爱思开公司不服，提起上诉。二审法院认为，涉案文章的文字表述部分基本属实。但是，涉案文章中除文字表述部分和视频外，还包括 2015 年 1 月富源诚信汽车修理厂和 2016 年 7 月芒市国宾汽车修理厂反映的产品质量问题所涉汽车发动机照片，并附有文字说明。如"气门室盖上都是油泥，导致凸轮轴和缸盖报废""这是另外一台车的气门室盖"等。虽然文章中文字表述为"质量纠纷""不管产品是不是有问题"，但上述照片及文字说明使消费者的直观感受是使用了 SK 汽车润滑油后导致汽车发动机出现大量油泥，甚至导致发动机部件报废。而这一照片所记载的问题已经检测，证明车辆所使用的 SK 汽车润滑油正常，此质量纠纷已解决完毕。迈头公司、张某在明知该起质量纠纷中爱思开公司的产品无质量问题的情况下，仍将其作为文章附图用以说明产品质量问题纠纷，误导公众，使公众对爱思开公司的润滑油产品质量产生怀疑，损害了爱思开公司的商业信誉和商品声誉。且对涉案文章中的内容，迈头公司、张某均未提供证据予以证明。因此，迈头公司、张某发布涉案文章导致社会公众对爱思开公司品牌的高度不信任，严重影响了其商业信誉和商品声誉。综上，二审法院判决：迈头公司、张某构成商业诋毁，共同赔偿爱思开公司经济损失包括维权合理开支 30 000 元。

【法理分析】

商业诋毁行为是市场经济条件下，市场主体之间常见的一种不正当竞争行为，商业诋毁行为主要由反不正当竞争法所调整。通说认为，商业诋毁行为同商业诽谤行为，是指市场经营主体通过传播、散布虚假的事实等不正当、不合理的手段，达到贬损特定或不特定竞争对手的商业信誉和商品声誉、削弱其市场竞争能力，为自身谋取不正当利益的行为。由于商业诋毁行为损害了市场正常的经营秩序，因而在世界范围内，为各国反不正当竞争法所普遍禁止。商业诋毁行为同其他侵权行为，同样包含着侵害客体、侵害行为、法律责任、责任豁免等内容。由于针对本案而言，双方诉争焦点，也是本案一审、二审法院认定之难点，在于迈头公司在网络上传播涉案文章的行为是否构成商业诋毁行为，涉及侵害行为的认定问题，因而本案例分析仅聚焦于研究构成商业诋毁的行为方式问题。对于这一问题，本案一审、二审法院有着不同认定，存在的疑问为：捏造、散布虚伪事实的行为是构成商业诋毁的唯一行为方式吗？

关于构成商业诋毁的行为方式，依照1993年颁布实施的《反不正当竞争法》第14条的规定，商业诋毁行为限定于捏造、散布虚伪事实的行为，同时，行为的后果应当达到损害竞争对手的商业信誉、商品声誉的程度。在现实生活中，这些行为多表现为"无中生有""歪曲事实"等，均建立在不真实的信息的基础之上。因而，司法在认定是否构成商业诋毁行为时，均会首先认定传播、散布的事实是否为真实的事实。正如本案一审法院所认为，因涉案文章是对于爱思开公司曾涉产品质量纠纷及投诉反馈情况的真实表述，并非捏造的虚假事实，因而认定迈头公司的行为并不构成商业诋毁行为。因为传播、散布的是虚假的事实，因而其必然能够给相对方造成负面的商业信誉、商品声誉的评价，这样的理解非常直观，也符合法律的规定。

但是，存在的问题在于，在纷繁复杂的市场经济活动中，市场经营主体能够通过多种方式对竞争对手的商业信誉、商品声誉进行贬损，通过传播、散布不真实的信息进行贬损是一种方式；同样，不通过传播、散布不真实的信息进行贬损也具有现实存在的可能性。也即，捏造、散布虚伪的事实的行为并不是构成商业诋毁的唯一行为方式。据此，2017年颁布的《反不正当竞争法》扩大了商业诋毁行为的外延，将传播误导性信息的行为也纳入商业诋毁行为的行为规制之中。因而，依照新《反不正当竞争法》，商业诋毁行为总体上能够划分为两种类型：一是编造虚假事实，并进行传播、散布的行为；二是利用误导性信息，并进行传播、散布的行为。误导性的信息对于市场主体而言并非不真实，但是在特定情况下，即便是客观、真实存在的信息，如果不恰当地宣传、不全面地陈述，也可能对市场主体的商业信誉、商品声誉带来贬损。对于市场主体而言，其在传播、散布有关其他市场竞争主体的信息时，应当极尽审慎义务，并非传播、散布的信息为真实便不构成商业诋毁，如果其行为的方式、手段同样给其他市场竞争主体的商业信誉、商品声誉造成了负面影响，其亦应当承担构成商业诋毁的损害赔偿责任。

【专家点评】

2017年11月4日，《反不正当竞争法》修改颁布。新修改的《反不正当竞争法》修订了关于商业诋毁行为的规定。在1993年颁布施行的《反不正当竞争法》第14条中，商业诋毁行为被规定为："经营者不得捏造、散布虚伪事实，损害竞争对手的商业信誉、商品声誉。"在2017年颁布的《反不正当竞争法》中，商业诋毁行为的法律规定见第11条："经营者不得编造、传播虚假信息或者误导性信息，损害竞争对手的商业信誉、商品声誉。"对比前后反不正当竞争法对于商业诋毁行为的规定，可见新法扩大了商业诋毁行为的认定情形，将传播误导性信息的行为也纳入反不正当竞争行为的规制范畴。本案二审判决的作出时间在2017年新《反不正当竞争法》颁布施行之前，其对于商业诋毁行为的认定，与修法精神相吻合，在当时对于同类案件的审理具有前瞻性的指导意义，亦为新《反不正当竞争法》颁布施行后的同类案件的审理确定了可供参考的裁判标准。

对于商业诋毁行为，无论其行为的表现方式为何，最终均应落脚于对行为所导致的损害后果的考察。因此，除传播、散布虚假信息会引发公众对于商业信誉、商品声誉等方面负面评价的损害后果外，亦还包括其他同样会引发公众对于商业信誉、商品声誉等方面错误认识的特定行为。2017年颁布的《反不正当竞争法》即将这些特定行为进行了原则性的纳入，归入传播误导性信息这一项下。该案二审法院对于传播误导性信息的原则性规定进行了具体适用，解释了商业诋毁行为的具体构成样态，亦是对新《反不正当竞争法》的良好适用。

（撰稿人：天津市第二中级人民法院　胡　浩；
中国政法大学民商经济法学院知识产权法博士研究生　施小雪）

商业秘密篇

侵犯商业秘密行政处罚决定纠纷案*
——对计算机软件商业秘密的法律保护

【裁判要旨】

计算机软件可以从著作权或商业秘密之不同路径寻求法律保护，但两种权利的法定构成条件完全不同。行政案件中，第三人主张其软件构成商业秘密，而行政机关也认定软件构成商业秘密并进行查处时，应对该软件符合《反不正当竞争法》第10条第3款规定之条件进行举证。

【案情介绍】

上诉人（原审被告）：上海市静安区市场监督管理局（下称静安市场监管局）

上诉人（原审第三人）：上海商派网络科技有限公司（下称商派公司）、酷美（上海）信息技术有限公司（下称酷美公司）

被上诉人（原审原告）：上海牟乾广告有限公司（下称牟乾公司）

牟乾公司由上海管易软件科技有限公司（下称管易公司）变更名称而来。商派公司和酷美公司认为管易公司网站上进行虚假宣传，同时恶意高薪聘请其员工，获取其软件源代码及相关文档，上述行为构成虚假宣传和商业秘密侵权，故向上海市工商行政管理局闸北分局（下称闸北工商分局）进行举报。接报后，闸北工商分局对管易公司的电脑数据和相关网页进行了取证，并委托某司法鉴定所对相关数据进行比对。后该所出具司法鉴定意见书认为，管易公司电脑中文件"可以认定的部分"与商派公司提供的相关软件代码相同，可视为来自同一来源；并存在相同的相关文档。据此，上海市闸北区市场监督管理局（闸北工商分局与相关局职能整合组建成，下称闸北市场监管

---

* 一审案号：(2016) 沪73行初1号；二审案号：(2016) 沪行终738号。

局）认为管易公司在网站发布不实信息的行为构成虚假宣传，责令其停止违法行为、消除影响，并处罚款人民币2万元，同时责令其停止侵犯商业秘密行为。

牟乾公司不服该处罚决定，向上海知识产权法院提起行政诉讼。

上海知识产权法院认为，闸北市场监管局就牟乾公司虚假宣传行为所作的行政处罚决定正确，予以维持。但因商派公司和酷美公司未指明涉案信息中秘密点范围，误将软件程序及文档都作为商业秘密的保护对象。而闸北市场监管局也未确定技术信息的范围，无法对其是否达到"不为所属领域的相关人员普遍知悉和容易获得"的商业秘密程度进行判断。故闸北市场监管局对于管易公司构成商业秘密侵权的认定应当予以撤销。据此，判决：撤销行政处罚决定中因认定管易公司侵犯商业秘密所作的行政处罚决定，并驳回原告其余诉请。

一审判决后，静安市场监管局（因上海市闸北区与静安区两区合并，静安市场监管局承继原闸北市场监管局的职责）、商派公司、酷美公司均不服，分别提起上诉。

上海市高级人民法院经审理认为，涉案信息是否构成商业秘密，需对其是否符合商业秘密的四个法定要件进行审查。在行政诉讼中，认定商业秘密侵权行为存在并由此作出行政处罚的行政机关，应当承担民事诉讼中权利主张人的举证义务，即对其认定的商业秘密符合法定要件承担举证责任。本案中，静安市场监管局应当首先证明涉案信息处于"不为公众所知悉"的状态，即客观上无法从公共渠道直接获取，不能仅从持有人已采取了保密措施即推定相关信息必然不为其所属领域的相关人员普遍知悉和容易获得。只有当涉案信息符合秘密性要件后，行政机关才可进一步对于其是否具有价值性、实用性以及持有人是否采取了必要的保密措施等要件进行认定，以确定本案是否存在商业秘密。静安市场监管局在未能证明涉案信息系"不为公众所知悉"的情况下，对其是否具有价值性、实用性以及持有人是否采取了必要的保密措施作出认定，并对涉案信息与被控侵权软件进行比对，没有意义；况且其也未能证明司法鉴定意见书已经对两者进行了完整的比对。因此，闸北市场监管局因认定管易公司侵犯他人商业秘密进而作的行政处罚决定，缺乏事实和法律依据，应予撤销。综上，二审法院依法判决驳回上诉，维持原判。

【法理分析】

本案行政处罚涉及的法律问题是软件复制及使用行为是否必然构成侵犯软件商业秘密的行为？

本案中，行政机关查明被处罚人公司电脑中存有复制了第三人源程序和文档的文件，若第三人的源程序和文档构成作品，则被处罚人未经许可擅自复制并使用上述软件的行为，涉嫌构成对他人作品著作权的侵害。但该不当复制并使用软件的行为，只有在当软件同时构成作品和商业秘密的情况下，才会产生著作权和商业秘密侵权责任的竞合。换而言之，如果软件构成作品但不构成商业秘密，则即使行为人侵犯了其著作权，也不会同时构成商业秘密侵权。

本案所涉及的经营类商业软件，其源程序中一般都存在开发框架代码等软件开发人员普遍知悉并在编程中必须使用的代码，也可能存在需要实现软件特别功能的"不为公众所知悉"的代码段，因此软件产品一般属于公知信息与非公知信息结合而成的技术信息。当行政机关在行政处罚程序中认定软件整体构成商业秘密时，应在后续的行政诉讼中证明其具体行政行为的合法性，即对其认定的涉案源代码及文档在整体上构成商业秘密承担举证义务。

其优先应当举证证明软件整体处于"不为公众所知悉"的状态，即不为其所属领域的相关人员普遍知悉和容易获得，不能仅以权利主张人对软件采取了保密措施，即推定该信息必然不为其所属领域的相关人员普遍知悉和容易获得。本案中，鉴定机构出具的《司法鉴定意见书》中"委托鉴定事项"仅针对证据固定、鉴定对象的相关文件之内容同一性比对以及文件的真实性鉴定，具体鉴定过程也并未涉及涉案源程序及文档是否"不为公众所知悉"的事实状态的认定。行政机关仅以第三人对软件采取了保密措施，即推定该信息必然不为其所属领域的相关人员普遍知悉和容易获得，缺乏事实和法律依据。因此，行政机关在本案中并未能够提供证据证明涉案源代码和文档整体符合商业秘密的秘密性要件。

虽然，行政机关证明了涉案源代码和文档符合价值性、实用性以及采取保密措施的商业秘密法定要件，但未能证实其满足秘密性要件，且在信息同一性的比对中还存在瑕疵，故其认定商业秘密侵权成立的处罚决定，缺乏事实依据，应被撤销。

【法官点评】

本案是上海高院知识产权庭受理的首例行政案件，涉及对计算机软件商业秘密的法律保护。该类案件中，行政机关未能严格依据反不正当竞争法对软件商业秘密的构成要件进行审查，在行政处罚过程中以著作权侵权纠纷的处理思路对商业秘密的侵权行为进行判断。在其未能就处罚决定所认定的商业秘密成立之事实进行充分举证的情况下，人民法院依法撤销存在错误的行政处罚决定，充分体现了我国知识产权保护"司法主导"的原则。

（一）软件以著作权和商业秘密进行保护的要件区别

在符合著作权法和反不正当竞争法相关法定要件的情况下，计算机软件可以同时构成作品和商业秘密。当计算机软件符合独创性、有形性、可复制性之智力成果的情况下，即构成作品。但商业秘密是具有秘密性、价值性、实用性并经持有人采取保密措施的技术信息和经营信息。若软件权利人欲以商业秘密为途径寻求法律救济，则必须同时具备上述四个法定要件，缺一不可，否则便无法获得反不正当竞争法的保护。因此，计算机软件以著作权和商业秘密进行保护的法律要件完全不同。

（二）软件商业秘密构成的举证责任

根据《最高人民法院关于审理不正当竞争民事案件应用法律若干问题的解释》第14条的规定，当事人指称他人侵犯其商业秘密的，应当对其拥有的商业秘密符合法定条件、对方当事人的信息与其商业秘密相同或者实质相同以及对方当事人采取不正当手段的事实负举证责任。其中商业秘密符合法定条件的证据，包括商业秘密的载体、具体内容、商业价值和对该项商业秘密所采取的具体保密措施等。

根据上述规定，在涉及软件的商业秘密侵权民事案件中，原告应当承担证明其软件符合商业秘密法定要件的举证责任。而在商业秘密行政案件中，作出具体行政处罚行为的行政机关对其处罚决定的合法性进行证明，即对其认定的商业秘密符合法定的秘密性、价值性、实用性并经持有人采取保密措施之要件承担举证责任。

（三）软件商业秘密侵权认定的步骤

1. 确定软件商业秘密的具体客体

如前所述，软件可能由公知部分和秘密部分结合而成。因此，在具体个案中，首先应当由权利主张方明确软件的商业秘密范围。如前案中，行政机关即认定相关源代码和文档整体上构成商业秘密。

2. 软件商业秘密是否构成

根据商业秘密的法定构成要件，软件欲以商业秘密进行所保护，首先，应当证明其具备秘密性之首要要件；其次，再对其具有价值性、实用性以及持有人采取了必要的保密措施进行认定。只有在相关信息符合上述四项商业秘密法定要件的情况下，才能最终认定相关信息构成商业秘密。

3. 同一性比对

在相关软件信息构成商业秘密的情况下，应当对被控侵权软件和商业秘密软件的相似度进行同一性的比对，以确定两者是否构成相同或实质相同。

4. 行为人以不正当手段获取信息

只有在被控侵权软件和商业秘密软件构成相同或实质相同的情况下，而行为人曾接触过商业秘密软件，即符合"接触加相似"之商业秘密侵权认定标准，则此时可以初步证明商业秘密侵权成立。

5. 是否存在合理抗辩事由

如果行为人能够举证证明，其系通过技术手段对从公开渠道取得的产品进行拆卸、测绘、分析等而获得该产品的有关技术信息，即反向工程获取，则根据《最高人民法院关于审理不正当竞争民事案件应用法律若干问题的解释》第12条的规定，通过反向工程等方式获得的商业秘密的，不认定为侵犯商业秘密。

（四）行政案件与民事侵权诉讼的关系

在不服行政处罚而涉及行政诉讼的上诉案件中，二审法院的审理范围仅限于对一审判决及行政机关相关行政处罚的审查，并不涉及对被处罚人是否侵犯他人软件作品著作权之民事责任的认定。因此，如第三人认为被处罚人复制并使用其软件的行为另涉及著作权侵权，可另行提起民事侵权诉讼，本案行政案件的处理结果，并不影响相关权利人民事权利的行驶，也不影响民事著作权侵权案件的认定。

（撰稿人：上海市高级人民法院　王　静）

单一客户名单构成商业秘密侵权纠纷案*

——仅包含一个特定客户的客户名单是否构成商业秘密的认定

【裁判要旨】

仅包含一个特定客户的单一客户名单，如果其上附着的客户信息属于在长期稳定交易关系中形成的深度信息，如包含客户需求类型、特殊经营规律、交易习惯等，以及相关负责人联络方式、性格特点等难以从公共渠道获得，或者正当获得需要投入一定人力、物力、时间成本的信息，上述信息同时具备价值性、秘密性、保密性，对其按照商业秘密进行保护能够遏制不劳而获、促进公平有序竞争的，则应认定该单一客户名单属于商业秘密。

【案情介绍】

上诉人（原审被告）：北京恰行者科技有限公司（下称恰行者公司）、石某某、陈某

被上诉人（原审原告）：北京万岩通软件有限公司（下称万岩通公司）

陈某、石某某原系万岩通公司员工。陈某 2012 年 7 月入职万岩通公司，担任项目经理，负责软件项目管理；石某某 2012 年 7 月入职万岩通公司，从事软件开发工作。二人在任职期间签署了包括"保密协议""竞业限制协议""员工知识产权承诺协议"等一系列具有保密性质的协议。二人在职期间，均受万岩通公司指派，参与了与管道公司项目合作，涉及移动应用平台项目。

2014 年 5 月 7 日，陈某配偶李某某与石某某作为自然人股东成立恰行者公司。此后，陈某、石某某自万岩通公司离职，并以恰行者公司名义与管道公司开展合作，随后签订了《中国石油企业移动应用平台项目平台更新功能

---

* 一审案号：(2016) 京 0108 民初 7465 号；二审案号：(2017) 京 73 民终 1776 号。

完善技术服务合同》。2015年11月，管道公司信息中心出具《中国石油企业移动应用平台项目系统运维与用户支持技术服务工作任务书》，邀请恰行者公司作为单一来源方谈判采购，恰行者公司进行了三轮报价合作期间，恰行者公司接触的管道公司项目人员与陈某、石某某在万岩通公司任职期间接触到的管道公司相关项目接洽人员相同。恰行者公司、陈某、石某某称中国石油企业移动应用平台项目系统运维与用户支持技术服务项目因万岩通公司发送律师函而未实际合作成功。万岩通公司主张恰行者公司、陈某、石某某侵犯其商业秘密，将其诉至法院，要求三被告连带赔偿其经济损失50万元及合理费用2万元。

一审法院经审理后判决：恰行者公司、陈某、石某某立即停止侵害涉案商业秘密的行为、共同赔偿原告经济损失20万元、律师费16 000元，并在恰行者公司网站刊登声明，消除影响。

恰行者公司不服一审判决，提起上诉，请求撤销一审判决，改判驳回万岩通公司的诉讼请求。二审法院驳回上诉，维持原判。

【法理分析】

（一）关于本案商业秘密的认定

商业秘密，是指不为公众所知悉、能为权利人带来经济利益、具有实用性并经权利人采取保密措施的技术信息和经营信息。依照相关法律和司法解释，商业秘密具有以下三个特点：秘密性、价值性、保密性。

第一，关于秘密性。管道公司作为中石油系统的企业，考虑到其开展业务的准入门槛和市场化程度，虽然在相关网络媒体上有相关项目的概括性介绍，但所属领域的相关人员通过公开渠道无从得知具体项目内容、审批资金来源、价格承受能力等核心信息，也无从知晓相关负责人联络方式、交易倾向等深度信息，而这些信息是把握商业机遇和取得竞争优势的关键。

第二，关于价值性。价格承受底线等敏感信息，往往需要在长期的商业合作、商务谈判、市场调研中才能获得，也是商业主体争取竞争优势、成功获取项目的关键。掌握客户的核心需求、特殊偏好以及价格底线，能够使得竞争者在最短的时间、以最低的代价在竞争中把握机遇，成功获得合作机会，赚取商业利润，显然具有重要的商业价值。

第三,关于保密性。保密性的要求应当根据涉密载体的特性、权利人保密的意愿、保密措施的可识别程度、保密信息的知悉人员范围等因素,根据具体情况予以判断。本案中,万岩通公司与陈某、石某某签署了包含保密与竞业禁止的劳动合同、竞业限制协议、员工知识产权承诺协议、保密协议,通过多重书面形式强调了保守商业秘密的要求。虽然陈某辩称竞业禁止协议因万岩通公司未向其发送书面竞业限制告知书而未生效,但查阅该竞业禁止协议的条款可知,该协议明确了万岩通公司有权在二人离职之前的任何时间发送竞业限制告知书,而二人在离职之前约一个月即发起成立了与万岩通公司有直接竞争关系的恰行者公司,实际上否决了万岩通依据竞业禁止协议所享有的在二人离职之前的任何时间发送竞业限制告知书的选择权。

经二审法院询问,万岩通公司称其与管道公司签订的商业合同等信息,限制在本公司一定范围内的人员知悉,结合陈某、石某某以上的主观状态与客观行为,二审法院认定万岩通公司对涉案商业秘密采取了基本相适的保密措施。

(二)恰行者公司、陈某、石某某的行为是否构成侵犯商业秘密

根据查明的事实,万岩通公司与管道公司合作多年,针对管道公司的需求、习惯、交易倾向作出了有针对性的商业开发策略,取得了单一来源谈判的资格。在此过程中付出了人力、物力和时间,也取得相应的竞争优势。陈某亦认可恰行者公司与管道公司所签协议属于平台软件的维护服务,而该平台软件的开发者就包含有万岩通公司。

管道公司作为中石油系统项下企业,对客户资质、能力有较为严格的要求。恰行者公司作为一个刚成立不久、规模有限的小型公司,在当时并不具备单一来源谈判资格的情形下,却在成立后不久迅速与管道公司签订了大额合同,且在该合同中管道公司的相关工作人员与陈某、石某某离职前所负责项目的管道公司工作人员高度重合。显然这不是由恰行者公司通过对客户有针对性的开发、研究,付出人力、物力、财力和时间而产生的正当竞争力。恰行者公司虽然对此否认,但未提供任何证据证明。

通过以上事实可知,陈某、石某某作为实际控制人发起成立恰行者公司

之后，接续其在万岩通公司的工作经历，利用其作为核心人员掌握的万岩通公司与管道公司之间的具体项目内容、服务运营标准、价格承受能力、相关负责人联络方式、性格特点、交易习惯、交易倾向等深度信息，抢夺万岩通公司与管道公司的交易机会，挤占万岩通公司的市场空间，其行为违背公认的商业秩序与商业道德，构成对万岩通公司商业秘密的侵犯。

【法官点评】

《最高人民法院关于审理不正当竞争民事案件应用法律若干问题的解释》第13条规定："商业秘密中的客户名单，一般是指客户的名称、地址、联系方式以及交易的习惯、意向、内容等构成的区别于相关公知信息的特殊客户信息，包括汇集众多客户的客户名册，以及保持长期稳定交易关系的特定客户。"

实践中，认定包含多个客户信息的客户名单构成商业秘密尚有先例，而认定单一特定客户名单构成商业秘密的尺度标准则较为模糊。据统计，2006年以来，北京市海淀区人民法院审理的因员工离职引发的侵害商业秘密纠纷案件，原告获得支持的比例不到10%，究其原因，很大程度上与原告无法准确判断离职员工带走的信息是否属于商业秘密有关。特别是仅包含一个特定客户的客户名单，被法院认定为商业秘密的案件更为鲜见。

研读反不正当竞争法的立法目的，其功能在于促进社会主义市场经济健康发展、保护公平竞争、保护经营者和消费者的合法权益，所以在确定具体标准时，可从这一立法目的出发，衡平相关主体的合法权利诉求。在这里需要注意两个问题：一是避免过分扩大商业秘密的认定范围，防止权利人垄断与其具有长期稳定关系的客户，以保持市场活力；另一个是避免过高地设定商业秘密的门槛，从而放纵侵权人不劳而获的行为，充分保障权利人的合法利益。

本案在具体判断时，采取客观标准与价值判断相结合的方法，第一步进行客观标准的微观比对，审查相关信息是否基本具备相关特征，第二步结合立法目的进行价值判断，衡平反不正当竞争法中的多元价值诉求，以校验第一步中所采取的具体衡量尺度是否准确、合理。

（一）客观标准的判断

认定单一客户名单附着的信息是否构成商业秘密，一般有以下几个客观要件。

(1) 具有秘密性、保密性、价值性。审查相关信息是否具备秘密性、保密性、价值性等基本特征。具体来说，审查相关信息是否不为公众所知悉，是否在权利人内部限定了知悉范围，是否采取了相适的保密措施，是否可用来在相关领域建立一定的竞争优势。

(2) 在长期稳定的交易关系中形成，正常情况下难以获得。一般来说，深度信息是在长期稳定的商务往来、相互信任的交易关系下获知的，偶然的、一次性的交易关系中形成的信息不在此列。以上信息若非通过长期的感知和总结，甚至有针对性的调研，是很难获知的。

(3) 权利人获取上述深度信息，付出了一定的人力、物力、财力、时间成本。通过公共渠道不需要耗费太多精力即可获得的信息不在此列，在具体衡量时，亦应当注意对尺度的把握，对于简单整理的信息，虽然需要付出一定的劳动，但通常达不到商业秘密的高度。

(4) 侵权人利用不正当手段获取相关信息，或者为建立不正当竞争优势进行了相关准备工作。如果侵权人用不正当手段获取相关信息，或为谋求不正当竞争优势进行了准备工作，则从侧面表明了相关信息的秘密性、价值性。

(二) 根据反不正当竞争法的立法目的进行价值衡量

对基本符合以上特征的客户信息，要结合反不正当竞争法的立法目的进行价值衡量，既要避免权利人垄断市场，也要遏制侵权人不劳而获，合理确定判断尺度。

如相关信息在未经权利人同意的情况下，被他人利用并建立不正当的竞争优势，侵占原属于权利人的交易机会和市场空间，则应按照商业秘密加以保护。如果对相关信息按照商业秘密进行认定，其结果却导致权利人垄断长期交易客户，不利于良性市场竞争，则应当重新审视判断尺度，予以严格把握。

(撰稿人：北京知识产权法院　张　宁、李佳桐)

其 他 篇

因恶意提起知识产权诉讼损害责任纠纷案

——恶意提起知识产权诉讼行为的认定标准

【裁判要旨】

恶意提起知识产权损害赔偿责任纠纷本质上属于侵权纠纷，可以参照民事侵权责任的构成要件进行分析，即行为的违法性、主观过错、损害与因果关系。恶意体现为直接故意，其关键在于是否具有侵害对方合法权益的不正当诉讼目的。认定知识产权恶意诉讼的侵权责任，不能拘泥于行为的形式是否合法，而应深层次的考量行为人行使诉权有无合法的依据和合理的诉讼理由。

【案情介绍】

原告：大创精密设备（安徽）有限公司（下称大创公司）

被告：上海百勤机械有限公司（下称百勤公司）、上海鑫百勤专用车辆有限公司（下称鑫百勤公司）

百勤公司系名称为"散装饲料罐"的实用新型专利的专利权人，鑫百勤公司系名称为"适用于饲料螺旋叶片输送装置的中间支承机"的实用新型专利的专利权人。鑫百勤公司为被告百勤公司的全资子公司，百勤公司许可鑫百勤公司实施其"散装饲料罐"实用新型专利权。2015年1月12日，鑫百勤公司以大创公司销售的散装饲料罐侵犯其上述两项实用新型专利权为由，向法院提起2015沪知初字第13号案件（下称13号案）诉讼。审理中，鑫百勤公司认可其在13号案诉讼期间向工信部反映了大创公司侵犯其知识产权的事实。工信部邀请双方和相关地方经信部门召开了大创公司准入问题协调会，决定由于双方存在知识产权纠纷，等法院裁定后再定。2015年9月18日，专利复审委宣告上述两实用新型专利无效。后鑫百勤公司于2015年10月26

---

* 案号：（2015）沪知民初字第682号。

日向法院申请撤回 13 号案件的起诉。审理中，原被告均认可双方之间存在多起知识产权权属纠纷及知识产权侵权纠纷。

大创公司认为，两项专利使用的技术均为公知技术，百勤公司和鑫百勤公司恶意提起知识产权诉讼，致使大创公司至今未获散装饲料车生产资质，两年来无法正常经营，严重侵害了大创公司的合法权益，给大创公司造成了巨大的经济损失。据此向上海知识产权法院起诉，请求判令确认被告为恶意提起知识产权诉讼并赔偿原告经济损失 90 万元及合理费用 1 元。

百勤公司、鑫百勤公司辩称：第一，涉案两项实用新型专利所涉技术不属于现有技术；第二，两被告在收到两项专利无效宣告请求审查决定书后，及时撤诉，没有恶意诉讼；第三，大创公司未能举证证明其没有获得工信部颁发的生产资质是由于 13 号案件诉讼造成的；第四，大创公司未能举证证明其因无法取得生产资质导致的实际损失。两被告请求驳回大创公司的全部诉讼请求。

上海知识产权法院经审理，判决驳回大创公司的全部诉讼请求。

【法理分析】

在知识产权恶意诉讼的认定方面，可以参照民事侵权责任的构成要件进行分析。目前对于民事侵权责任的构成要件，我国学界普遍赞同的是四要件说，即可归责之意思状态、违法性之行为、损害之发生、行为与损害之因果关系四个方面[1]。

首先，要特别强调的是知识产权恶意诉讼的主观要件，即恶意的认定。一般说来，侵权行为构成的可归责意思状态包括故意或过失，然而知识产权恶意诉讼在意思状态方面具有特殊性，表现在：其一，权利人对于诉讼缺少法律和事实依据是明知的；其二，权利人期待通过诉讼程序，直接干扰商业上的竞争者，造成对方的利益损失。笔者认为，知识产权恶意诉讼在可归责的意思状态方面相较于故意有更为严重的过错，应当界定为恶意，不应当包含重大过失，以免损害正当行使诉权的当事人的合法利益，抑制其行使诉权的积极性。"恶意"作为最严重的一种可归责的意思状态，其构成必须是直接故意，并且还要求行为人对禁止性法律或者他人合法利益处于一种漠视的态度。[2] 由于恶意是人的一种主观动机，因此其在司法实践中认定较为困难。

---

[1] 史尚宽：《债法总论》，中国政法大学出版社 2000 年版，第 115 页。
[2] 张新宝：《侵权责任构成要件研究》，法律出版社 2007 年版，第 443 页。

笔者认为，判断当事人是否恶意提起知识产权诉讼，关键在于当事人是否明知自己的诉讼请求缺乏事实和法律依据，是否具有侵害对方合法权益的不正当诉讼目的。

其次，关于违法性行为，知识产权恶意诉讼的违法性并非在于提起诉讼本身，因为提起诉讼是当事人享有的基本权利，其违法性主要体现在诉讼的提起在客观上不存在任何可成立的基础。知识产权人提起侵权诉讼的权利是否合法有效是判定有无客观基础的关键。事实上，知识产权恶意诉讼的客观行为与主观恶意的心理状态之间是紧密联系的，一方面，客观行为的基础都是一定的主观心理状态，是行为人某种主观心理的反映；另一方面，某些客观行为又可以直接作为判断主观心理状态的依据。因此认定知识产权恶意诉讼的侵权责任，不能拘泥于行为的形式是否合法，而应更深层次的考量行为人行使的诉权有无合法依据或合理的诉讼理由。

最后，在恶意提起知识产权损害赔偿责任纠纷中，还要考虑损害结果和因果关系。所谓的损害结果，是指知识产权人通过恶意诉讼行为给相对人带来的不利影响，包括直接财产损害、间接财产损害以及企业信誉或形象上的不良影响等。知识产权恶意诉讼本质上是侵权行为的一种，因此其成立同样要求违法行为和损害结果之间具有因果关系。需要明确的是，此类侵权行为，相对人所受到的侵害并非由行为人的违法行为直接造成，而是行为人利用诉讼的方式通过法院的否定性评价使相对人的合法权益间接的遭受损害。

【法官点评】

侵权行为者乃因故意或过失不法侵害他人之权利或利益，而应负损害赔偿责任之行为也。[①] 恶意诉讼是指当事人故意提起一个在事实上和法律上无根据之诉，从而为自己谋取不正当利益的诉讼行为。[②] 知识产权人欲获取不法利益，在缺少正当理由和根据的情形下提起诉讼，造成诉讼相对人的利益损失，诉讼相对人可以获得对于知识产权人的损害赔偿请求权。因此，知识产权恶意诉讼是一种民事侵权行为。

恶意提起知识产权诉讼损害责任纠纷是2011年最高人民法院修改案由中

---

① 郑玉波：《民法债编总论（修订二版）》，中国政法大学出版社，2004年版，第115页。
② 汤维建："恶意诉讼及其防治"，载陈光中主编《诉讼法理论与实践》（2002年民事、行政、诉讼法学卷），中国政法大学出版社2003年版，第331页。

新增的一种案由类型。恶意诉讼属于滥用诉权的一种主要表现,在现实生活中屡见不鲜。理论上,恶意诉讼不仅会发生在知识产权领域,在其他民事诉讼甚至刑事诉讼和行政诉讼中也会发生。但是,由于知识产权的无形性和作为竞争手段的工具性,实践中容易以所谓行使知识产权的名义恶意提起诉讼,越来越多的人呼吁要对此现象加以规制。我国目前对于恶意诉讼没有明确的法律规定,但并非完全没有法律依据。《民法通则》第106条第2款关于侵权的一般性规定也可以适用于恶意提起知识产权的侵权行为,该条规定:"公民、法人由于过错侵害国家的、集体的财产,侵害他人财产、人身的,应当承担民事责任。"此外,《专利法》第47条第2款规定:"宣告专利权无效的决定,对在宣告专利权无效前人民法院作出并已执行的专利侵权判决、调解书、已经履行或者强制执行的专利侵权纠纷处理决定,以及已经履行的专利实施许可合同和专利权转让合同,不具有追溯力。但是因专利权人的恶意给他人造成的损失,应当给予赔偿。"该条虽对恶意诉讼的专利权人规定了一定程度的惩罚措施,然而其作用仍比较有限,没有明确的给予专利恶意诉讼的受害人主动救济的渠道。

本案系一起恶意提起知识产权损害赔偿责任纠纷,其本质上属于侵权纠纷,应当符合一般侵权行为的构成要件,即过错、损害与因果关系。具体到本案,当事人的过错体现为是否具有恶意,判决指出判断当事人是否为恶意关键在于是否明知自己的诉讼请求缺乏事实和法律依据,是否具有侵害对方合法权益的不正当诉讼目的。本案判决从涉案专利权利基础、行为的违法性、因果关系等角度对被告提起专利侵权的行为进行了分析,对于鑫百勤公司的恶意以及大创公司所主张的损害结果与专利侵权纠纷案件之间不具有因果关系进行了充分的论证与说明,最终驳回了大创公司的全部诉讼请求。本案的意义在于梳理了恶意提起知识产权损害赔偿责任纠纷纠纷案件的审理思路,对于今后类似案件的审理具有借鉴意义。

(撰稿人:上海知识产权法院 杨馥宇)

植物新品种追偿权纠纷案*

——临时保护期植物新品种权人的权益保护

【裁判要旨】

品种权人依据《中华人民共和国植物新品种保护条例》第33条规定行使追偿权，主张在植物新品种申请公布日至授权公告日期间未经申请人许可，为商业目的生产、销售授权品种繁殖材料的单位或个人支付使用费的，人民法院可以参照有关植物新品种实施许可费合理确定。

【案情介绍】

上诉人（原审被告）：南通市粮棉原种场（下称南通原种场）

被上诉人（原审原告）：江苏省高科种业科技有限公司（下称高科种业公司）

2010年12月10日，江苏省农业科学院（下称江苏农科院）对其培育的涉案粳稻新品种申请植物新品种权。2011年3月1日，该申请经初步审查合格并予以公告。2015年5月1日，该品种被授予植物新品种权并公告。2011年4月7日，品种权人江苏农科院与高科种业公司订立"独占实施许可合同书"，约定江苏农科院将涉案水稻品种许可高科种业公司独占实施，许可费为450万元。合同签订后，高科种业公司按约支付了上述费用。2015年5月1日，江苏农科院出具《授权书》，授权高科种业公司独占实施"南粳9108"植物新品种权，生产和销售"南粳9108"水稻种子。其他单位和个人擅自生产、包装和销售"南粳9108"水稻种子的行为均为侵权行为，高科种业公司有权追究侵权人的法律责任。高科种业公司并有权对"南粳9108"植物新品种权授权前生产和销售该品种繁殖材料的单位和个人进行追偿。

---

* 一审案号：（2016）苏01民初396号；二审案号：（2017）苏民终58号。

2015年7月3日,如皋市农业委员会向南通原种场出具行政处罚决定书,南通原种场涉嫌无证生产和销售白皮袋包装的"南粳5055""南粳9108"等水稻种子,决定没收"南粳5055"合计1500斤,"南粳9108"1184斤,没收非法所得1064元;罚款1064元。南通原种场履行了上述行政处罚决定。

高科种业公司主张,南通原种场在"南粳9108"植物新品种权授权前擅自生产和销售了该品种繁殖材料,请求依法判决南通原种场支付涉案粳稻新品种使用费30万元。

南京市中级人民法院认为,南通原种场未经相关权利人许可,在涉案"南粳9108"品种初步审查合格公告至品种被授权期间为商业目的生产和销售了该品种的繁殖材料,应该向高科种业公司支付相应的费用,以弥补其所受到的损失。虽然植物新品种保护条例等相关法律没有具体规范追偿费用如何计算,但是南通原种场涉案行为的性质被定性为未经许可之为商业目的的生产或者销售,类似于授权后的未经许可之为商业目的的生产或者销售,即是一种类似于侵害植物新品种权的行为。因此,参考《最高人民法院关于审理侵犯植物新品种权纠纷案件具体应用法律问题的若干规定》第6条的相关规定,高科种业公司主张按照一年的许可使用费计算损失的方法和标准有合理依据,南通原种场应向高科种业公司支付"南粳9108"水稻新品种使用费30万元。

南通原种场不服一审判决,向江苏高院提起上诉。

江苏市高级人民法院经审理认为,一审判决确定南通原种场支付使用费30万元并无不当,亦符合加大植物新品种知识产权司法保护力度的精神。二审法院判决驳回上诉,维持原判。

【法理分析】

植物新品种实行"早期公开,延迟审查"制度,该制度的设计初衷主要是从社会公众利益考虑。因为实质审查周期较长,如果等到实质审查结束才公布植物新品种申请的内容,可能导致重复研发、重复申请等诸多问题,不利于社会的创新和发展。但另一方面,植物新品种的培育往往倾注了科技工作者的极大心血,如果在品种申请已经公开、尚未授权的长达数年的审查期内，允许他人任意生产、销售授权品种的繁殖材料，对申请人而言，显然有失公允。对此，植物新品种保护条例专门设立了植物新品种临时保护制度。具体而言，品种权被授予后，在自初步审查合格公告之日起至被授予品种权之日止的期间，对未经申请人许可，为商业目的生产或者销售该授权品种的繁殖材料的单位和个人，品种权人享有追偿的权利。但对于追偿权如何行使、临时保护期内实施的行为性质如何认定以及追偿的费用如何确定等问题均未作出明确具体的法律规定。这在一定程度上增加了案件的审理难度，但亦留下了进一步探索的空间。

（一）关于追偿权如何行使问题

根据《最高人民法院关于审理侵犯植物新品种权纠纷案件具体应用法律问题的若干规定》第1条规定，植物新品种权所有人或者利害关系人认为植物新品种权受到侵犯的，可以依法向人民法院提起诉讼。前款所称利害关系人，包括植物新品种实施许可合同的被许可人、品种权财产权利的合法继承人等。独占实施许可合同的被许可人可以单独向人民法院提起诉讼；排他实施许可合同的被许可人可以和品种权人共同起诉，也可以在品种权人不起诉时，自行提起诉讼；普通实施许可合同的被许可人经品种权人明确授权，可以提起诉讼。就本案而言，品种权人江苏农科院授权高科种业公司独占实施涉案"南粳9108"植物新品种权，并有权提起诉讼。据此，作为独占实施许可合同的被许可人，高科种业公司对侵犯涉案植物新品种权纠纷可以单独提起诉讼。而追偿权系品种权人享有的一种民事权利，品种权人江苏农科院自愿许可高科种业公司行使追偿权，并不违反法律、行政法规的禁止性规定，故高科种业公司亦可以对涉案植物新品种追偿权纠纷单独提起诉讼。

（二）关于追偿临时保护期使用费的数额如何确定问题

如前所述，虽然《中华人民共和国植物新品种保护条例》赋予权利人享有追偿权，但对于追偿的费用如何确定相关问题并未作出明确规定，需要从其他相关法律规定中寻找裁判依据。通过与其他类型知识产权相比，植物新品种权在权利取得和权利内容上更接近于专利权。因此，审理植物新品种权纠纷案件可以借鉴我国专利法相关法律规定体现的原则和精神。我国发明专利亦实行"早期公开、延迟审查"制度，并对发明专利申请公布日至授权公告日期间专利权人的合法权益给予了临时保护。根据专利法第十三条,《最高人民法院关于审理侵犯专利权纠纷案件应用法律若干问题的解释(二)》第十八条规定,发明专利申请公布后,申请人可以要求实施其发明的单位或者个人支付适当的费用。权利人依据专利法第十三条诉请在发明专利申请公布日至授权公告日期间实施该发明的单位或者个人支付适当费用的,人民法院可以参照有关专利许可使用费合理确定。从上述法律规定可以看出,专利权人享有请求给付发明专利临时保护期使用费的权利,但对于专利临时保护期内实施发明的行为并不享有停止实施的权利。因此,临时保护期使用费是实施该发明的单位或者个人支付给专利权人的一种适当的经济补偿,其与未经专利权人许可实施其专利的侵权损害赔偿性质不同。据此,综合考虑我国相关法律规定、立法目的和精神,追偿植物新品种临时保护期使用费的数额可以参照有关植物新品种实施许可费合理确定。

【法官点评】

　　植物新品种权与专利权、商标权、著作权等知识产权相比,既缺乏完备系统的法律制度规范,亦未积累成熟稳定的审判实践经验。本案系江苏法院审理的首例追偿植物新品种临时保护期使用费纠纷案件,全国法院的类似在先判例也极少。本案主要涉及临时保护期植物新品种权人的合法权益如何保护问题。法院在综合考虑相关法律规定、立法目的和精神的基础上,在本案判决中确立了以下裁判规则:首先,品种权人可以依法转让追偿权。其次,品种授权后,在临时保护期内未经申请人许可为商业目的生产、销售授权品种繁殖材料的单位或个人应支付相应的使用费。最后,追偿植物新品种临时保护期使用费的数额可以参照有关植物新品种实施许可费合理确定。但对于涉及粮食种子的新品种纠纷案件,应加大司法保护力度,不宜简单地参照许可的方式确定,应酌情提高使用费的数额。本案的判决,充分体现了对品种权人创新和创造的补偿,亦符合鼓励农业科技创新、植物新品种培育、促进农业发展的立法目的和精神,对今后此类案件的审理具有启示意义,对完善植物新品种临时保护法律制度也具有一定的参考价值。

(撰稿人:江苏省高级人民法院　曹美娟)